哥倫比亞
商學院經典案例
巴菲特

岡薩加大學創業學教授、巴菲特家族密友

陶德・芬克爾博士
（Todd A. Finkle）——著

李宛蓉——譯

Warren Buffett Investor and Entrepreneur

Content

推薦序一

不只學習巴菲特的成功，更要看懂他的失敗／理財館長　　005

推薦序二

觀念塑成心態，心態決定成敗／ Kelvin 價值投資　　009

作者序

親訪股神 6 次的近距離詮釋　　013

第 1 章

對創業的飢渴，結晶成波克夏公司　017

01　家族遺傳的創業血統　　019

02　念大學、創業，都是預料之外　　049

03　巴菲特選擇夥伴的忠告　　071

第 2 章

如何決定買或不買？
巴菲特這樣分析　101

01　只投資你了解的公司，別只看數字　　103

02　護城河、財報、投資人訊息　　121

03 蓋可保險與蘋果公司的投資分析　　135

04 檢討自己的不理性——行為財務學　　169

第3章

25 個員工管理 62 家子公司　　193

01 跟美國一起成長，長得比美國更高壯　　195

02 新人新氣象——接納科技股的十年　　227

03 一季虧損 500 億，巴菲特也會犯錯　　245

第4章

對自己節儉，對股東豪氣　　267

01 如果人生再來一遍……　　269

02 與巴菲特共度的一天　　291

03 金融科技、接班人，波克夏的下一步　　303

附錄 股神與 162 位學生的問答筆記　　325

謝辭　　341

推薦序一
不只學習巴菲特的成功，
更要看懂他的失敗

《通膨時代，我選擇穩定致富》作者／理財館長

　　凡有投資經驗的人，肯定聽過巴菲特（Warren Buffett）這號人物，其優異且獨到的眼光，為波克夏公司（Berkshire Hathaway）帶來了驚人的績效。但我身為被動投資的執行者，怎麼會為主動投資相關的書籍寫推薦序呢？主要有三大理由與提醒：

　　第一個理由是，主動投資者的成功，除了激勵人心之外，更需要思考他成功背後的原因及可複製性。不少人敬仰巴菲特的成果，而「價值投資」也成為他們學習的投資策略，但千萬別以為一般人簡單照做，就可以獲得優異的報酬。

　　首先，巴菲特擁有的資源及消息遠在我們之上，同樣的投資機會，巴菲特肯定可以優先掌握訊息，也更有集中投資的本錢，兩者的差距天差地遠。

　　再者，這麼多年來，世界上出現過幾個像巴菲特一樣的傳奇人物？可見要能完全複製他的成功，簡直是天方夜譚。看完這本書，你會更理解主動投資的高門檻。

　　第二個理由是，其實連巴菲特本人都多次推薦指數投資。雖然巴菲特是價值投資的實踐者，但他也曾多次在股東會上，公開贊同指數投資的優點，特別是對一般散戶投資人而言，他

的建議就是：選擇指數就對了。

巴菲特曾經與基金經理人比過投資績效，他選擇簡單的美國標準普爾（S&P）500 指數，而其他基金經理人則是自行操作各自看好的基金。十年之後，巴菲特選擇的指數績效大勝，獲得了第一名。這場經典的「十年之賭」正說明了，雖然巴菲特選擇指數投資的建議，是針對一般散戶投資人，但這是連基金專家們都無法輕易擊敗的績效。更驚人的是，這些年來，就連波克夏公司也多次輸給市場指數，可見被動式的指數投資優勢之大。

第三個理由是，無論採取哪一種投資方式的人，都應該閱讀巴菲特的學習態度、思考邏輯，還有失敗經驗。讀這本書的重點，不是 100％仿效巴菲特的行為，由於時空背景跟周遭的人、事、物都不相同，所以就算能完全複製他做過的事，也不代表能獲得跟他一樣的成就。而且仔細一想就會知道，巴菲特能有現在的成就，除了努力之外，他也是一個非常幸運的人，而這些都是成功不可或缺的因素。

既然不要做跟巴菲特完全一樣的事，那該如何閱讀這本書？我建議大家，學習巴菲特的求知態度，與不時跳脫框架的思考邏輯，還有他失敗後的檢討與改進。偶爾的衝動、失去理智、缺乏耐心⋯⋯巴菲特跟一般人一樣，都曾犯下低級的錯誤，但這完全無損他的成功。沒有人能夠永遠不犯錯、不失敗，重點是能從失敗中學到什麼？下次能否避免同樣的錯誤？

巴菲特曾說過，在美國職業棒球大聯盟（Major League Baseball，簡稱大聯盟）史上，只有一個打者的打擊率超過

0.400，這表示，就算是這位超級打者，打擊失敗的機率也接近 60％。但事實上，揮棒落空不是問題，真正的問題在於，機會來時我們沒有發現、沒能珍惜。

　　綜合來說，巴菲特的投資績效不是一般人可以複製的，但他的人生哲學和思考邏輯，真的值得每個投資人細細品味，繼續翻開這本書，親自體會股神的魅力吧！

推薦序二
觀念塑成心態，心態決定成敗

「Kelvin 價值投資」版主／ Kelvin 價值投資

「別人恐懼時我貪婪，別人貪婪時我恐懼。」、「只有當潮水退去，你才會知道誰在裸泳。」、「真正的風險，在於你不知道自己在做什麼。」這些都是出自巴菲特的經典名言，也是他想傳達給大家的投資「觀念」。

我始終認為，投資最重要的事，就是要有良好觀念，分析方法固然重要，但觀念會影響我們的心態，而心態則能決定成敗。因為市場波動所反映的，不僅是數據、圖表、大環境趨勢，很多時候更是投資大眾當下的情緒，這時唯有保持穩定的心態並且貫徹始終，才能夠克服情緒影響，做出理性判斷。這樣無論是採取價值投資、存高殖利率個股，或是投入 ETF 市場，都能避免自己被情緒牽動，讓投資更穩健。

很多人認為，價值投資是一條平穩向上的道路，耐心等待價值被低估的公司回到應有水準就好，其實不然。等待價值回升的實際情況，反而更像是越野賽車一樣，路途非常崎嶇不平，並且充滿挑戰和不確定性，必須撐過這些心理考驗，等到逐漸向上成長的時刻來臨，才是價值投資真正的面貌。因此在投入市場之前，必須學會如何在波動中保持冷靜，堅守自己的投資策略及紀律。

　　投資就是認識自己的過程，越了解自己，越能夠成功。巴菲特的投資觀念，便是他在成長過程與創業經歷中的每一個成功，甚至是失敗，一步步認識自己之下塑成的，而這些哲學不僅成就了他卓越的一生，也為我們提供重要的指引。

　　這本書彙集許多巴菲特的投資觀念和人生哲學，我們可以透過書中的訪談、自述、致波克夏公司的股東信等各種資訊中，學習這位被作者喻為「自金融大亨摩根（按：J. P. Morgan，美國金融家，J.P. 摩根公司創辦人）之後，最精明的生意人」，如何使他的事業至今都能穩定獲利的原因。

　　除此之外，這些觀念不僅適用於商業，還可以在生活上發揮作用。作者提到，在帶學生拜訪巴菲特之後問他們，認為自己從巴菲特身上學到最重要的一課是什麼？沒想到大家最欣賞巴菲特的地方，並不是他的成就，也不是投資，而是價值觀。這無疑是最觸動我的一段內容，為什麼？因為若是仔細體會就能發現，其實生活周遭，處處都是考驗我們如何判斷「價值」的時刻。

　　以我自己為例，因為需要長時間坐在電腦前研究各大績優公司，久坐容易讓坐姿變形，進而腰痠背痛，顧全投資績效的代價，就是必須花費額外的時間去按摩舒緩，甚至去看中醫，做針灸、拔罐等各種治療，這些都是無形的時間成本。

　　這些身體與時間的耗損，就在我下定決心換一張可以解決坐姿問題的人體工學椅之後，全都消失了，取而代之的是我擁有更高的工作效率，能更專注研究更多績優企業，也就有更多獲利的機會。這就像是巴菲特與他的摯友兼事業夥伴查理・蒙

格（Charlie Munger）所強調的，「所得到的必須比真正付出的多，那就是價值判斷。」

　　總而言之，觀念正確與否，對於投資和生活中的決策至關重要，因為它是我們思考的基石與行動的指南針，引領我們朝著穩健的方向前進。

作者序
親訪股神 6 次的近距離詮釋

　　我初次見到華倫・巴菲特時，在場有人問他：如果不當波克夏公司的董事長兼執行長，想要做什麼？巴菲特張口就回答：當老師。為什麼呢？他說：

　　「這一輩子有非常多老師給了我深切的影響。」

　　我在大學當了三十幾年教授，長久以來，向這位成就震古鑠今的創業家和投資人學習良多，我很想和世界上每一個人分享這些知識。

　　我的故鄉在美國中部內布拉斯加州（Nebraska）的奧馬哈（Omaha），我在那裡長大，和巴菲特的子女一樣就讀奧馬哈中央中學（Omaha Central High School），巴菲特的第一任妻子蘇珊・湯普森（Susan Thompson，暱稱蘇西）和他的父親霍華德（Howard Buffett）也是這所學校的校友。巴菲特的小兒子彼得（Peter Andrew Buffett）和我在同一時期就讀中學，雖然他比我大兩歲，不過我們有很多共同的朋友，所以經常一起吃午餐。我很幸運能和華倫本人建立私人情誼，後文將會再詳細談到。

　　2008 年爆發經濟大蕭條（Great Depression）以來最嚴重的金融危機時，我便打定主意要盡可能發掘這一位，據說是約翰‧摩根以來最精明的生意人。

　　本書將會檢視巴菲特如何成就非凡成功的行為，依照年分依序陳述，討論巴菲特的行為與成就之間的關係。為了發展這些主題，我彙整自己各方面的知識，內容包括對巴菲特、查理‧蒙格（Charlie Munger，巴菲特摯友兼企業經營夥伴）等重量級人士、奧馬哈、金融、投資、創業等領域的了解。我將說明創業精神如何讓巴菲特的人生脫胎換骨，並且藉此在讀者的個人生活與理財觀念上，提供一臂之力。

　　這本書彙集了巴菲特人生與投資哲學的相關資訊（第一手資料和間接來源都有），包含了許多人的訪談、個人陳述、寫給股東的信函、書籍，還有我自己的詮釋。

　　我帶班上的大學生去拜訪過巴菲特 6 次，回到學校後我問他們，認為自己從巴菲特身上學到最重要的一課是什麼？令我訝異的是，他們最欣賞巴菲特的地方並不是他的成就，也不是投資，而是價值觀。

　　巴菲特在大蕭條時代中成長，後來成為世界上數一數二的富豪，很多人稱呼他是史上收穫最豐碩的投資人。本書探索他贏得這項頭銜的方法，並傳授讀者如何整合巴菲特的成功金鑰，進而改善自己的生活。

巴菲特如何評估一家公司

開篇先講述巴菲特的童年，描寫他如何受到家人與兩位重要精神導師的影響，分別是葛拉漢（Benjamin Graham）和費雪（Phil Fisher）。本書帶領讀者認識巴菲特從小學到中學的創業投資活動，進而檢視他讀大學時的創業經歷，包括創辦合夥投資事業。

接著要特別談談巴菲特的生意夥伴蒙格，此人的聰明才智和綽號「奧馬哈先知（Oracle of Omaha）」的巴菲特並駕齊驅。蒙格的投資觀點新穎、才智過人，經常挑戰巴菲特，促成波克夏改變經營哲學。

第 2 章的前 3 節，將重心放在巴菲特的投資方法（包括安全邊際、關鍵因子、估價，以及給投資人的建議）。之後會討論行為偏誤，因為巴菲特認為這些偏誤攸關投資人的成敗，文中將定義幾種常見的偏誤，並且引用一些例子為證，然後說明該如何克服。

接下來的第 3 章探討波克夏公司的歷史，同時檢視巴菲特的投資錯誤。第 4 章的焦點是巴菲特的成功關鍵，詳述他的價值觀、對幸福的見解，以及慈善義舉，還會探索巴菲特這個人，與他共處一室是什麼滋味？這是根據我帶學生去奧馬哈參訪的個人經驗所寫成的，也將描述向巴菲特提問、聽他回答的過程。

本書的最後一節，為讀者提供最新的投資局勢，焦點會放在金融服務科技、加密貨幣、比特幣和其他數位貨幣，這些未

來將會在波克夏公司占據一席之地。

回首前塵，才發現自己竟然花了這麼多年才寫下這本書，我領悟到書寫巴菲特的作家當中，很少人（可能根本沒有人）討論過巴菲特如何評估投資，他在一步一步的投資過程中，又遵循了什麼樣的策略。我的目標就是給予投資門外漢一些能力，使他們能夠如同巴菲特一樣評估標的公司，如此一來，他們自己在做投資決策時，就能利用同樣的程序。

我的最終目標是教育讀者，宣導巴菲特的人生，和他在成功背後所做的諸多事情。希望這本書能寓教於樂，發揮功用。

（免責聲明：我本人確實持有波克夏公司的股票，我擁有的一種或多種指數型基金也納入波克夏公司作為成分股。本書內容絕不代表我的投資觀點，也不代表我建議讀者從事任何直接投資。）

第 1 章
對創業的飢渴，
結晶成波克夏公司

「25 歲真是個轉捩點，但我當時並不知道。我從此改變人生，開了一家後來頗有規模的合夥事業，叫做波克夏。那時我並不膽怯，因為我做的是自己喜歡的事，而我到現在都還在做。」

——巴菲特

01 家族遺傳的創業血統

「耗費 20 年所建立的聲譽，只消 5 分鐘就可摧毀殆盡。如果你能想到這一點，以後做事情就會截然不同。」[1]

——巴菲特

　　我在大學裡教授一門關於創業的課程。第一堂課我都會在白板上畫一個開著門的冰箱，然後問學生：「這是什麼？」通常沒有人答對，想來該怪我的畫功太爛。

　　我告訴學生這是冰箱，然後再問他們是否注意到這臺冰箱有什麼問題，結果通常也沒有人答對。

　　「冰箱是空的。」我挑明了說。

　　創業家如飢似渴，他們的冰箱是空的。我沒辦法教學生如何變得飢渴，這是天生的，學也學不來。可是第一堂課下課之後，總會有學生跑來找我，他們精力旺盛，通常也有一些想法想找人分享，甚至其中有幾位早就已經創業了。我不必做任何事去激勵他們，然而飢渴和成功是兩回事。

　　到了學期末，另一批學生也打定主意要創業了，不過最令我驚訝和感動的，是那些看起來根本不像會創業的人。這些學生畢業 5 年、10 年之後回來找我——我也只能靠這樣得知他們的進展。他們通常會告訴我，曾經被我說過的某些話激勵，

強調為人師者影響至深。巴菲特自己也好為人師，這並非巧合，他常說，如果當初沒有走金融和投資這一行，很可能會去當老師。

很難相信有億萬富豪會說出這樣的話，不過巴菲特往往顛覆別人的期待和刻板印象，用無以倫比的成功，加上謙虛的個人風格，數十年來迷倒了芸芸世人。

巴菲特身兼波克夏公司的執行長和董事長，被喻為二十世紀末到二十一世紀初的摩根，等他百年之後，將會捐贈 1,000 億美元以上的資產作為慈善用途。巴菲特的神祕之處，有一部分就在於像他這麼富有、聰明的人，怎麼還會如此謙遜、溫和又慷慨？

過去世界發生危機時，巴菲特總是表現得既有勇氣、智慧又冷靜。在經濟大衰退（按：Great Recession，2007 年至 2009 年間，因為金融海嘯而在多國引發的經濟蕭條）撼動世界之際，他呼籲大家保持冷靜、理性，謹守正直本分。先前發生其他重大災難時，他同樣發出理性的聲音，包括 1987 年股市崩跌、波斯灣戰爭、2000 年科技泡沫、911 恐怖攻擊事件。

我認識巴菲特的起源，是聽聞這位心懷教育的資本家，邀請大學師生去奧馬哈參訪一天，想藉此機會傳授他個人生活及理財的祕訣。於是我立刻提出申請，但很快就遭到拒絕，然而我不屈不撓，終於和巴菲特建立起關係。

我會對他感興趣，有一部分是出於個人淵源：我成長於內布拉斯加州的奧馬哈市，就讀奧馬哈中央中學，而巴菲特的父親、子女及第一任妻子蘇西，也都是就讀這所中學。**巴菲特的**

兒子彼得和我，經常一起在學校餐廳吃午餐，當時完全看不出來他的父親那麼有錢。

假如不是 2008 年突然發生全球金融危機，我也只會把這樁往事當作昔日的一件趣聞。在 1930 年代經濟大蕭條以來最嚴重的那場金融危機中，我決心要好好認識巴菲特，因為我認為他是自金融大亨摩根之後最精明的生意人。我也是到那時才恍然大悟：自己一方面熱衷在學校教授創業課程，另一方面深受巴菲特家族吸引，而這兩者原來是互相連結的。至於巴菲特這個人，不論未來別人會記住他哪一方面的事蹟，追根究柢，傑出創業家才是他的本色。

6 歲就有創業智慧，結晶成波克夏公司

創業家的標準定義，是以營利為目的，而自己開辦事業的人。然而，想要了解某個創業家的人格特質，或是做生意的途徑，需要先搞清楚中間很多細微的竅門。

巴菲特和典型的創業家一樣，一開始是先創立投資合夥事業，後來再透過自己的創業技能，將這份事業逐漸發展成全世界最受敬重的公司之一。巴菲特的投資生涯以及在波克夏公司的領導力，彰顯出創業精神的精髓，這是早年便投入創業所得到的智慧結晶。

巴菲特的人生中，有一方面非常有意思，那就是他很早就渴望自己經營事業。他 6 歲時就會做生意賺錢，26 歲時更成了百萬富翁（換算成今天的幣值）。1964 年買下波克夏海瑟

威紡織公司時，他已經相當成功，只不過出了商業領域就不出名了。相對於太多創業家曇花一現，巴菲特的公司每股市價成長了 3,641,613 %，而同期的標準普爾 500 指數，只成長30,209%（包含股利）[2]。從 1964 年到 2021 年，波克夏公司的績效年年打敗標準普爾 500 指數，平均每年高出後者10.4%。

儘管有大量文獻記載巴菲特的投資成就，也有很多人仿效他的哲學與風格，但本書是透過觀察他的創業精神，同時闡釋他的出身背景和精神導師，如何讓他塑造出令人驚嘆的軌跡。

有一則早年軼事，足以說明巴菲特異於常人的謙虛和堅韌。1951 年，他在哥倫比亞大學（Columbia University in the City of New York）攻讀碩士學位時，得知導師葛拉漢（Benjamin Graham）買下蓋可汽車保險公司（GEICO）50%的股份，並擔任董事長。為了更進一步了解蓋可公司，巴菲特在 1 月份的某個星期六下午，從紐約（New York）跑去位於華盛頓特區（Washington, D.C.）的蓋可公司總部敲門，一直敲到管理員開門讓他進去。

巴菲特在 6 樓找到一位高階主管，名字叫戴維森（Lorimer "Davy" Davidson），職務是董事長助理。如今想來，實在難以想像當年那位高階主管，竟然沒有立刻召來警衛把巴菲特趕出去。我想巴菲特大概自我介紹是葛拉漢的學生，而葛拉漢在公司的持股之多，意謂他是戴維森的頂頭上司，所以戴維森當下容忍眼前這個野心勃勃的年輕人問他問題，也不算太奇怪。不管怎麼樣，這則故事是凸顯巴菲特積極主動、上進心強的經

典範例。他和戴維森這一聊，竟然聊了五個小時。

戴維森解釋，靠保險業賺錢有兩條途徑，第一條是保單保費，第二條是用保費投資賺取利潤（亦即「浮存金（float）」的概念，第 2 章第 3 節會再進一步解釋）。戴維森也分享蓋可公司的銷售方法，他們採用直效行銷，比競爭對手透過代理商銷售，高出 10％到 25％的成本優勢；這是因為經由代理商銷售保險，是當時保險業根深蒂固的分銷形式，不可能放棄。

戴維森的這席話讓巴菲特非常興奮，過去他對任何股票的熱衷程度，都不如對蓋可這麼強烈[3]。後來巴菲特說，他從那 5 個小時對話中所學到的知識，比他在整個大學生涯所學到的還豐富（戴維森最終晉升為蓋可公司執行長）。

我講這個故事的目的，是為了說明巴菲特對於創業的飢渴。現在大家在討論企業家的成功經歷時，往往追溯到擺攤賣檸檬水的往事，根本是人云亦云。然而以巴菲特的例子來說，卻是不折不扣的事實。哪怕只是 6 歲稚齡，他就已展現想要獨立的幹勁、動機和上進心，而這些正是創業家所具備的特質。當然，社會潮流也扮演重要角色，巴菲特在大蕭條期間長大，當時小孩子挨家挨戶兜售東西很尋常，他賣的是口香糖：

「我有一個綠色的小托盤，是艾荻（Edie）阿姨送給我的。上面分成五個區塊，裝五種不同品牌的口香糖，黃箭（Juicy Fruit）、白箭（Spearmint）、青箭（Doublemint）口香糖都有。我向祖父買來一包包的口香糖，然後在街坊挨家挨戶兜售。我通常在晚上賣口香糖，還記得有個女士說她要買一片

黃箭，我說我們不拆開分售，我可是有原則的。」[4]

巴菲特回憶當時一包口香糖的利潤是 2 美分，雖然只賣一片也讓他心動，可是沒有心動到願意這麼做。他的理由是，如果只賣一片給那位女士，就得再賣掉那一包裡剩下的四片口香糖——不值得冒萬一沒有人買的風險。[5]

試問有幾個 6 歲大的孩子這麼會算？但巴菲特就很會。賣過口香糖後，他開始賣可口可樂，之所以會動可樂的念頭，是因為他在加油站撿瓶蓋收藏，發現蒐集的 8,000 個瓶蓋當中，絕大多數是可口可樂的瓶蓋，所以他開始從祖父的雜貨店買進六瓶裝的可口可樂，成本是 25 美分，然後挨家挨戶兜售，每瓶售價 5 美分——換算下來利潤是 20%。[6]

巴菲特還替兩家相互競爭的報社送報紙，同時跑三條送報路線。他說過：「我喜歡一個人做事，這樣我就能把時間用來思考我想思考的事情……可能是坐在房間裡思考，也可能是一邊騎腳踏車，一邊思考。」[7]

謹慎、勤奮，從祖輩就開始了

巴菲特的家庭背景和童年經歷，為他的價值觀、氣質、態度奠下基礎。創業精神是家族遺傳的一部分，巴菲特家族在美國的歷史可以上溯七代，推回至 1600 年代，當時他的祖先從法國遷徙到紐約的長島（Long Island），以務農為生。200 年後，巴菲特的曾祖父西尼・巴菲特（Sidney Homan Buffett）

不滿生活艱辛和農耕收入微薄，渴望另謀出路，於是往西遷移到內布拉斯加州，最終在奧馬哈市中心開了一家雜貨店。

在當年（1860 年代），巴菲特家族就已經滿口生意經，曾祖父西尼曾苦口婆心的勸說後輩：「做生意時，一定要盡量守時。你會發現有些人難以相處，盡可能少和這種人打交道……節約信用，因為信用比現金更好……如果你要做生意，適度獲利就該滿足，不要太急著變富有……我要你活得有價值，也要死得其所。」[8]

1870 年，西尼娶了依芙琳‧凱瓊姆（Evelyn Ketchum），育有六個子女，兒子厄尼斯特（Earnest）和法蘭克（Frank）幫忙經營雜貨店。厄尼斯特生於 1877 年，與亨莉葉塔‧杜瓦爾（Henrietta Duval）在 1898 年成婚，他們生了四個兒子、一個女兒：兒子克萊仁斯（Clarence）、喬治（George）、弗烈德（Fred）、霍華德（Howard，就是巴菲特的父親）和女兒艾莉絲（Alice）。厄尼斯特本人以工作勤奮聞名，對員工要求嚴苛，經常暢談理財格言，對日後人稱「奧馬哈先知」的華倫‧巴菲特影響至深，他常拿來提點孫子的格言包括「量入為出」、「切勿欠債」。[9]

巴菲特家族十分節儉，但堅持教育的價值，其中又以厄尼斯特最重視教育。由於「1893 年恐慌」（Panic of 1893），美國從 1893 年到 1897 年陷入經濟蕭條[10]，當時就讀八年級的厄尼斯特不得不輟學，進入雜貨業打工。因此他堅持所有孩子，包括女兒艾莉絲在內，都必須完成大學學業，他的五名子女全都遵從父命，這在當時是非常罕見的成就——對女孩來說更是

如此。

厄尼斯特對待親人和對待員工一樣嚴苛。華倫替祖父工作時，要為卡車卸貨、將貨物擺放到架上、管理戰時配給物資。內布拉斯加州的冬天酷寒，下大雪時，他還必須隨時清除巴菲特父子雜貨店（Buffett & Sons）門前人行道上的積雪。

華倫每天工作 12 小時，厄尼斯特給他的工資是一天 2 美元（按：平均每小時 17 美分，換算今天的幣值是時薪 2.65 美元，約新臺幣 84 元〔全書美元兌新臺幣之匯率，皆以臺灣銀行 2023 年 8 月公告之均價 31.56 元為準〕）。**年幼的華倫在那些年裡確認自己以後想要過的人生──絕對不當出賣體力的勞工，而且不論最終從事哪一行，一定要自己當老闆。**[11]

誠如蒙格所言：「想當年，可沒有星期六拿最低工資這回事。」[12]也沒有童工法。社會安全當時還是新觀念，但厄尼斯特相信它會阻礙人們自力更生，所以很討厭這種制度。他把孫子華倫、華倫的朋友約翰・佩斯卡爾（John Pescal）、後來輔佐華倫的左右手蒙格都使喚得團團轉，要求他們每個人要從 2 美元的薪資中抽出 2 美分上繳社會保障金（按：Social Security，美國聯邦政府對老人、部分殘障人士及配偶或父母一方身故的家庭，提供的全國性財政補助金）。

如今巴菲特回想當年的歲月，指出祖父傳授給自己的關鍵課題：

「最糟的工作是他僱用我和我朋友約翰去剷雪。那時颳了一場暴風雪，溼氣超重的雪積了一呎深，我們必須把雪堆全部

清走，包括顧客停車處的前方、商店後面的巷子、貨車上下貨的停車位，還有停放店裡六輛卡車的車庫旁邊。我們大概連續幹了五個小時——剷雪、剷雪、再剷雪。最後我們連手都伸不直了，才去見祖父，他說：『呃，我該付多少錢給你們兩個小夥子呢？10 美分太少，1 美元又太多！』我永遠忘不了——約翰和我面面相覷……。」[13]

他們的心都涼了，厄尼斯特給的酬勞，兩人還得平分。巴菲特從這件事學到重要的人生格言，他牢牢記在心上：「**永遠要在事前弄清楚交易的內容。**」[14]

在大蕭條中成長，決心擺脫貧窮

二十世紀初的奧馬哈市由幾個名門世家管轄，而巴菲特家族肯定排不上。厄尼斯特的兒子霍華德念的是公立學校，穿的是哥哥的舊衣裳，清楚感覺自己和那些名門世家格格不入，因此他一有能力就逃離老家，跑去林肯市（Lincoln，內布拉斯加州首府），就讀內布拉斯加大學（University of Nebraska），主修新聞學。

霍華德擔任校刊《內布拉斯加日報》（*Daily Nebraskan*）主編，僱用聰明的女孩萊拉·史達爾（Leila Stahl）當助理，後來兩人在 1925 年結成夫妻。不到兩年，這對夫妻就搬回奧馬哈市，在那裡生下三個孩子：長女朵麗絲（Doris，生於 1928 年），長子華倫（生於 1930 年），次女羅蓓妲（Roberta，

小名蓓緹〔Bertie〕，生於 1934 年）。

最初霍華德賣保險維生，然後在 1929 年股市崩盤之前兩年，決定去聯合銀行（Union State Bank）當股票經紀人。霍華德 60 歲就英年早逝，但他生前棄商從政，擔任過 4 屆共和黨眾議員，所以巴菲特家族的運勢是向上攀升的。

經濟大蕭條是影響巴菲特人生的重要大事。1929 年 9 月 3 日，美國道瓊工業平均指數（Dow Jones Industrial Average）攀上 381.17 點的高點，不料 11 月竟崩跌到 220.39 點，跌幅 42％。然而這場動盪並未結束，儘管股市在 1930 年初的幾個月慢慢上漲，到了 4 月 17 日已經回升到 294.07 點，不過還是沒能守住，最後在 1932 年 7 月 8 日跌到 41.22 點的谷底。

這次股災讓美國股市市值跌掉 89％，數百萬人驟然淪為貧民，引發的經濟大蕭條震撼全世界，在歷史上投下的陰影至今仍未消散。華倫‧巴菲特生於 1930 年 8 月 30 日，正好趕上這場金融大災難。

翌年，華倫過周歲生日後兩天，父親遭到裁員，不但丟了股票經紀人的工作，還損失了家人的全部積蓄（股市崩盤後的那段期間，共有四千多家銀行倒閉）。霍華德問父親，他能不能回雜貨店工作？然而厄尼斯特也沒錢僱用兒子，但仍提供了食物給兒子和孫子——**但是賒借，不是白給**。

霍華德沒有因此而灰心，他自己開了一家證券經紀公司，銷售地方債、公用事業股票，以及一些他認為安全的股票。霍華德的生意蒸蒸日上，公司慢慢有盈餘，但不代表一切都很平順。巴菲特家的財務壓力開始出現端倪：華倫的母親萊拉會以

言語虐待三個子女（後來華倫的姐姐朵麗絲認為，母親罹患了未經診斷的躁鬱症，現稱雙向情緒障礙）[15]，大約在相同時間，霍華德被醫生診斷出罹患心臟病，日後也造成傷害。

華倫和姊妹後來都說，只要聽見母親萊拉早上講話的聲調，就知道那一天會過什麼樣的日子。[16]萊拉的外婆和媽媽都罹患過精神疾病[17]，媽媽史黛拉（Stella）曾經精神崩潰，深受抑鬱症所苦，只好讓孩子們管家。萊拉的姊姊自殺身亡[18]，外婆在精神病院去世。

這樣艱辛的早年生活，對巴菲特造成的影響不令人意外：他下定決心這輩子絕對不要再忍受貧窮，他要獨立、要自己當家作主。**巴菲特發誓要在 30 歲以前成為百萬富翁，事實上這個目標他提前四年就完成了。**

巴菲特晚年提到父母時親情流露，他說父母都很聰明，言之有物，送他去讀很好的學校。不過他也承認運氣很重要：「我生逢其時，也生對了地方，我『投胎時中了樂透』。[19]」、「我在這個世界走了鴻運，你知道，我在 1930 年降生在美國的機率是 50：1。出娘胎的那一天，我有幸誕生在美國而不是其他國家，就已經中了樂透；如果是生在其他國家，我得到的機會肯定截然不同。」[20]

為了慶祝巴菲特的 10 歲生日，父親帶他去紐約市一遊。紐約是全國金融之都，出於三個具體的理由，巴菲特對這個城市極感興趣：他想要親眼看看史考特郵票及錢幣公司（Scott Stamp & Coin Company）、萊諾火車公司（按：Lionel Train Company，該公司生產模型火車和玩具火車）和紐約證券交易

所（New York Stock Exchange）。

證交所餐廳的豪華景象——以及富人的權勢——都刻印在他的心裡，即使經過好幾十年依然感覺歷歷在目：

「我們在交易所和一個荷蘭人艾特·摩爾（At Mol）共進午餐，他是證交所的會員，長相十分英俊。飯後有人端托盤過來，上面放了各種不同的菸草。摩爾選好想要的菸草，那個人就替他捲了一支雪茄。我心想，就是這樣，不會有比這個更好的了……。（金錢）能讓我獨立，然後我就能隨心所欲過想要的生活，而我最想要的事，就是擁有自己的事業。」[21]

第一次買股經驗：投資要有耐心

巴菲特熱愛讀書，只要書名帶有「投資」或「財務」的字眼，或只是暗示類似的意思，都會吸引他的注意。有一本書叫做《賺 1,000 美元的 1,000 個辦法》（*A Thousand Ways to Make $1,000*，暫譯）[22]，是他最喜歡的讀物之一，畢竟在年僅 10 歲時，就已經為了賺 1 美元而竭盡所能了。

奧馬哈大學（現已改名為內布拉斯加大學奧馬哈分校〔University of Nebraska-Omaha〕）舉辦美式足球賽時，巴菲特會在球場上兜售花生米和爆米花，嘴裡嚷著：「花生米，爆米花，只要 5 美分，一個鎳幣，10 美分的一半，25 美分的1/5，這裡就有你要的花生米和爆米花！」喜洋洋的展現他過人的數字天分。[23]

巴菲特的高爾夫球生意利潤，比賣零食更高出一截。他會在附近的高爾夫球場來回巡視，撿拾掉在樹叢下的高爾夫球，清洗乾淨後用一打 6 美元的價格轉售。只是後來被警察發現，就把他趕出球場了。

不過警方跟巴菲特的父母打小報告時，霍華德和萊拉並不以為意，他們覺得那不過是兒子早熟、企圖心強的另一個表現罷了。然而他的姊妹卻有不同看法，她們覺得華倫好像頂著一輪光環，不論做什麼大人都會縱容，任何違反規定的行為都不會遭到懲罰。24

高爾夫球計畫發展不利，並沒有打消年輕華倫的意志，儘管他年紀太輕，不能賭博，這位未來的奧馬哈先知卻常常造訪當地的賽馬場，尋找被人丟棄的賭馬票，運氣好的話可能值一點錢。後來巴菲特開心的描述他當時的做法：

「他們稱那個行為是『撿破爛』。賽馬季開始時，很多以前只在電影上見過賽馬的人都會來賭馬，他們以為自己投注的馬如果只跑了第二名或第三名，就拿不到彩金，因為賭賽強調的是第一名（winner）。這些人會丟掉自己押前兩名（place）或前三名（show）的賭馬票。有時萬一碰到有爭議的比賽，你可能就走鴻運了……那時投注的人早就把以為沒贏的賭馬票扔了，而我們就大把大把的撿起來。」25

即便是當時，巴菲特就已經在利用自己的知識（或利用別人欠缺的知識），來獲得財務利益。他還綜合自己的數學技能

和蒐集情報的愛好，販售一種賽馬簡報《穀倉男孩精選》（*Stable-Boy Selections*），售價 25 美分，故意賣得比官方出版的《藍色簡報》（*Blue Sheet*）便宜一點點，來影響馬匹的強弱態勢。[26]

所有這些生意都需要當場迅速計算的能力，而且是心算。一直到今天，巴菲特都自稱他在計算損益數字時，不用電腦，也不用計算機。

1942 年，11 歲的巴菲特買進人生第一支股票：以每股 38.25 美元的價格，買了 3 股城市服務（Cities Service）公司的股票（總投資額 114.75 美元，大概是從他的賽馬生意賺來的）。這支股票跌到 27 美元後又反彈到 40 美元，於是巴菲特趕快賣掉股票，沒想到又眼睜睜看它每股飆到 200 美元。[27]

這是他早年學到的重要教訓——**投資需要有耐心**。接下來 77 年的股市績效，證明巴菲特對美國投資的樂觀展望是正確的，你只需要看明白這一點就夠了。當年小男孩巴菲特的那一筆投資，如果換算成今天的市價，已經超過 60 萬美元（按：約新臺幣 1,893.6 萬元）了。[28]

華倫 12 歲時，醉心政治與公共事務的霍華德當選眾議員，巴菲特一家人遷居華盛頓特區，華倫雖然想念奧馬哈的朋友，但是這位未來的資本家在華府幹得有聲有色，繼續卯起來創業。他替《華盛頓郵報》（*Washington Post*）送報紙，每個月賺 175 美元，1944 年第一次向美國國稅局（Internal Revenue Service）繳稅[29]，將腳踏車列入扣除項目，申報為 35 美元營業支出。15 歲時[30]，花了 1,200 美元買下內布拉斯加州 40 英畝農

地[31]，然後出租給佃農耕種。升上九年級時，他的資產已經相當於今天的 14,275 美元（按：約新臺幣 45 萬元）了。

中學就立志，成為證券經紀人

哪怕創業那麼早，巴菲特也已經感受到創業帶來勃發的能量，只有這股能量可以超越賺錢帶來的愉悅感。每一次成功，都激發他追尋下一次成功的野心。

巴菲特就讀華府的伍德羅・威爾遜中學（按：Woodrow Wilson High School，已於 2022 年更名為傑克遜—里德中學〔Jackson-Reed High School〕）時，和朋友達里（Don Daly）合夥做生意，他們用 25 美元買進一臺二手彈珠檯（新機價格是 300 美元），然後安裝在理髮店裡[32]，客人玩一次收 5 美分，收入和理髮店老闆平分。

兩個中學生給他們的事業取名為威爾遜投幣機公司（Wilson-Coin-Operated Machine Company），擁有的彈珠檯很快從一臺增加到七臺，放置在不同的商店裡，每星期替他們賺得 50 美元。1947 年，他們把公司賣給一名退伍軍人，售價 1,200 美元。[33]達里再用 350 美元從廢車場買來一輛 1928 年的勞斯萊斯（Rolls Royce）汽車，自己動手修理好後，兩人再將車子出租，每天收費 35 美元[34]。

巴菲特 16 歲那年中學畢業，成績在 350 個學生當中排名第十六[35]，此時他創造的各種生意已經賺進 6,000 美元（按：相當於 2022 年的 76,366 美元，約新臺幣 241 萬元）。中學畢

業紀念冊上，巴菲特照片的標題寫著：「喜歡數學：未來的證券經紀人」[36]。紀念冊編輯顯然指對了方向，不過他們萬萬沒料到，這項預測竟然噴發到無比驚人的高度，因為以 2022 年 3 月的資料來看，巴菲特的個人淨資產達到 1,260 億美元（按：約新臺幣 3 兆 9,766 億元）。（見圖表 1-1）

圖表 1-1　2022 年 3 月波克夏旗下擁有的公司名單

產業	公司名稱
保險	Berkshire Hathaway Direct Insurance Company（THREE）
	Berkshire Hathaway GUARD Insurance Co.
	Berkshire Hathaway Homestate Companies
	Berkshire Hathaway Specialty Insurance
	biBERK Business Insurance
	BoatUS
	Central States Indemnity Company
	Gateway Underwriters Agency
	GEICO Auto Insurance
	通用再保險（General Re）
	MedPro Group
	MLMIC Insurance Company
	National Indemnity Company
	United States Liability Insurance Group（USLI）
建材	Acme Brick Company
	班傑明・摩爾（Benjamin Moore & Co.）
	Clayton Homes
	International Metalworking Companies（IMC）
	Johns Manville
	Larson-Juhl
	路博潤化工（Lubrizol Corporation）
	馬蒙控股（Marmon Holdings , Inc.）
	MiTek Inc.

（接下頁）

建材	精密鑄件（Precision Castparts Corp.）
	Shaw Industries
交通運輸	Berkshire Hathaway Automotive
	北伯靈頓和聖塔菲鐵路公司（BNSF Railway Company）
	FlightSafety International
	Forest River
	Louis–Motorcycle & Leisure
	McLane Company
	NetJets
	XTRA Corporation
服飾	Brooks
	Fechheimer Brothers Company
	Fruit of the Loom Companies
	Garan Incorporated
	H.H. Brown Shoe Group
	Justin Brands
食品	CTB Inc.
	國際冰雪皇后公司（International Dairy Queen, Inc.）
	卡夫亨氏（Kraft Heinz）
	Pampered Chef
	時思糖果（See's Candies）
家具	CORT Business Services
	Jordan's Furniture
	內布拉斯加家具商城（Nebraska Furniture Mart）
	RC Willey Home Furnishings
	Star Furniture
珠寶	Ben Bridge Jeweler
	波仙珠寶（Borsheim's Fine Jewelry）
	Helzberg Diamonds
	Richline Group
能源	波克夏海瑟威能源公司（Berkshire Hathaway Energy）
	美國住宅服務公司（HomeServices of America）

（接下頁）

能源	LiquidPower Specialty Products Inc.（LSPI）
雜貨	金頂電池（Duracell）
雜貨	Oriental Trading Company
媒體	《美國商業資訊》（Business Wire）
稅務	Charter Brokerage
電子	TTI, Inc.
機具	Scott Fetzer Company

資料來源：波克夏公司網頁
（https://www.berkshirehathaway.com/subs/sublinks.html）。

頂尖數學學府出身，有錢得很低調

我摘述巴菲特早年生活中的精彩片段，目的是凸顯他堅信一個人身處的環境及家庭，對於塑造其人生軌跡極為重要；此外，我這麼做還有另一個目的，即是分享我個人對於巴菲特過往的看法。

如前所述，我在奧馬哈長大，就讀奧馬哈中央中學，而巴菲特的父親霍華德、第一任妻子蘇西、三名子女蘇珊（Susan）、霍華德（Howard）、彼得同樣畢業於這所中學。巴菲特的傳奇心腹兼生意夥伴蒙格，也於 1941 年從這所學校畢業。（關於蒙格和他對巴菲特的影響，我們會在第 1 章第 3 節詳述。）

奧馬哈是內布拉斯加州第三大城市，具有美國中西部的文化和價值觀，130 萬居民很重視勤奮工作、謙虛做人的觀念。當今奧馬哈中央中學擁有大約 2,500 名學生，我在 1970 年代末期就讀時，這所學校開放所有市民都能就讀，因此學生的種

族及文化背景多元，廣納黑人、拉丁美洲裔、亞裔、美洲原住民，**如今學校裡有 60% 的學生屬於少數民族。**

　　我就讀中央中學時，它座落在一棟老舊建築裡，地板總是發出吱吱嘎嘎的聲響，通往院子的門總是關不起來，冬季時會有從大草原吹來的風在室內呼嘯。學校建築有四層樓，男生和女生分別走不同的樓梯。廁所很狹窄，沒有隱私可言，常常有人在裡面抽菸，弄得廁所煙霧繚繞。

　　當時巴菲特的小兒子彼得是高年級生，我們兩個經常一起吃午餐。我們這一群往來並不特別密切的朋友，有些人日後成為奧馬哈市最傑出的知識分子，其中有幾個是奧馬哈中央中學數學代表團的成員，這支代表團的水準被公認位居全美國前三名。後來這些學生當中，有不少進入哈佛大學（Harvard University）、位於麻薩諸塞州的麻省理工學院（Massachusetts Institute of Technology，簡稱 MIT）、芝加哥大學（University of Chicago）等知名院校就讀的英才，有一位後來在矽谷（Silicon Valley）經營兩家公開上市的公司。

　　追求頂尖的數學能力，是中央中學很重要的一項文化，不過我當時完全不知道彼得的背景，也不知道他父親是有錢人，其實我們周遭沒有一個人知道。巴菲特在金融界裡一直很低調，在社區裡也一樣，連他自己的孩子也不清楚父親驚人的投資成就。巴菲特每晚下班和子女一起用餐，對孩子們來說，他就是爸爸而已。

　　目前彼得的身分是音樂家、作家、慈善家、作曲家、艾美獎（Emmy Awards）得主，他寫的《做你自己：股神巴

菲特送給兒子的人生禮物》（*Life Is What You Make It: Find Your Own Path to Fulfillment*）登上《紐約時報》（*New York Times*）暢銷書排行榜。經常有人問到彼得的成長背景：身為世界首富的兒子，在奧馬哈長大如何影響他的人生？2011 年時，彼得在一席訪談中談到自己的世界：

「我知道對自己最好的，就是不要有噪音——不要有很多讓我分心的事；沒有什麼人覺得你一定要這樣才叫酷，或那樣才叫什麼什麼。我在自己的節目裡談這個，談自己的成長背景很單純、很正派——我不談父親很有錢或那一類事情——因為我們小時候根本不知道他有錢。

「和我成長背景有關的，是祖父母就住在幾條街之外，我和我母親讀同一所學校，甚至上同一位英文老師的課。這些林林總總的事情，創造了一個安全的環境。我的意思是，我知道人們說音樂家和藝術家就必須生活艱難、抑鬱苦悶，首先，我覺得這種講法不對，不過困難的生活確實會給你素材，有助於寫歌詞和別的東西。我認為不分心的環境才會容許你（創作），所以我爸爸才會一直住在奧馬哈，因為他可以專心做他的那種藝術。我真的認為，真正有助於孕育絕佳點子的是環境——有些人可能會說：『哎，這聽起來並不是很刺激』。[37]」

波克夏的大本營，一世紀前是牲口重鎮

1955 年到 1971 年，奧馬哈的牲口圍場（按：stockyard，

牲口在交易與屠宰之前臨時安置的圍欄）規模在全世界數一數二。牲口圍場於 1884 年開業，可容納 7,000 頭牛，到了 1940 年代後期，規模已經擴大到能容納 770 萬頭牛。雖然它已經在 1999 年歇業，可是舊的牲口交易大樓依然存在。

如今這個城市是慈善組織「男孩鎮」（Boys Town）和「學院世界系列」（College World Series）棒球錦標賽的所在地。除了波克夏公司之外，還有好幾家財星 500 大（Fortune 500）和財星 1,000 大（Fortune 1000）企業（按：指美國《財星》〔Fortune〕雜誌每年評選的全美最大 500 家及 1,000 家公司）也設址奧馬哈市，包括美國家庭人壽保險公司（Aflac）、美國最大的鐵路公司聯合太平洋鐵路（Union Pacific）、建築公司 Peter Kiewit Sons、奧馬哈互惠人壽（Mutual of Omaha）、德美利證券（TD Ameritrade）、再生能源公司 Green Plains Renewable Energy、物流公司沃納企業（Werner Enterprises）、維蒙特工業（Valmont Industries）。

在我看來，我們家鄉有一件事特別值得一提，那就是奧馬哈的醫療照護，以及這個城市和慈善事業的關係。

2009 年、2011 年及 2017 年這三年，我帶領了三批學生和四位教授去奧馬哈見巴菲特。我帶他們去看中央中學、巴菲特的家，以及波克夏公司總部，但是最令他們嘖嘖稱奇的，卻是奧馬哈市城中區（Midtown）的健康照護聚落。克雷頓大學（Creighton University）和內布拉斯加大學醫學中心（University of Nebraska Medical Center，通常簡稱「醫學中心」）都設有醫學院和藥學院。2018 年，克雷頓大學新開設

牙醫學院，此外奧馬哈也以擁有六所護理學校而自豪。這些機構加在一起，將奧馬哈推上全國名列前茅的健康照護聚落。

在這些機構之間，我們無法忽略一棟宏大的新建築——弗瑞德與帕蜜拉・巴菲特癌症中心（Fred and Pamela Buffett Cancer Center）。華倫的堂兄弗瑞德，是最早投資波克夏公司的股東之一，25 年前死於腎臟癌，他去世之後，遺孀帕蜜拉帶頭募款 3 億 7,000 萬美元，興建這座新的癌症中心。

奧馬哈本地的傑出商人霍蘭（Dick Holland）早期和巴菲特一起投資，賺進好幾百萬美元，他指出，至少有 10 億美元與波克夏有關的資金已經捐贈出去，或誓言未來將捐贈給奧馬哈，作為改善城市之用。霍蘭自己也大手筆捐款給奧馬哈市造價 9,000 萬美元的霍蘭表演藝術中心（Holland Performing Arts Center）。

波克夏公司另一些早期投資人同樣慷慨捐獻，他們將賺來的錢回頭贊助內布拉斯加州的多個機構，這些人包括馬梅爾夫婦（Carl and Joyce Mammel）、史考特夫婦（Bill and Ruth Scott）、席曼夫婦（Lee and Willa Seemann）、莫楠（Dan Monen）、克里爾瑞夫婦（John and Janice Cleary）、歐爾森夫婦（Leland and Dorothy Olson）、楚俄森夫婦（Stanley and Dorothy Truhlsen）、歐思摩夫婦（Donald and Mildred Topp Othmer）。他們的捐助計畫包括成立一所商學院、為首府林肯市蓋一棟教室、為奧馬哈市興建醫學研究和教學機構、為奧馬哈中央中學蓋一座美式足球場。[38]

創業家必備的特質：飢渴

行文至此，我大致勾勒出巴菲特的基本個人背景和經歷，這些促成了他日後成為古往今來、數一數二的創業家。巴菲特家族的創業傳統，無疑塑造出他的人格和價值觀：華倫的外公外婆開印刷廠，祖父開雜貨店。一般人經常以為巴菲特就是個謙虛、節儉的人，無形中淡化了他有魄力、衝勁大的那一面。但別弄錯了，巴菲特也會為自己的人生設定願景，然後鍥而不捨的追求，他擁有每個創業家都具備的特質。

若要區分創業家的人格類型，他們擁有強烈的成就動機，願意承認錯誤，而不是怪罪他人；願意承擔風險，容忍模稜兩可，對於特定事業是否能成功，抱持敏銳的務實心態。換句話說，他們並非魯莽躁進，而是大部分的人極為需要獨立，並且具有堅不可摧的自信心，及強悍的樂觀態度。他們百折不撓，哪怕初期面對挫敗，依然會想盡辦法找出有創意的對策來解決問題。他們永遠精力旺盛，為自己的足智多謀感到得意，而且總是能建立起優秀的團隊。

最重要的一點是，創業家不當追隨者，不害怕標新立異，反而與人潮背道而馳，因此能找到創新的角度。巴菲特和夥伴蒙格始終強調逆勢操作：想要成功創業，就必須自己想辦法，而不是被動跟隨別人設定的方向或線索。

・你能成為創業家嗎？

我的學術生涯中，有很大一部分用來觀察巴菲特，不但在

41

工作上教授創業相關課程，也在生活中與他的子女共同在奧馬哈成長。除了在此羅列的創業人格特質之外，我發現所有創業家還有一個特點，簡單來說就是：創業家都很飢渴！他們渴求財富、成功、獨立——無論怎麼形容，總之是在追求自己的目標上，展現超乎尋常的飢渴。

許多創業家出身於擁有創業傳統的家庭，以巴菲特來說，替經營雜貨店的祖父打工的辛苦經驗（促使華倫相信，自己想要的人生不能依靠體力勞動），加上祖父扮演的自力更生、獨立自主的角色典範，提供了巴菲特必要的創業靈感。

巴菲特的長年夥伴蒙格也是年紀很小就開始創業，自己開發了好幾種生意。這類意志堅決、高度自我鞭策的人，不論成就高低，永遠都會對新點子保持興趣，對新事業極度飢渴，對於他們有一個專有名詞，我們稱之為「連續創業家（serial entrepreneurs）」。

任何型態的組織都可以創業（比如大公司、小商家、家庭企業、加盟店、社會企業、高速成長企業等），而所有的組織都需要有創業精神的人來掌舵，才能發揮創意。只是，話雖如此，誠如我已經透過巴菲特的早年經歷所呈現出來，大部分的創業家寧願獨力經營，而不願替其他組織效力。

驅策男性與女性走上創業一途的動機很類似，但並不相同。**促使男性創業的動機，主要是追求獨立和錢財，而女性歷來備受限制，很難打進高階主管階層，所以她們的創業動機往往是追求更高的工作滿意度，錢財只排得上第四名。**

不過創業家不分性別，都擁有無底洞似的飢渴和無盡的精

力，這樣看起來只有年輕人才能夠創業吧？其實並不見得。

・幾歲才合適創業？

獨自創業沒有年齡限制，也沒有所謂理想的時機，可是年輕人往往比較能承擔風險，對於模稜兩可的情況也顯得較為從容。以下是各知名創業者在創辦公司時的年齡，分布極廣：

・臉書（Facebook）：馬克・祖克柏（Mark Zuckerburg，共同創辦人，20 歲）。

・蘋果（Apple）：史蒂夫・賈伯斯（Steve Jobs，共同創辦人，21 歲）。

・特斯拉（Tesla）：伊隆・馬斯克（Elon Musk，從 24 歲開始陸續獨力創辦或共同創辦多家公司）。

・耐吉（Nike）：菲爾・奈特（Phil Knight，共同創辦人，26 歲）。

・谷歌（Google）：謝爾蓋・布林（Sergey Brin，共同創辦人，27 歲）與賴利・佩吉（Larry Page，共同創辦人，27 歲）。

・Spanx（美國塑身衣公司）：莎拉・布蕾克莉（Sara Blakely，創辦人，27 歲）。

・羅賓漢（Robinhood，金融服務公司）：弗拉基米爾・特涅夫（Vladimir Tenev，共同創辦人，27 歲）與拜居・巴哈特（Baiju Bhatt，共同創辦人，28 歲）。

・美林證券（Merrill Lynch）：查爾斯・美林（Charles

Merrill，共同創辦人，28 歲）。

‧阿里巴巴：馬雲（共同創辦人，31 歲）。

‧亞馬遜（Amazon）：傑夫‧貝佐斯（Jeff Bezos，創辦人，31 歲）。

‧推特（Twitter）：傑克‧多西（Jack Dorsey，創辦人，32 歲）。

‧Urban One（多媒體集團）：凱西‧休斯（Cathy Hughes，創辦人，33 歲）。

‧嘉信理財集團（Charles Schwab Corporation）：查爾斯‧施瓦布（Charles Schwab，創辦人，34 歲）。

‧阿帕盧薩資產管理公司（Appaloosa Management）：大衛‧泰珀（David Tepper，創辦人，35 歲）。

‧IBM（International Business Machines Corporation，國際商業機器公司）：湯瑪士‧華生（Thomas Watson，共同創辦人，36 歲）與查爾斯‧弗林特（Charles Flint，共同創辦人，60 歲）。

‧福特汽車公司（Ford Motor Company）：亨利‧福特（Henry Ford，創辦人，40 歲）。

‧沃爾瑪（Walmart）：山姆‧沃爾頓（Sam Walton，創辦人，40 歲）。

‧家得寶（Home Depot，家飾與建材公司）：伯納德‧馬庫斯（Bernard Marcus，共同創辦人，50 歲）。

‧億創理財（eTrade）：比爾‧波特（Bill Porter，共同創辦人，54 歲）。

・肯德基（KFC）：哈蘭德・桑德斯（Harland Sanders，創辦人，62 歲）。

說起百折不撓和忍受失敗，也許沒有比馬雲更好的例子。他在成為我們今天熟知的世界知名億萬富豪之前，克服了無數的阻礙。當初為了學習英語，馬雲花了九年的工夫在家鄉杭州給外國人當導遊。那時候他才十二、三歲，要騎腳踏車趕 17 英哩的路上工，哪怕是下雨或下雪，依然頂著惡劣的天氣勇往直前。

他考砸過兩次小學考試，中學入學考試失敗三次。杭州第一家肯德基開幕時，有 24 個人應徵工作，馬雲是其中之一，但他也是唯一沒被錄取的應徵者，而這只是馬雲數十次求職失利的經驗之一。大學入學考試他也失敗好幾次，所幸最後還是進入大學，卻沒有就此一帆風順，他依舊努力不懈，十度申請進入哈佛商學院（Harvard Business School）都被拒絕，始終未能如願。可是今天的馬雲身價高達數十億元。[39]

・**最成功的創業家做些什麼？**

參與新事業。

獲取新創經驗。

知道向何處尋求忠告（社會網絡）。

獲得與事業相關的所有技能。

把焦點放在讓自己的事業賺錢。

持續閱讀和學習。

讓自己身處有創意、能幹、聰明的人之間，然後努力闖出自己的一片天。

善待員工（比如與員工分享利潤）。

了解自己的弱點（比如眾所周知，巴菲特只投資自己了解的產業，這等於承認他並不了解每一件事物）。

·怎樣才能成為成功的創業家？

建立各種技能領域的人脈。

擁有幾位精神導師。

追求更好的教育；如果只有經驗卻沒有教育背景，往往會落到失敗的境地——你不需要企管碩士（MBA）學位，可是最好去進修一些課程，幫助你了解行銷、談判、會計、財務等領域。

具備行銷、財務、業務等領域的工作經驗。

參與新事業，從自己的錯誤中學習。

·成為創業家的動機

創業的渴望可能源自內在，因為人都懷有企圖心；也可能是被突如其來的外在事件觸發，例如離婚、資遣，甚至是一場大規模的流行病。還有可能只是機緣湊巧，因為受到鼓舞，而願意承擔經過計算的風險。

我為學生提供以下建議：假如真的很想創業，先針對想從事的行業去找一份工作，盡可能學習這個行業的一切知識，有問題就發問、找解答，並尋找可行的利基。然後把錢存下來，

這樣一旦離職的時機來到，就有足夠的資金可以創業。

　　就算你心裡覺得自己沒那麼想創業，誰也無法料到，人生中會不會出現別無選擇的轉折，逼自己走上創業的路。舉個例子，2019 年新冠肺炎病毒大流行，造成了經濟大蕭條以來最嚴峻的失業潮，好幾百萬人口重新評估自己的選擇和價值，一頭栽進獨立的零工經濟（按：gig economy，指自由或兼職工作者在短期內完成少量工作，且得到一次性報酬）領域，而這正是走向創業的前導契機。

　　零工機會包括開 Uber 計程車、做部落客、成為獨立顧問、線上教學、網路銷售、開創網路企業、錄製有聲書、當寵物保母、代客照顧房子等各種工作。不過，從獨立打零工進化到充分發展的創業行為，當事人需要有信心而且自動自發。即便你現在不是創業家，所有的跡象卻都顯示：生活在二十一世紀的美國，你將會需要像創業家一樣思考與行動。

哥倫比亞商學院經典案例，巴菲特

- 永遠要在事前弄清楚交易的內容。
- 想要創業成功，必須自己想辦法，而不是被動跟隨別人設定的方向或線索。
- 創業家都很飢渴！渴求財富、成功、獨立——總之是在追求自己的目標上，展現超乎尋常的飢渴。
- 讓自己身處有創意、能幹、聰明的人之間，然後努力闖出自己的一片天。

02 念大學、創業，
都是預料之外

「人類行為有一條極為關鍵的法則，遵循的人幾乎一生平
順，事實上，遵循那條法則會帶來無數朋友和恆久的幸福。然
而一旦違反，就會陷入無止境的麻煩。那條法則就是：永遠讓
對方覺得他很重要。杜威（按：John Dewey，美國哲學家、心
理學家、教育家）曾說過，追尋個人的重要地位，是人類天性
中最深沉的渴求；詹姆斯（按：William James，美國哲學家、
心理學家）則說：「人類本質中最深刻的原則，就是渴求別人
的欣賞。」[1]

——卡內基（Dale Carnegie）

巴菲特少年時不善社交，為了解決這個問題，他盡可能向
成功人士偷師。卡內基就是影響巴菲特至深的人，他的《人性
的弱點》（按：*How to Win Friends and Influence People*，原文
直譯即「如何結交朋友和影響他人」）一書如今已是傳奇。

卡內基是推銷和公開演講的專家，靠訓練別人精進銷售和
公開演說技巧，開創自己的事業，成為創業家。巴菲特整個中
學階段都在練習卡內基的原則，他的女性知己施洛德（Alice
Schroeder）指出：「（巴菲特）念中學時多交了好幾個朋友，
加入伍德羅・威爾遜中學的高爾夫球隊，哪怕人緣不算太好，

他也設法使自己不讓人討厭。卡內基的系統磨練了他與生俱來的機智，最重要的是提升了他的說服力與推銷的才能。[2]」這些特質後來對巴菲特的整個事業生涯大有助益。

巴菲特經常笑稱，**自己花 100 美元去上卡內基的公開演講課程，是他這輩子做過的最佳決定之一。**當時巴菲特 21 歲，剛剛從研究所畢業，在父親的投資公司當股票經紀人，還在當時的奧馬哈大學教一門投資課程，學生的平均年齡比他這個年輕教授大一倍。

一直到今天，你在巴菲特辦公室的牆上，都找不到他的大學文憑或商學院文憑，卻能看見他修習卡內基課程的證書。在巴菲特眼中，卡內基的原則太有意義了，在此特別摘錄如下，這些內容是從卡內基的書裡一字不漏抄下來的[3]。

・做個更友善的人

1. 不要批評、譴責或抱怨。

2. 給予誠懇、真摯的評價。

3. 挑起對方殷切的願望。

4. 真心誠意關注對方。

5. 微笑。

6. 記住，對於當事人來說，自己的名字是所有語言中最甜蜜且重要的聲音。

7. 好好傾聽，鼓勵對方講他自己的事。

8. 談話時要以對方的興趣為重。

9. 使對方覺得自己很重要——這麼做時要誠心誠意。

・爭取別人贊成你的想法

1. 要從吵架得到好處，唯一方法就是避免吵架。

2. 表明尊重對方的意見，絕對不要說：「你錯了。」

3. 如果你錯了，要明快果斷認錯。

4. 一開始就表現善意。

5. 促使對方立刻說：「對，對。」

6. 讓對方滔滔不絕的講。

7. 讓對方感覺這是他自己想出來的點子。

8. 嘗試誠實的從對方的觀點看待事情。

9. 對於對方的想法和欲望抱持同理心。

10. 訴求比較高貴的動機。

11. 用戲劇性手法呈現你的點子。

12. 發起挑戰。

・當領導人

1. 從讚美他人、誠懇的欣賞他人開始做起。

2. 他人犯錯時，以委婉的方式提醒。

3. 在批評對方的錯誤之前，先談談你自己犯過的錯。

4. 詢問對方問題，而不要直接下命令。

5. 給對方面子。

6. 對方有一點點進步就要讚美，而且每次進步都要讚美，「誠心誠意嘉許，讚美之詞多多益善。」

7. 稱讚對方，藉此鼓勵他落實好名聲。

8. 善用鼓勵。讓過失看來易於矯正。

9. 使對方樂於去做你所建議的事項。

巴菲特也將卡內基書裡某些額外的指導方針，融入他個人的生活與工作之中：

富蘭克林（按：Benjamin Franklin，美國開國元勳）年輕時有些魯鈍，後來卻變得極有外交手腕，善於與人交往，所以奉派出使，成為美國駐法國大使。他成功的祕訣是什麼？富蘭克林說：「我從不說別人壞話……至於認識的人，我只會講他們每一個人的優點。」[4]

隨便哪個傻瓜都能批評、譴責和抱怨——大多數傻瓜都這麼做。不過有品格、能自我控制的人，才能做到理解和寬恕。[5]

偉人會透過善待小人物來展現其偉大之處。（卡內基這句評語起因於蘇格蘭作家、史學家卡萊爾〔Thomas Carlyle〕）[6]

我認為自己最棒的資產……是能挑起身旁人的熱忱，而激發某人最佳表現的方法，是欣賞和鼓勵。上司的批評最容易扼殺部屬企圖心。我從不批評任何人，我相信激勵才是驅使人工作的法寶。所以我總是迫不急待的發出讚美，對於挑毛病則深惡痛絕。假如說我有什麼喜歡做的事，那就是衷心嘉許、多多讚美。（卡內基將此歸功於嘉信理財集團創辦人施瓦布。）[7]

在這個世界上，企圖影響別人的唯一方法，是和對方討論他想要的東西，然後向對方展示如何得到那樣東西。[8]

著名心理學家阿德勒（Alfred Adler）有一本著作叫《自卑與超越》（*What Life Should Mean to You*），書中指出：「對

同胞漠不關心的人，在生命中會遭遇最大的困厄，也會對他人造成最大的傷害。人類所有的挫敗都是這種人造成的。」[9]

施瓦布告訴我，他的笑容價值百萬美元。其實他很可能低估了事實，因為施瓦布的性格、魅力、招人喜歡的能力，正是他非凡成就的原因，而他的性格中最令人愉悅的因子之一，就是深深擄獲人心的笑容。行為的力量勝於文字，笑臉展露的意思是：「我喜歡你；你使我快樂；我很高興見到你。」[10]

只信親身經歷，不吃學院派那一套

巴菲特不想上大學。[11]他覺得靠自己讀書也能獲得良好教育，深信親自經商的體驗，遠比坐在教室裡聽課有價值得多。巴菲特也將這套信念用在別人身上，舉例來說，波克夏買下奧馬哈市的波仙珠寶店時，巴菲特便准許沒有大學文憑的執行長留任。

2009 年 11 月，我帶了 26 個學生去參訪時，巴菲特再次提到這項人事命令，他說：「我不記得那項研究的名字了，不過它的內容是關於智商、學業成績、就讀學校與經商成功的相互關係。那項研究發現，**經商成功和當事人從商的年紀，兩者之間的關聯最大。經驗是決定成敗的最重要因素。**」

‧從常春藤盟校到內布拉斯加大學

但是迫於父親的壓力，巴菲特還是去賓州大學（University of Pennsylvania）的華頓商學院（Wharton School）註冊了，

當時他才 17 歲，幾乎一入學就抱怨他懂得比教授們還多。這可不是年少輕狂說大話，**巴菲特的一個室友就驚嘆的指出，巴菲特只唸了 15 分鐘的書就能考滿分。**

但是年輕的華倫抱怨最多的，是學術圈偏重理論的本質。後來同學回憶說，巴菲特完全不害怕當著全班同學的面，拿自己早年創業的經驗糾正教授的說法。

巴菲特對於使用自己的實務知識更有興趣，他在華頓商學院唸了一年之後，告訴父親他打算輟學，然後自己創業。可是父親又贏了，說服巴菲特待在華頓再試一年。巴菲特答應照做，不過之後他轉學去唸內布拉斯加大學林肯分校，大學三年級結束時，已經修完企業管理學士學位所需的學分。即便是教育這麼攸關個人成長的領域，巴菲特都顯現出他那出了名的堅定不移風格。

返回內布拉斯加州之後，巴菲特立刻實踐自己注重生活經驗的信念。他一邊在學校修滿學分，一邊在《林肯日報》（*Lincoln Journal*）打工，擔任發行主任，組織五十幾個員工的派報團隊與路線。

發現偶像葛拉漢，用一封信成為門生

儘管討厭學術圈，巴菲特大學畢業後還是申請就讀哈佛大學研究所。可是被拒絕了。哈佛大學的主考官建議他多獲取一些商務經驗。

心灰意冷的巴菲特開始埋頭自修，他一向熱衷閱讀，這一

回乾脆把自己埋進關於投資方法學的書堆中。這裡面有一本書叫做《智慧型股票投資人》（*The Intelligent Investor*，1949 年出版），作者葛拉漢當時在哥倫比亞大學商學院研究所任教。**巴菲特在之後的事業生涯中，稱許《智慧型股票投資人》是史上最重要的投資學著作；我每次帶學生前去奧馬哈，巴菲特都會對學生提到這一點。**不過在遭到哈佛大學拒絕的那年夏天，巴菲特則是對另一本書尤其著迷，書名是《證券分析》（*Security Analysis*），由葛拉漢與哥倫比亞大學的同事陶德（David Dodd）合著。

　　巴菲特仔細研究哥倫比亞大學商學院的課表，注意到這兩位教授的名字，立刻就寄了一封信給對方。即使用今天的標準來看，這封信也寫得很莽撞，甚至相當無禮。巴菲特寫道：「親愛的陶德教授，我以為你們早就死了，可是現在我發現你們還活著，而且在哥倫比亞大學教書，我真的很想來。」很多年之後，巴菲特講述這件往事時，多少帶著一點玩笑性質[12]，然而不管他在信裡寫了些什麼，都足以讓他如願進入哥倫比亞大學商學院碩士班。

　　1950 年秋天，巴菲特搬到紐約市極為便宜的住處（由於太晚提出申請，無法住進大學宿舍）。他花 10 美分加入基督教青年會（YMCA），在賓州車站（Penn Station）旁的西 34 街（West 34th Street）青年會史隆居（Sloane House）住了下來，房間的租金是每天 1 美元。[13]巴菲特在葛拉漢的指導下讀了一年，1951 年畢業。

‧價值投資之父，起初只是債券收發員

葛拉漢生於英國倫敦，原本的名字是格勞斯鮑姆（Benjamin Grossbaum），1895 年移居紐約，彼時他還是個小嬰孩。20 歲時，葛拉漢改掉自己明顯的猶太人姓氏，以迴避反猶太主義。葛拉漢的父親於 1903 年去世，他當時只有 8 歲。1907 年發生股市恐慌事件，大部分家產都被母親賠掉了。

葛拉漢的童年災厄對他造成終身的影響，他覺得自己沒有什麼選擇，只能將所有精力用來念書。年輕的他就懂得自我鞭策，爭取到哥倫比亞大學的獎學金之後，20 歲那年以全班第二名的成績畢業。離校之前，**有三個學系邀請葛拉漢去教書：數學系、哲學系、英語系，可是他統統拒絕，反而跑到了華爾街工作。**

葛拉漢在華爾街的起步很卑微，他替證券商紐伯格─亨德森和羅勃公司（Newburger, Henderson and Loeb）送信，遞送債券和股票價格，每星期的工資只有 12 美元。可是他迅速崛起，26 歲時被公司相中撰寫研究報告，不久就獲得拔擢，成為公司合夥人，以獎勵他的優越表現，年薪高達 60 萬美元。[14] 以 2022 年的幣值換算，相當於 960 萬美元（按：約為新臺幣 3 億 297 萬元）。

7 年之後，32 歲的葛拉漢與紐曼（Jerome Newman）共同創辦自己的投資合夥事業，名為葛拉漢‧紐曼公司（Graham-Newman Corporation）。這個早期創辦的事業為葛拉漢帶來豐厚的報酬，公司資產平均每年成長 17.4％，打敗股市大盤的 5.5％。葛拉漢一面經營公司，一面在哥倫比亞大學教書（授

課薪水都捐回給學校），同時還在同事兼助理陶德的協助下寫了一本書。那本書就是《證券分析》，至今還有人認為它是最具影響力的投資書籍之一。

　　儘管葛拉漢・紐曼公司熬過了兩次世界大戰，但是公司在大蕭條期間損失了 70%的淨值，這種財務不穩定的經驗（實屬葛拉漢人生中的第二次），促使他採取相對謹慎的投資方式。

　　葛拉漢遵循兩項原則：（1）投資企業時，購入價格需低於其淨資產價值的 2/3；（2）購買股票時，需謹守選擇低本益比（price-to-earnings ratios）[15]的標的。如今這種做法稱為「安全邊際」（margin of safety）。總體來說，葛拉漢重視公司數字的程度，超過任何定性因素（按：qualitative considerations，指不可量化或不易量化的因素）。

等了三年才進華爾街，只做兩年就想跑

　　1950 年，葛拉漢與陶德收了 20 個研究生，巴菲特是其中一個，雖然年紀最小，卻成了葛拉漢的得意門生——他是唯一一個從這位德高望重的老師手中拿到 A+ 的學生。其實這並不令人意外，因為他們兩個都崇尚獨立，具有創業精神，巴菲特領略到擁有導師的好處，而葛拉漢則歡迎有才華的學生。葛拉漢刻劃的印象太強大了，以至於後來巴菲特自己在指導學生時，都直接拿葛拉漢來當榜樣。

　　在葛拉漢的指導下，巴菲特埋頭研究《證券分析》和《智慧型股票投資人》，經常說《智慧型股票投資人》的第 8 章和

第 20 章是關於投資的最佳論述。我會在後文中詳細討論這兩章的內容。

　　1951 年，巴菲特取得了經濟學碩士學位，離開哥倫比亞大學。離校之後，他立刻申請加入這位精神導師所創辦的公司——甚至提出免費替葛拉漢・紐曼公司工作。可是葛拉漢拒絕了巴菲特的申請，他只願意僱用猶太人，因為許多華爾街公司不歡迎猶太員工。這一來，巴菲特只好返回奧馬哈，從1951 到 1954 年，他都在父親的投資公司裡擔任股票經紀人。

　　就是在這段時間，巴菲特修習了卡內基的公共演講課程，並且在當時的奧馬哈大學教授投資。然而他還是和葛拉漢保持聯絡，分享聰明的投資建議，並且耐心培養兩人的關係。（在身為成功資本家的整個事業生涯中，巴菲特始終沒有忘記自己熱愛教書，他住在紐約時，曾在郊區一所公立學校的成人教育學程開了一門投資課，回到奧馬哈後也繼續保持這個慣例，在克雷頓大學免費授課，一直持續到 1970 年代。）[16]

　　葛拉漢直到 1954 年才終於僱用自己的明星學生。那一年巴菲特 24 歲，年薪 12,000 美元（按：相當於今天的 126,500 美元，約新臺幣 399 萬元），更重要的是，他工作的同時也在學習。葛拉漢教巴菲特套利——同時買進和賣出某資產，投資人可以從最小價差中獲利。投資專家費南多（Jason Fernando）在「投資百科」（Investopedia）網站中解釋套利：

　　「套利指的是，在不同市場中同時買進和賣出相同資產，目的是從資產定價的微小差異中獲利。不同市場或不同型式的

相同或類似的金融商品，價格會呈現短暫的差異，而套利就是利用這一點。舉個簡單的例子，X 公司股票在紐約證交所的交易價格是 20 美元，在同一個時間，這檔股票在倫敦證交所的交易價格卻是 20.05 美元。交易員可以在紐約證交所買進，然後立刻在倫敦證交所賣出，賺取每股 5 美分的利潤。交易員可以持續利用這種方法套利，直到紐約證交所的專家賣光 X 公司的股票存貨，或是直到紐約證交所或倫敦證交所的專家調整價格，以根除賺差價的機會為止。」[17]

巴菲特在葛拉漢‧紐曼公司的工作很短暫，他 25 歲時，葛拉漢宣布退休計畫，並主動提供機會給他，希望由這位長期門生取代自己在公司的位置，出任初級合夥人（至於紐曼的兒子米基〔Mickey〕則取代父親，擔任資深合夥人）。

這家公司當時的資金其實不多——只有 700 萬美元，相當於今天的 7,500 萬美元（按：約新臺幣 23 億 6,700 萬元）——但在業界頗受敬重。還不到 30 歲的巴菲特，忽然面臨人生的十字路口：「那是痛苦的抉擇。」他在 2012 年回憶這段往事時說：「我有機會取代自己的英雄——我甚至給長子取名叫霍華德‧葛拉漢‧巴菲特（霍華德是我父親的名字。）——但我也想回奧馬哈。大概有一個月時間，每天早上去上班時，我都想告訴葛拉漢先生我要辭職，可是開不了口。」[18]

葛拉漢最後在 1956 年結束合夥公司，61 歲那年退休。巴菲特返回奧馬哈，身上帶了 127,000 美元——換算起來大概是今天的 130 萬美元（按：約新臺幣 4,100 萬元）。這筆錢已經

夠他退休了，而退休計畫的關鍵是複利，也就是他所謂的「世界第八大奇蹟」。

某項資產的本金加上利息的累積，可以不斷賺取更多的利息及紅利，使得資產價值隨之增加，這就是複利。誠如多年後巴菲特對《富比士》（Forbes）雜誌所說的：「我想，我要回奧馬哈去，在大學教幾門課，還要讀很多書——我打算要退休了！我估計每年有 12,000 美元就可以過活，以 127,000 美元的資產做基礎，我可以輕鬆達標。我對妻子說：複利保證我會變富有。」[19]

影響巴菲特的第二人——費雪

假如說葛拉漢是影響巴菲特至深的第一人，那麼第二人就是投資專家費雪（Philip Arthur Fisher），他的《非常潛力股》（Common Stocks and Uncommon Profits and Other Writings，1958 年出版），是第一本登上《紐約時報》暢銷書排行榜的投資類書籍。費雪的基本操作手法，是以被低估的價格買進高品質公司的股票，然後抱住股票永不賣出。他的研究專注在，如何找到獲利與營收成長能夠打敗同業平均值的公司。[20]

費雪強調，以長期來看，股市永遠對投資人有利。這種保守的投資方式和葛拉漢十分契合，便難怪巴菲特會受到他的影響。不過，葛拉漢重視「量」，而費雪則採取重「質」的「八卦投資法」（scuttlebutt methodology）——也就是從各種不同的來源蒐集某家公司的第一手資料。舉例來說，巴菲特

在 2016 年 4 月投資蘋果電腦之前，一直注意到自家孫兒和友人整天都在滑 iPhone 手機；請他們去速食店冰雪皇后（Dairy Queen）吃東西，眼睜睜的看他們坐在那兒給彼此傳簡訊，哪怕人就坐在身旁，也不開口和對方說一句話。

還有一個倡導八卦投資法的名人是彼得‧林區（Peter Lynch），他是富達投資公司（Fidelity Investments）的知名投資專家。林區擅長觀察顯而易見的蛛絲馬跡，見到商店前大排長龍時，會因為察覺到投資機會而雀躍不已，他投資 Dunkin Donuts（現已改名為 Dunkin'）就是絕佳的例子。

林區注意到 Dunkin Donuts 門外排著人龍，便開車走訪城裡各個分店，還親自去店裡勘察，發現顧客非常愛喝這家店的咖啡。他看出 Dunkin Donuts 大有可為，未來能大量複製相同的店面，成長為全國連鎖店，於是投資這家公司的股票，最終賺回本金的 10 倍到 15 倍利潤。

據說林區也會帶家人去賣場，然後觀察妻兒會被哪些商品吸引，藉此激發投資靈感。這個方法是林區僅有的一招，可是一招足矣。這則故事告訴我們，許多偉大的投資機會隱藏在平凡無奇的表面下。

‧費雪的管理哲學：放手

巴菲特家族篤信公立教育制度，但費雪家不一樣，他的父母對公立學校沒啥信心——至少覺得不適合幼兒。費雪在 1907 年出生於舊金山，整個小學階段都是由父母聘請私人家教幫他補習。

　　1923 年，16 歲的費雪自名校洛威爾高中（Lowell High School）畢業（巴菲特也是 16 歲時高中畢業），接著進入加州大學柏克萊分校（University of California-Berkeley）就讀。[21]

　　費雪後來轉學到史丹佛大學（Stanford University），並在那念研究所。可是他不到 21 歲就輟學了，跑去舊金山的盎格魯倫敦暨巴黎國家銀行（Anglo-London Paris National Bank）當證券分析師。1931 年，正值經濟大蕭條夷平證券經紀業之際，費雪創辦了自己的投資顧問公司，名為費雪公司（Fisher & Company）。[22]他從 24 歲開始一手打理公司業務，直到 1999 年退休為止，那一年他高齡 91 歲。

　　費雪對共事夥伴很挑剔，他的管理哲學是只僱用最好的人才，然後就放手讓他們去做。

　　巴菲特的管理哲學大致以費雪僱用人才的方式為基礎，波克夏的典型做法，是買下某公司八成的股票，讓該公司的管理階層保留剩下 20％的股票。這 20％足以成為誘因，一方面促使管理階層保持公司獲利，另一方面也容許他們擁有極大的自主權。除了要求每月呈交財務報表，巴菲特的管理就是「放手」。我會在第 2 章第 1 節細談費雪的投資法則，這些法則為波克夏史無前例的財務成功奠定了基礎。

一頓晚餐成立一家公司，創業純屬意外

　　葛拉漢在 1956 年結束投資合夥事業之後，巴菲特就開始琢磨自己事業的下一步該怎麼走。他不喜歡華爾街那些品德堪

慮的行為，在他看來，華爾街的業者並沒有優先考慮客戶的利益。[23]相形之下，奧馬哈信奉截然不同的精神，巴菲特喜歡奧馬哈人的社區意識、雍容的步調和根基深遠的人際關係。

巴菲特的祖父母和外祖父母都住在奧馬哈，他的幾個伯叔、舅父、姑姑、姨媽也都住在那。奧馬哈這個地方沒有「噪音」（意即可疑的資訊），感覺更穩定，反觀紐約、波士頓、舊金山這些金融重鎮，都快要因為大量噪音而窒息了。此外，巴菲特此時已經有兩個孩子，也就是霍華德和蘇珊，小城市看起來比較適合養育小孩。

於是巴菲特回到奧馬哈老家，以每個月 175 美元租下一棟房子，地址是安德伍德大道（Underwood Avenue）5202 號，離巴菲特家族雜貨店以前的地點很近。

巴菲特回憶道：

「我沒有開合夥事業的計畫，甚至沒打算找工作。我不擔心自己是否能夠獨力經營，也很確定不想再賣證券給別人。不過純粹出於意外，有七個人（其中有幾個是親戚）告訴我：你以前是賣股票的，我們想要你指點，該拿手裡的錢怎麼辦。我回答：我不要再幹那個了，不過我會開一家合夥公司，就像葛拉漢與紐曼那樣，如果你們想加入，不妨這麼做。結果我的岳父、大學室友、室友的母親、我的姑姑艾莉絲、姊姊和姊夫、我的律師都加入了。我自己也出資 100 美元。那就是一切的開始——完全是意料之外。

合夥事業成立時，大夥兒一起吃了一頓晚餐，就是他們

七個和我──那頓飯我 99％確定是在奧馬哈俱樂部（Omaha Club）吃的。我花了 49 美分買了一本帳冊，他們把支票帶來。我在收下他們的錢之前，先給每個人半張紙，那是我謄寫的副本──內容是我所謂的基本規則。我說，合夥事業的法律文件有二到四頁，不過不用擔心，我會告訴你們裡面寫了什麼，這樣以後就不會大驚小怪。

我沒有請求別人投資，可是開始有陌生人帶支票過來。那時紐約的葛拉漢・紐曼公司正在清算，有一位來自佛蒙特州（Vermont）的大學校長道奇（Homer Dodge），過去曾投資葛拉漢的公司，他問葛拉漢該怎麼處理他的錢？葛拉漢說，嗯，有個小夥子以前替我工作過。於是道奇就直接開車來奧馬哈找我，那時我 25 歲，但外表看起來只有 17 歲，舉止則像 12 歲。他問我現在在做什麼？我說，我和家人在做這個（合夥事業），以後也可以和你一起做。

25 歲真是個轉捩點，但我當時並不知道。我從此改變人生，開設一家後來變成頗有規模的合夥事業，叫做波克夏。那時我並不膽怯，因為我做的是自己喜歡的事，而我到現在都還在做。」[24]

公司 4 年獲利 251％，寫下「給股東的信」

1956 年，25 歲的巴菲特創辦了巴菲特合夥事業有限公司（Buffett Partnership Limited），他自己擔任普通合夥人（按：general partner，須對公司經營行為負責任的合夥人），另外七

位則是有限合夥人（按：limited partners，不負責具體經營的
合夥人），該公司最後分拆成 7 家個別的合夥事業。其中第一
家是巴菲特聯合有限公司（Buffett Associates, Ltd.），包括原
來 7 個親友組成的核心集團，巴菲特只貢獻 100 美元資金，其
他人總共出資 105,000 美元。

　　巴菲特的第一個外部投資人是道奇，在佛蒙特州諾斯菲爾
德鎮（Northfield）的威爾猛軍校（Norwich University）當校
長兼物理教授。道奇從葛拉漢那裡聽說巴菲特才華洋溢，於是
開了 1,500 英里的車，把家人的 12 萬美元積蓄交給巴菲特。
1983 年道奇去世時，他的投資已經變成數千萬美元。[25]

　　巴菲特終於買了一棟房子，是荷蘭殖民風格的三層樓房，
花了他 31,500 美元；他一直在這棟房子裡住到現在。這棟房
子緊臨繁忙的法南姆街（Farnam Street），地下室有個手球
場，估值已經超過 100 萬美元。巴菲特沒有正式的辦公空間，
他的臥室在樓上，旁邊有一間很小的起居室，平常就在那裡處
理事情，既沒有請祕書，也沒有準備計算機。[26]

　　有限合夥人每年收回投資本金的 6％，另加公司利潤的
75％，巴菲特則賺取剩下的 25％。從 1957 到 1961 年，這項
合夥事業獲利 251％，反觀道瓊工業平均指數只漲了 75％。[27]

　　到了 1958 年，巴菲特已經擁有五家合夥事業，兩年後又
增加到七家，價值 700 萬美元（包括他自己的 100 萬美元）。
就是在這些年裡，巴菲特開始親筆撰寫如今名聞遐邇的「給股
東的信」，他在信中說明大家資金的投資績效如何、當前的投
資氣氛，和他在過去一年所做的每一項決策。

最早的避險基金模式，大家一起賺

事實上，年輕的巴菲特當年所採用的，正是當今的避險基金模式，除了有限合夥人投入資金之外，普通合夥人（巴菲特本人）也將自己的錢投進去承擔風險，他的誘因和合夥人一致，唯有合夥人獲利，他才能跟著賺錢。

不過，和今天的避險基金不同的是，沒有證據顯示巴菲特的主要重心在聚集資產上，他的基金維持小規模，這樣才能有效操作，並且集中焦點——這是成功創業家的正字標記。反過來想，這種與合夥人誘因一致的做法，也說明巴菲特在投資公司時重視的是什麼——經營公司的主管是否和擁有公司的業主在思想、行動上都一致，抑或公司主管的作為實際上與業主的目標相牴觸？

· 藉醜聞危機買股票，大賺 2,000 萬

1963 年，巴菲特斥資 2,000 萬美元，替合夥事業投資美國運通公司（American Express）。這家信用卡公司當時因為所投資的聯合植物油公司（Allied Crude Vegetable Oil Company）捲入詐欺案，而吸收了 5,800 萬美元的營業損失。該公司老闆安東尼・德・安傑利斯（Anthony De Angelis）製造假沙拉油，龐大的油槽只有靠近上方的部分是油，底下全部灌水。德・安傑利斯被判刑 7 年，而美國運通是聯合植物油公司的三大投資方之一，為此股價崩跌超過一半。

此事一出，效法費雪八卦投資法的巴菲特看到了機會。他

想知道人們上餐館時，依然會使用美國運通信用卡嗎？於是他特地出去吃了幾次飯，發現大家還是會刷美國運通信用卡付帳；他也看到消費者在百貨公司付款時，仍然使用美國運通卡。那麼銀行呢？出門旅遊的人買不買美國運通的旅行支票？結果答案是肯定的。根據這些街訪資訊所得到的信心，巴菲特將合夥事業的 25％資產投入美國運通。接下來的兩年，該公司股票市值翻了一倍，巴菲特替投資人賺進 2,000 萬美元。[28]

・賣股被詐騙，一怒買下整個公司

1962 年，巴菲特把辦公室搬出自家樓上的臥室，遷進離家 4 分鐘路程的基威特大樓（Kiewit Building），那裡再往前走幾分鐘，就可以抵達奧馬哈市中心。巴菲特也開始買進一家紡織廠的股票，那家公司位在麻薩諸塞州（Massachusetts），名叫波克夏海瑟威（Berkshire Hathaway）。

巴菲特在兩年之內就持有該公司 7％的股權，1964 年，波克夏海瑟威公司的管理階層提出，想要買回巴菲特手中的股份，出價每股 11.5 美元。巴菲特同意了。兩個星期後收購文件來了，上面寫的價格是每股 11.375 美元——比原來雙方談妥的價格少了 12.5 美分。巴菲特勃然大怒，轉頭就把整家公司買了下來。到了 1965 年底時，他已經掌控了波克夏海瑟威公司，每股股價 18 美元。[29]

除此之外，巴菲特還收到一張備受尊敬的投資家蒂斯（Laurence Tisch）隨手寫的便條，上面寫著「算我一份」，同時附上 30 萬美元，就此加入巴菲特的合夥事業。後來蒂斯

創辦極其成功的羅斯公司（Loews Corporation），他形容巴菲特是他這一代最出色的投資專家之一。[30]

到了 1966 年，巴菲特已成為波克夏海瑟威公司的董事長，他動用合夥事業的 25％資金完成這項併購。後來巴菲特承認，當初一時衝動做的這件事，很可能是他有史以來最大的投資錯誤；巴菲特的長年生意夥伴蒙格猜測，也許是因為巴菲特的父親在併購前五天去世，才蒙蔽了他的判斷力。不過巴菲特仍然堅持使用那個名字。

好生意是隱藏的珠寶，巴菲特發現，越來越難找到划算的買賣，便在 1969 年清算他的合夥事業，將所有資產轉成波克夏海瑟威的股份。他把股份分給合夥人，從此開始將波克夏海瑟威當作控股公司，用它來買進其他公司和投資。

右頁圖表 1-2 顯示道瓊工業平均指數創造 9.1％的平均複合報酬率，而巴菲特的合夥事業則創下驚人的 31.6％年均報酬率[31]。到了 1969 年，合夥事業的市值為 1 億美元，其中 2,500 萬美元屬於巴菲特。[32]

圖表 1-2 巴菲特合夥事業有限公司績效
（1957 年至 1968 年）

年分	道瓊工業平均指數 平均複合報酬率[1]	合夥事業 年均報酬率[2]	有限合夥人 年均報酬率[3]
1957 年	-8.4%	10.4%	9.3%
1958 年	38.5%	40.9%	32.2%
1959 年	20.0%	25.9%	20.9%
1960 年	-6.2%	22.8%	18.6%
1961 年	22.4%	45.9%	35.9%
1962 年	-7.6%	13.9%	11.9%
1963 年	20.6%	38.7%	30.5%
1964 年	18.7%	27.8%	22.3%
1965 年	14.2%	47.2%	36.9%
1966 年	-15.6%	20.4%	16.8%
1967 年	19.0%	35.9%	28.4%
1968 年	7.7%	58.8%	45.6%
年均複合利率	9.1%	31.6%	25.3%

註 1：根據道瓊工業平均指數市值每年變化加股利作為基礎，代表當年度道瓊成分股東可以收到的績效。這張圖表包括合夥事業從事投資的所有完整年分。

註 2：1957 年到 1961 年的數字，包含所有先前有限合夥事業全年營運（扣除全部費用後）的合併成果，但尚未分配給合夥人，也還沒有支付酬勞給普通合夥人。

註 3：1957 年到 1961 年的數字，是根據前一欄位的合夥事業績效作基礎所計算出來的，已經根據合夥事業合同中所約定的內容，支付酬勞給普通合夥人，但尚未每月提撥給有限責任合夥人。

資料來源：巴菲特合夥事業有限公司信函，1969 年 1 月 22 日。

哥倫比亞商學院經典案例，巴菲特

- 經商成功和從商的年紀，兩者之間的關聯最大。經驗是決定成敗的最重要 因素。
- 許多偉大的投資機會隱藏在平凡無奇的表面下。
- 費雪的管理哲學：只僱用最好的人才，然後放手讓他們去做。
- 巴菲特經常說：《智慧型股票投資人》是史上最重要的投資學著作，第 8 章和第 20 章是關於投資的最佳論述。
- 巴菲特經常笑稱，自己花 100 美元去上卡內基的公開演講課程，是他這輩子做過的最佳決定之一。
- 巴菲特在投資公司時重視：經營公司的主管是否和擁有公司的業主在思想、行動上都一致？抑或公司主管的作為實際上與業主的目標相牴觸？

03 巴菲特選擇夥伴的忠告

「我這一生中見過的智者（廣義的來說）全都手不釋卷……沒有一個不是如此。巴菲特讀的書之多，會令你吃驚——我讀的書也多到讓你吃驚。我的小孩都取笑我，說我這個人簡直是兩腳書櫥。」[1]

——蒙格

像巴菲特這麼了不起的生意人，也需要有傑出的配角。一般來說，這樣的配角包括家人、朋友、同儕的組合。以巴菲特來說，在波克夏與他共同挑大樑的，理所當然是公司的副董事長蒙格。

投資人所認識的蒙格很有個人魅力、腦筋很靈光，他的睿智昭然若揭，張口就是富蘭克林風格、簡潔有力的格言。關於蒙格這個人，巴菲特是這麼說的（只不過說的時候有些促狹）：

「至於我個人，我想提出一些『選擇夥伴的忠告』。你要謹慎，首先要找比你聰明、有智慧的人。找到之後，請他不要炫耀比你厲害的本事，這樣以後他的想法和建議有輝煌成果時，你就可以搶他的功勞。找一個在你犯下昂貴的錯誤時，絕

對不會對你放馬後炮或耍脾氣的人。另外，你要找慷慨的人，肯自己掏腰包，但只領一點點薪水。最後，你要找可以結伴長途旅行、途中會不斷增添樂趣的夥伴。上述這些都是絕佳的忠告。（我在給自己打分數時，從來沒有拿過低於 A 的分數）事實上，因為這些忠告太棒了，所以我打從 1959 年就開始遵循，到頭來只有一個人符合這些訴求——那就是查理（按：蒙格的名字）。」[2]

蒙格和巴菲特年齡相差 6 歲，都是土生土長的奧馬哈人，他們在內布拉斯加州的家族根源，可以回溯到好幾代之前。這兩人年少時都在巴菲特祖父的雜貨店打工，雖然在同一個城市，經歷差不多的童年，可是直到 1959 年，這兩顆金融巨星才在一場餐宴上初遇。此時巴菲特和蒙格都已經在生意上大有斬獲，而且很快發現彼此都熱愛讀書，都對這個世界抱持廣泛的好奇心。

當時奧馬哈還是個小城市，熟識雙方的人都納悶，他們怎麼到現在才有緣相識。那個時候，追隨巴菲特投資的奧馬哈人不斷提到，巴菲特讓他們想起自己認識的一位律師——蒙格；而認識蒙格的人則常常注意到，蒙格老是令他們想起巴菲特。

當然，巴菲特早就聽說過蒙格的家人，蒙格的祖父當過聯邦法官，是老羅斯福總統（Theodore Roosevelt）提名的，而父親是當地知名的律師。那場晚宴是兩人共同的朋友所主辦，29 歲的巴菲特和 36 歲的蒙格在席間相處極為融洽，也都非常健談。巴菲特記得：「蒙格講了笑話，然後自己笑得在地上打

滾。大家都知道我也是那個德行，所以我決定了，世界上像我
們這樣的人可不多，我最好跟著他混。」[3]

　　他們的聰明才智並駕齊驅，為這段持續六十餘年的友誼奠
定基礎。由於才能相當，終究使他們對投資的想法越趨接近。
儘管蒙格在兩人之間變得像是老愛唱反調的角色，每每盤詰巴
菲特的點子，可是兩個人都說，在長達六十年的合作期間，他
們從來沒有真正吵過架。相反的，蒙格的盤問經常促使巴菲特
在一頭栽進去投資之前，會再多深究一些投資案的細節。這種
方式有個很大的好處，就是幫助發掘行為偏誤，這種偏差可能
不知不覺的潛入人心，影響投資決策（我在第 2 章第 4 節中會
再探索這個主題）。

　　可是如果光看這兩個人在公開場合的互動，不見得會了解
這一點。在波克夏公司的年度股東會議上，巴菲特和蒙格並肩
坐在講臺上，答覆現場聽眾的問題，一坐就是好幾個小時。巴
菲特給的答案往往很冗長，從波克夏的財務，到更廣泛的全球
金融趨勢，不一而足。反觀蒙格妙語如珠，擅長挖苦，他尖銳
的評論和講冷笑話的風格遠近馳名。這兩個人湊在一起頗有娛
樂效果，也是極為成功的團隊。

遇上大蕭條，出身富裕也得精打細算

　　蒙格在投資界的頂尖地位，來自於童年時期頗為富裕的家
世，拜此背景之賜，他才能接受高等教育。然而大蕭條導致大
量百姓陷入貧窮，這樣的社會處境，在年輕的蒙格心理上，留

下無法磨滅的痕跡，也助長他對教育的渴求，視教育為隔絕窮困的手段。蒙格最終成為金融界的菁英，正是重視教育所造就的結果。

蒙格在 2017 年接受採訪時說：「那些對經濟大蕭條記憶深刻的人，現在還活著的已經很少了，我算是其中之一，而它對我幫助很大。」、「當時情況極其慘烈，大家口袋裡都沒有錢，連富人都沒錢，還有人去別人家門口乞討。」[4]

蒙格在 1924 年元旦誕生於奧馬哈，他父親是哈佛大學畢業的律師阿弗烈德・蒙格（Alfred Munger），收入優渥，提供妻兒良好的生活（阿弗烈德的妻子名為佛蘿倫絲〔Florence "Toody" Munger〕，娘家姓羅素〔Russell〕，夫妻倆育有一子二女，分別是查理、瑪莉〔Mary〕和卡蘿〔Carol〕）。

查理的祖父湯瑪斯・查爾斯・蒙格（Thomas Charles Munger）也是律師，當時已經在內布拉斯加州執業數十年，頗得大家敬重，他所樹立的榜樣，為兒子和孫子畫好了事業路線。不過湯瑪斯白手起家，父母都是學校教師，他們會給這個小兒子 5 美分，要他去買肉。查理回憶祖父時這樣說：

「他會去肉舖買別人都不吃的部位，在那個年頭，兩個做老師的要這樣才能生存；他視此為奇恥大辱，決心一定要脫離貧窮，絕對不要再當窮人。而他也做到了。他就像林肯（Abraham Lincoln）一樣勇往直前──在律師事務所打工自學。後來他無法再負擔大學學費，不得不輟學，可是依然繼續自學；因為他絕頂聰明，所以並不是那麼困難。」[5]

查理遺傳到祖父的衝勁，特別是教育這方面，他以極為自豪的口吻形容道：

「他的態度非常極端，在我看來，他認為人有擺脫無知和愚蠢的道德義務，且那就是一個人最高的道德義務——最優先的可能是照顧家人。……他對宗教傳統很虔誠，所以那對他來說可能是宗教責任吧，不過他真的相信理性是道德義務，並戮力實踐，對於不追求理性的人，他都嗤之以鼻。」[6]

與巴菲特不同，蒙格很想讀大學

雖然時值大蕭條期間，蒙格的父親阿弗烈德還是設法維持律師業務，得以養家活口，母親則鼓勵孩子們閱讀。年幼的查理十分愛看書，特別醉心細數名人生活的傳記。當時他還是個小學生，就已經開始繁殖倉鼠，拿來和其他小孩交換東西。等到倉鼠數量多到難以管理時，這個小男孩的早期創業與談判生意只好畫下句點：眼看 35 隻鼠輩在家裡四處亂竄，蒙格的媽媽終於出手干涉了。

1941 年，蒙格從奧馬哈中央中學畢業，誠如他所說的，當時經濟大蕭條即將「被第二次世界大戰無意間促成的凱因斯主義（按：Keynesianism，主張政府應採用擴張性的經濟政策，透過增加總需求來促進經濟成長）終結」。雖然年輕的蒙格體型瘦小，但他還是在中學時期加入了為期四年的步兵預備軍官訓練團，並且晉升為中尉。他說：「當時我的身高大概是 5 呎

2 吋（約 157 公分），發育得比較晚，所以讀中學時不是一般人想像中的男子漢阿兵哥。」[7]

·大學沒念完，差點變成氣象專家

蒙格雖然想去史丹佛大學念書，可是他父親擔心費用太高，希望蒙格待在家鄉附近就好[8]。然而這對父子的企圖心極強，他們打算找一所比內布拉斯加大學聲望更高的學校，以美國中西部來說，那就只有一個選擇：密西根大學（University of Michigan）。蒙格形容當時的情況：「我能說『去你的，送我去史丹佛』嗎？嗯，我沒那麼說。我去了密西根，結果一輩子都沒有後悔過。」[9]

蒙格在密西根大學攻讀數學，也涉獵物理學，可是兩年之後，美國加入第二次世界大戰，軍方把蒙格送去新墨西哥州（New Mexico）阿布奎基（Albuquerque）的新墨西哥大學（University of New Mexico）研讀科學和工程學，然後又去了位於帕沙第納（Pasadena）的加州理工學院（California Institute of Technology），希望他成為美國空軍麾下的氣象學家。在二戰的最後幾年，蒙格派駐阿拉斯加州（Alaska）的諾姆市（Nome），以氣象學家的身分服役。他在這次駐軍部署中認識了南西·赫金斯（Nancy Huggins），兩人結為夫妻。1946 年，蒙格退伍。[10]

從小就被老師認定有小聰明的蒙格，進了軍隊也差不多，他個性坦率，不喜歡體力工作，也不喜歡被命令——尤其是那些他覺得沒有自己聰明的傢伙所下達的命令——蒙格也不怎麼

掩飾自己這些想法，就像他說的：「呃，我的長官能察覺到我認為他們錯了，雖然我企圖掩飾，但他們還是可以……我從來沒惹過什麼大麻煩，不過他們——到底誰會喜歡菜鳥軍官啦？你看看，他就是明目張膽的表示他覺得你是個白痴！……嗯，其實情況還不錯，我把工作做得夠好，這樣他們就不會來煩我。然而那裡不是我可以功成名就的環境。」[11]

·靠擔保進哈佛，以「極優等學位」畢業

儘管沒有正式取得大學學位，蒙格還是利用《美國軍人權利法案》（按：G.I. Bill，美國政府為了安置二戰的退伍軍人〔當時稱為 G.I.〕，提供各項福利而設立的法案）賦予的福利，進入哈佛大學法學院。當時哈佛校方還有些遲疑，因為蒙格沒有大學學位，所以不太樂意收他入學，所幸蒙格家的一位友人剛好是法學院的前任院長，在他的擔保之下，校方才給予通融。

這項推薦果然不負所望，1948 年蒙格獲頒極優等（Magna Cum Laude）學位，自哈佛大學畢業，時年 24 歲。

法律是再自然不過的事業方向，不僅因為父親與祖父的傳承，還因為對蒙格來說，法律工作不但提供更大的挑戰，也比去其他公司上班更獨立。他說：「我知道我不想去大型組織慢慢從基層往上爬。……我天生叛逆心強——在組織裡工作不適合我——我發現自己在心裡罵別人白痴時，對方可以看出我的心思，這樣在大組織裡很不利於升遷。」[12]

在那些年裡，蒙格周遭的人可能會認為他的態度是拒絕順

從，然而以事後諸葛的角度來看，蒙格明顯的逆反思想，其實正是他的創業精神開始萌芽。

律師是向有錢人收費，好賺但恥辱

蒙格從法學院畢業之後，並沒有去父親在奧馬哈開的律師事務所，而是帶著妻子、兒子泰迪（Teddy）遷居加州。他通過律師資格考試，開始在萊特與葛瑞特（Wright & Garrett）律師事務所執業。蒙格節儉又努力，總是擔心賺的錢不夠養家：「我別無選擇。我們幾乎一結婚就生了一大堆孩子，簡直是作繭自縛。」[13]

隨著 1950 年代過去，蒙格開始感到需要更多收入，部分原因是要付贍養費：他和南西於 1953 年離婚，帕沙第納住家的房子歸南西所有。

蒙格擔任律師的前 13 年，賺了大約 35 萬美元，雖然數字聽起來很可觀，可是他開始厭煩法律工作。蒙格開始投資事務所客戶所創辦的事業，而且興趣越來越濃厚，他說：「我痛恨寄發票給別人，也憎惡必須向比較有錢的人索取費用。我覺得那是恥辱，我想要自己的錢，不是因為想過輕鬆的日子，也不是為了社會地位，我要的是獨立自主。」[14]

從律師轉戰投資，四年賺進 400 萬美元

就在蒙格的腦袋開始想像新的職業路線之際，他的私生活

也起了極大的轉變。1956 年，他經由相親認識了楠喜·波絲薇克（Nancy Barry Borthwick），對方來自洛杉磯，1945 年從史丹佛大學畢業，主修經濟學。楠喜結過婚，有兩個兒子，分別是威廉（William）和大衛（David）。她個性溫和、嫻靜、不張揚，喜愛服務人群，立志改善多項制度。

蒙格與楠喜在 1956 年認識之後，同一年結為連理。到了 1950 年代結束時，蒙格已經開始投資股市，以及他的客戶所創辦的電子公司，不過他白天還是繼續當律師。一直到 1962 年，創業的念頭才全面襲來，而且一發不可收拾，蒙格開始大張旗鼓進軍這個領域。

他創辦針對不動產業務的法律事務所，名為蒙格、托里斯與奚爾斯（Munger, Tolles & Hills，後來更名為蒙格、托里斯與歐爾森有限責任合夥〔Munger, Tolles & Olson LLP〕）。同年，蒙格與長年的撲克牌友兼投資家惠勒（Jack Wheeler）在洛杉磯共同創辦投資公司，名為惠勒與蒙格公司（Wheeler, Munger and Company）。這家投資公司買下一席太平洋岸證券交易所（按：Pacific Coast Stock Exchange，已於 2006 年併入紐約證券交易所）的交易席位，短短四年之內，蒙格就賺了 400 萬美元。

他們的投資策略和巴菲特相似——強調套利、菸蒂價值、收購企業。所謂「菸蒂投資法（cigar butt investing）」，指的是買進價格低廉的股票，就像菸蒂上還留著一點兒菸草，還能再吸幾口，這類股票仍有獲利的空間。葛拉漢、巴菲特、蒙格都奉行這項原則。

　　然而蒙格有一點和他們不同，他比較青睞管理階層實力堅強、擁有競爭優勢（即是所謂的護城河〔moat〕）的高品質企業。蒙格強調，他不想對一家公司投入太多資金，而是想要收取源源不斷的現金流。這和他後來在波克夏做的一筆投資很類似，那次的標的是時思糖果（See's Candies），會在這一章的稍後再解釋。

　　三年後，蒙格放棄律師工作，全職從事投資管理（不過他偶爾還是會擔任法律事務所的顧問），他只專注幾檔股票，連續好幾年的投資績效都非常卓著（見右頁圖表 1-3）。蒙格和不動產開發商布斯（Franklin "Otis" Booth）合夥，後來兩人都投資波克夏公司。

　　蒙格的投資決策並沒有每次都大賺。1973 年他的公司因為股市修正，投資虧損達 32％，接著在 1974 年又賠了 31％，不過他都挺住了。1975 年，蒙格的小規模投資基金年複合報酬率達到 73.2％。巴菲特注意到，從 1962 年到 1975 年，蒙格的合夥事業所創造的年均報酬率，大約比道瓊工業平均指數高了 15％。[15]

遇上巴菲特，兩人一拍即合

　　1959 年，蒙格返回奧馬哈參加父親的葬禮。晚宴上有人介紹他與巴菲特認識，兩人很快就變成朋友。蒙格回到加州的法律事務所後，仍然和巴菲特保持聯繫，他們每星期通好幾個小時的電話，討論投資機會。除了對話之外，蒙格也經常寫很

圖表 1-3　蒙格的合夥事業、道瓊工業指數、標準普爾 500 指數之績效比較

年分	蒙格的合夥事業	道瓊工業平均指數	標準普爾 500 指數
1962 年	30.1%	-7.6%	-8.8%
1963 年	71.7%	20.6%	22.6%
1964 年	49.7%	18.7%	16.4%
1965 年	8.4%	14.2%	12.4%
1966 年	12.4%	-15.8%	-10%
1967 年	56.2%	19.0%	23.8%
1968 年	40.4%	7.7%	10.8%
1969 年	28.3%	-11.6%	-8.2%
1970 年	-0.1%	8.7%	3.6%
1971 年	25.4%	9.8%	14.2%
1972 年	8.3%	18.2%	18.8%
1973 年	-31.9%	-13.1%	-14.3%
1974 年	-31.5%	-23.1%	-25.9%
1975 年	73.2%	44.4%	37.0%
總報酬率	1156.7%	96.2%	102.6%
年均報酬率	19.8%	4.9%	5.2%

長的信給巴菲特，分享更多自己的想法，他們兩人雖然沒有簽訂正式協議，但實際上已經是生意夥伴。

　　時機是關鍵因素，巴菲特長期奉為導師的葛拉漢當時從投資界退休，所以他強烈感覺空虛，此時蒙格扮演新的參謀角色，提供意見回饋。不過蒙格對投資的態度和巴菲特大不相同，他的個人風格令巴菲特想起葛拉漢——做人誠實、講求實在、好奇心強烈，不被傳統思想束縛。

　　有一個例子可以說明這種直言無諱的方式。那次是蒙格評

估購買波克夏海瑟威紡織廠的決策，他說：「葛拉漢教巴菲特，買進企業時，不論它的生意有多差，買入價格一定要低於企業本身的價值。你實在想不到有比新英格蘭紡織廠更爛的生意了。巴菲特應該很清楚他買的公司已經窮途末路，可是它實在太便宜，我們可以從公司的清算價值賺到很大的折扣。」[16]

不過，葛拉漢嚴格遵循價值投資法，專注撿便宜的機會，蒙格的信念核心卻是避開這種人棄我撿的標的，他寧可選擇經營穩健、只需最基本監督的公司。至於波克夏已經持有的那些乏善可陳的雞肋公司，蒙格建議巴菲特盡力把它們轉變成賺錢的公司，不然就賣掉。但這可不是小小的變動，葛拉漢對巴菲特的影響太深遠，而且確實報酬可觀。現在要轉成採用蒙格的方法，誠如巴菲特所言，這無疑是宣告「查理思想的力量」，他說：「蒙格拓展了我的眼界。」[17]

加入波克夏，兩人一起「玩」年會

巴菲特投資時思糖果、藍籌印花（Blue Chip Stamps）、蓋可保險、可口可樂、吉列刮鬍刀（Gillette）這些老牌好公司，都是蒙格導引的結果。於此同時，蒙格眼看波克夏海瑟威紡織廠在 1970 年沒落，被時代淘汰，便向好友兼合夥人提出如何化腐朽為神奇的最佳策略：「想要從這家沒落的紡織公司榨出足夠的錢，而且比（巴菲特）買它時所付的價錢更高，唯一的辦法就是利用它來買別的公司。那是非常曲折的路，我不推薦你們任何一個人這麼做。不要因為我們做的蠢事後來有成

效，就以為必須跟著我們的路線走。」[18]

　　雖然和巴菲特搭檔極其成功，但蒙格對於自己在兩人合作中的貢獻多寡，還是保持謙虛的態度。他回憶說：「因為在葛拉漢手下工作，華倫的腦筋有一點轉不過來，但是賺了很多錢。要改變曾經很管用的做法是很困難的。如果蒙格不存在，巴菲特的績效還是會和現在差不多。」[19]

　　巴菲特一開始並沒有把握收購時思糖果，但是該公司後來成為波克夏的重要投資，這件收購案的點子就是來自蒙格。巴菲特如此形容他從那次經驗所獲得的教訓：

　　「我那被誤導的謹慎心態，原本可能會毀了一樁很棒的收購案，幸好賣方決定接受我們出價的 2,500 萬美元。截至今日，時思的稅前收入已經達到 19 億美元，加上公司的成長，後來只需要追加 4,000 萬美元的投資。因此時思能夠分配大筆資金，幫助波克夏收購其他企業，而那些企業又反過來製造大量可分配利潤。（想像兔子繁殖的畫面）此外，親眼看到時思一步步的進展，我學到何謂強勢品牌的價值，這一回的商業教育打開我的眼界，使我看見很多其他有利可圖的投資。」[20]

　　1978 年，蒙格全職加入巴菲特的行列，被任命為波克夏公司副董事長，這個職位至今不變。從 1959 年在奧馬哈的晚宴上初識以來，巴菲特與蒙格的合夥關係在時間的考驗下屹立不搖，他們擁有共通的幽默感，和充滿智慧的好奇心；這兩人堪稱典範，證明任何創業的成功關鍵，就是找到正確的合夥

人。當領導人的差異彼此互補時，這種關係特別能夠顯現出價值，巴菲特曾經開玩笑說：「當我們意見不合時，查理往往會用這句話劃下句點：『華倫，你再想一想，你一定會同意我的看法，因為你很聰明，而我是對的。』」[21]

在波克夏的公司年會上，股東們親眼見識到這兩位互槓取樂，蒙格張口就是幽默的評語，而巴菲特會講一些睿智的話。他們兩人現在都九十幾歲了，知道這種逗趣的氣氛，很可能會在他們離開後改變，不過現在他們只聚焦當下。蒙格說：「只要方法管用，我們就繼續做，如此而已。如果不管用了，或跡象顯示即將失效，那就停下來。我認為我們年會上的機靈鬼（wise ass）已經夠多了，目前我就是帶頭的那個。」[22]

蒙格看投資：找到幾家好公司，坐著等獲利

蒙格在投資方面自學成功而且跨越多個領域，這件事眾所周知。他和巴菲特一樣，很不贊同傳統商學教育方法的偏狹思維，而是會從各種領域汲取點子，譬如化學、物理學、生理學，這些最終引導他做成明智的投資決策。

蒙格和巴菲特對學術界採用的一切奇特公式，都抱持狐疑的態度，他們堅持不需要那麼多奇奇怪怪的計算，照樣可以成為卓越的投資人。蒙格堅稱他的成功主要來自於廣泛、密集的閱讀。

・找到幾家非常棒的公司，然後坐著等獲利

蒙格的方法有個正式的名詞，叫做「核心投資法」（Focus Investing），不過他自己取了一個更時髦的名字：「坐等投資法」（Sit On Your Ass Investing）。在 2000 年的波克夏公司年會上，蒙格解釋這套方法：

「嗯，我同意所有明智的投資都是價值投資。你所得到的必須比真正付出的多，那就是價值判斷。可是賺到的錢要比花出去的錢多這件事，有許多不同的看法，你可以利用過濾機制在投資世界中去蕪存菁。

「假如你死抱的股票達不到鎖進保險箱 40 年不管的標準，但是價格又非常低廉，那你只好不斷換股操作。等它們接近你認定的真實價值時，就把它們賣掉，然後再去尋找其他標的，這是積極的投資方式。另外有一種投資，是你找到少數幾家非常棒的公司，然後就坐著等獲利，因為你已經正確預測未來了；擅長這種投資方式真是太妙了。」[23]

除此之外，蒙格和巴菲特都批評那種強調分散投資組合的投資哲學，他們自己的做法反其道而行，大部分資金都集中在少數幾家經營良好的公司（這些公司都符合他們的投資標準），而非根據一時的風潮，企圖預測未來。蒙格是這麼解釋的：「人們總是渴望別人告訴他們未來的事，很久以前，國王會僱用人判讀羊內臟，藉此占卜，自古以來，假裝勘破天機的人就是有生意可做。現代人聽股市預言家的說詞，就如同當年

國王僱人看羊內臟占卜一樣瘋狂。」[24]

·投資和經營公司一樣，簡單就會成功

價值投資一句話就能說明白：投資價值被低估的資產，然後耐心持有，不過執行時需要真正有紀律。對巴菲特和蒙格來說，價值投資的核心是保持過程簡單，他們在管理波克夏公司時，也採取相同的做法，竭力避免科層制度。

波克夏位於奧馬哈的辦公室只有 25 名員工，投資蘋果公司占了波克夏股票投資組合的一半，同時占波克夏總市值的 1/4。波克夏持股前五名已超過其股票投資組合的 75％，不過該公司擁有的股票多達四十幾種。

波克夏雖然已經買下 62 家正常營運的公司，總員工超過 36 萬人，但蒙格和巴菲特依然容許這些子公司在波克夏的大傘之下，繼續以獨立實體的姿態經營。這麼做給了蒙格和巴菲特自由，可以騰出手來專心做他們擅長的事，也就是資本配置。很多人都知道，他們兩人曾在一天之內擬好非常簡短的合約，完成了價值 10 億美元的生意。

雖然蒙格精通數學，但他們的投資程序會避開複雜的演算和深奧的公式，蒙格說：「巴菲特和我做生意時，都不用任何高深的數學，巴菲特的老師葛拉漢也一樣。我為生意所做的一切計算，都可以用最簡單的代數、幾何、加法、乘法算出來。我這輩子從來沒有在實務工作上使用過微積分。」[25]

蒙格還說：「我想不出這一生中發生過任何因為保持簡單，反而引發不良後果的例子。我們犯過錯誤，但並非因為保

持簡單所致……依我看，波克夏累積的良好紀錄有一個重要的優勢，那就是避開了繁複的科層制度。我們試圖將權力放給才能出眾的人，放手讓他們迅速做出決策。」[26]

為了保持投資組合集中在少數的好公司上，蒙格強調集中風險是成功的關鍵：「如今在波克夏，甚至是《每日期刊》（按：*Daily Journal*，蒙格所擁有的報業集團）這些地方，我們的績效都優於平均值。問題來了：為什麼會這樣？答案很簡單：我們想辦法少做事。我們從來不曾妄想只要僱一批聰明的年輕人，認為他們會比任何人都懂得罐頭湯、太空、公用事業等。我們從來沒做過那種夢。」[27]

・投資太衝動，無異於吸食海洛因

蒙格和巴菲特一直努力避免從眾心態的誘惑，可是一旦喜歡的機會迸現，他們也十分樂意快速採取行動。蒙格用一向直來直往的風格形容他們的想法：「我不認為我們有洞察機會在哪的總體計畫，只是手握大量現金結餘，並且設法找出聰明的用錢管道。我們手上永遠有大量的現金，也永遠都在找聰明的用錢管道；如果找到了就放手去做，如果找不到，那就讓現金繼續堆積。這麼做究竟有什麼不對？」[28]

要達到這種自制，就需要調整期望。波克夏的座右銘可能是「慢而穩」，不過蒙格的說法有趣得多：「呃，一般來說，我認為專業投資人必須接受，在不同的條件下，投資績效會不如他們過去習以為常的水準，就好比人老了之後，對性生活的期望就不能像二十啷噹歲那樣。」[29]

　　如果巴菲特覺得波克夏的股票被低估了，就會授權回購自家公司的股票。蒙格指出：「當然，那麼做是應該的。如果你和三個跛足的親戚共組合夥事業，其中一個需要用錢，難道你不會用公司的錢將他的股份買過來？這麼做純粹是道義。可是我確實認為有些人做過頭了，現在有人這麼做無疑是為了抬升股價，我認為因為抬價而動用股票回購技巧是不恰當的。」[30]

　　雖然蒙格了解，人們渴望學他那樣衝進股市買賣股票，但他還是堅決勸阻菜鳥：「你想想看，現代世界裡人們企圖教你如何投入股市、積極買賣股票，嗯，我認為這種行徑無異於唆使一大群年輕人開始吸食海洛因，真正愚不可及。」[31]

・投資偏誤不是因為貪婪，而是嫉妒

　　蒙格所做的每一項策略，都需要先做足嚴密的知識準備。蒙格和巴菲特有一件事很出名，那就是每天至少讀 500 頁的書。然後他們會把書裡得來的知識應用在投資上——不過絕非危險的投資方式。

　　蒙格特別強調一種心智模型（mental model），以理解人類在思考過程中的謬誤會導致哪些不良決策。席爾迪尼（Robert B. Cialdini）博士的研究和他的著作《影響力》（*Influence, New and Expanded*），鞏固了蒙格這方面的想法。蒙格曾在他非常著名的一席演講中，提到席爾迪尼的著作，也就是 1995 年在哈佛大學的演講，題目是「人類誤判的心理」（The Psychology of Human Misjudgment）[32]。蒙格在演講中總結那些導致盲點、使人陷入麻煩的特定偏誤。[33]

舉例來說，蒙格談到因嫉妒而導致的偏誤。他與巴菲特都認同，**驅策世界運轉的並非貪婪，而是嫉妒，嫉妒又進而產生不良的決策**。此外，剝奪超級反應症候群（deprival super-reaction syndrome）也會產生偏誤，這種症候群泛指：感受到眼前的匱乏或未來將會匱乏的威脅，以及幾乎擁有但其實從未真正擁有的東西遭到剝奪的威脅。[34]這種威脅感所產生的偏誤，在當今的投資界可說司空見慣。

舉個例子，你已經觀望某支股票一整天，盤算要買進，但是交易員喊買進的價格越來越高，等到當天快要收盤時，交易員突然大幅往上抬價或往下摜殺，這時候你會感覺自己錯過了買進的機會。我會在第 2 章多談談這些偏誤。

雖然蒙格的創業胃口很大，但是他（對投資和人生）的整體態度都循相同的基礎：靠避免犯錯來降低潛在的風險，而非追逐絕妙好點子。根據蒙格的理論，不管多聰明的人，只要是人，就會有盲點，如果你的所作所為使自己暴露在傷害之中，那麼幸運遲早會用光。[35]

・協同效應比從眾更厲害，所以別人恐懼我貪婪

蒙格深信，投資人一旦有了正確的心智模型，也會使用它來辨識可能的認知偏誤，接下來就必須透過積極的準備，幫助確認可以利用「協同效應」（Lollapalooza Effect）的時機——蒙格形容這就像是「有兩股到四股力量，全都將投資推往相同的方向」。[36]

協同效應是蒙格 1995 年在哈佛演講中自創的詞彙，那次

演講的主旨是人類心理與誤判，他說當多種趨勢和心智模型合在一起，驅策個人以某種方式行動時，就會發生協同效應。[37]

因此，協同效應驅策行為的力量特別強大，能導致正面或是負面的結果。公開喊價的拍賣是絕佳例子，價值投資網站GuruFocus如此形容：「參加拍賣的人被幾股力量推著走，包括投桃報李（我都受邀參加拍賣會了，我應該要買）、前後一致（人家都記錄我曾說過喜歡這一件東西了，所以必須買）、承諾傾向（我已經喊價了，所以必須堅持下去）、社會認同（我知道喊買是好事，因為我的同儕都在買）。」[38]

雖然心理學領域有助於辨識人心的偏誤，可是蒙格卻說，心理學不太能夠解釋，這些偏誤在真實世界中如何相互作用及顯現，部分原因在於很難做對照實驗。[39]像是巴菲特原本已經承諾購買波克夏海瑟威7％的股權，後來又出手買下整家公司，符合上述提到的承諾傾向例子，屬於購買的行為偏誤。由於巴菲特的父親恰好在那段期間辭世，蒙格相信此事也許影響了他的判斷。

利用協同效應固然能帶來類似波克夏的成功，然而誤判形勢也可能導致災難性後果，譬如受到從眾心理刺激的投資人錯誤跟從趨勢，沒想到那些趨勢反映的是市場的不理性，2007年到2009年的全球金融危機正是如此。這樣的從眾心態是每一個投資人最可怕的敵人，畢竟大家都在賣股票時跟著賣，很可能會讓你巨額虧損。如果別人都在賣股票時，你能反其道而行，買進股票，就可能買到打折的價格。因此在投資之前，慎思各種心理因素可能會如何引起股市的不理性反應，才是明智

之舉。[40]

　　儘管協同效應經常被視為負面作用，但它其實也可能有好處。舉例來說，蒙格指出酗酒的人如果想戒酒，加入戒酒無名會（Alcoholics Anonymous，簡稱 AA）的勝算會比預期來得高，因為人們會跟隨群體行動。以戒酒無名會的例子來說，大家都想要保持不喝酒狀態，因此會堅持自己的諾言，最終達到節制飲酒的結果。蒙格認為戒酒無名會是巧妙利用人類心理的制度。[41]

蒙格成功的關鍵——閱讀

　　蒙格與巴菲特將成就歸功於，能夠洞察有利可圖的時機，並且迅速採取因應行動。他們指出，這種能力來自於周延的準備，也就是從不間斷的閱讀、思考，以及花幾個小時討論內心的想法——他們著重知性的研究，而不僅是分析損益而已。事實上，蒙格把他在波克夏的角色類比為愛因斯坦的一個同事，他說：

　　「不處於絕對孤立的環境時，每一個人的工作表現幾乎都會更好。……假如愛因斯坦當年獨自一人工作，恐怕不會有那麼高的成就。他不需要和其他同事有很多互動，可是他確實需要和人有一些接觸。」[42]

　　蒙格認為以下一些習性是他成功的關鍵。

1. 學習、學習、學習

獲取智慧是道德義務，這項命題有個必然的結果，那就是你終其一生都必須學習。這一點非常重要，缺少終身學習，你將無法有過人的成就，無法根據自己已經擁有的知識，在人生中大放異彩。[43]

我發現那些異軍突起的人，他們不是最聰明的，有時候甚至不是最勤奮的，可是他們孜孜不倦的學習。每天晚上就寢時，他們都比早上起床時更睿智一點點。天哪，那真是無比的助力，尤其是前方有漫長的路要走時。[44]

我認為**對絕大多數人來說，變得專精是正確的策略。**……沒有人想找個一半直腸科、一半牙科的醫生就診，對吧？所以，通往成功的普通方式，是細部專精化……華倫和我都沒有做到。[45]

2. 配得上自己想要的東西

當你企圖獲得想要的東西時，最安全的方法就是努力，讓自己配得上想要的東西。這個想法很簡單，堪稱是黃金法則。如果尚未得到，就要努力去實現目標。[46]

3. 了解自己能力的極限

蒙格主張要盡可能的學習，同時也要知曉自己的學習界線，不要超越極限：

「知道界線是非常重要的事。假如你不知道自己能力的界

線，那就稱不上能力。如果你誤解自己的能力，代表你欠缺能力，一定會犯嚴重的錯誤。我認為你必須時時比較自己和別人的成就，堅決保持理性，避免對自己有太多幻想。可是我觀察了一輩子，覺得一個人對於自己的能力是否具有理性判斷，大概是天生的。像華倫和我這種人生來就是如此。充足的教育也有影響，可是我認為他和我的性格，正適合做我們以往做的這些事。」[47]

4. 當個生存者，而非受害者

花大把時間忿忿不平不是我的天性——其實我就算表達不滿也不讓人意外，人類本來就是這個樣子。然而我向來力求奮發圖強、適應環境，所以**從不允許自己花太多時間心存不滿。萬一有類似的念頭冒出來，我會趕快掐死它**，我不喜歡任何一絲當被害者的感覺，那種想法有害無益。我不是受害者，我是生存者。[48]

5. 了解自己在做什麼

當然，我希望人了解自己的極限，而非渾然不知。話又說回來，我也學到人生中非常重要的一課，那是我跟阿曼森（Howard Ahmanson〔按：商人兼慈善家，出身於奧馬哈〕）學的。你知道他說過什麼嗎？他說：「永遠不要低估那高估自己的人。」高估自己的奇葩偶爾會有出人意表的優越表現，在現代生活中這種事讓人很不爽，不過我已經學會適應，因為別無選擇。這種事司空見慣，可是我不想要生活裡充斥一群滿腦

子幻想、偶爾會莫名其妙走運的人；我要的是謹言慎行的人。
當然還有別的影響因素也會發生作用，比如微經濟概念、損益
比率等等。我認為在現實中，**心理學和經濟學的觀點會一再交
互影響，而不懂這兩方面的人就是大傻瓜**。[49]

6. 做個可靠的人

**如果你這個人不可靠，就算優點再多，也會立刻兵敗如山
倒**。所以，做你誠心允諾過的事情，應該自動成為你行為的一
部分。你應該避免拖拖拉拉，而被人認為不可靠。[50]

　　文明的形成有一條捷徑，那就是絕對的信任關係——無需
太多程序，純粹只是絕對可靠的人們彼此信任。知名醫院梅約
診所（Mayo Clinic）的手術室就是這樣運作的。[51]

7. 學習不設限

　　你可能注意到有些學生只會設法記誦，然後一股腦兒的接
受背下來的知識。這樣的學生不論在學校或在生活中都不及
格。你必須在大腦裡用經驗印證脈絡複雜的模型。

　　什麼模型？呃，第一項原則是你必須擁有多種模型——因
為如果只使用一種或兩種，依照人類的心理本質來說，你一定
會扭曲現實，以便符合既有的模型，就算不符合，至少你會覺
得它符合……就像老話說的：「對於手裡僅有一把鐵鎚的人來
說，任何問題看起來都像一枚釘子。……」那絕對是會鑄成大
錯的思考方式，這樣為人處事也肯定會釀成災難。

　　所以你必須擁有許多個模型，而且這些模型必須來自各種

不同的學科領域——因為世界上的一切智慧不是來自小小的單一學門，所以教詩詞的教授多半不通塵世俗務。由此可見，你需要擁有跨越多學科的模型。[52]

8. 勇往直前，不要停

我們的際遇有時一帆風順，有時卻會遭逢逆流。不過整體來說，不必費心預測潮水的走向，因為我們盤算的，是長遠的比賽。[53]

9. 無論如何都不要自憐

自憐距離偏執只有一步之遙。……每當你發現自己開始自憐，不管原因是什麼，包括孩子罹癌不久人世，自憐都不會改善情況。……當你不再自憐，就會比其他人（幾乎是其他所有人）更有優勢，因為自憐是標準狀態，而你能訓練自己從中掙脫出來。[54]

蒙格相信自憐充滿了偏誤——這樣的心態會引人做出不當決策。

（你會開始）根據潛意識的自私傾向，得出所有荒唐的結論，然後還加以合理化。這是大錯特錯的思考方式，當然必須擺脫那種思緒，因為你要做個明智的人，不要當傻瓜。你也必須容許別人懷有自私的偏誤，因為絕大多數人沒辦法成功擺脫自憐，這是人類天生的狀態。假如你不容許自己存在自私的偏誤，那你就是傻瓜。……人生一定會碰到可怕的打擊、駭人的

打擊、不公平的打擊，可是沒關係。……我認為愛比克泰德（按：Epictetus，西元前一世紀的希臘哲學家）的態度最理想，他把人生中每一場災禍都當作端正行為的良機，每一次不幸都是學習的機會，你的責任不是沉溺在自憐中，而是以建設性的方法好好利用這場可怕的打擊。這種想法實在太棒了。[55]

10. 善用自己獨特的才能，不和別人攀比

老是有年輕人跑來找我，說：「我現在從事法律事務，可是我不喜歡，寧願當個億萬富翁，我要怎樣才能如願？」我就告訴他：「嗯，我跟你講個故事。有個年輕人去見莫札特，他說：莫札特，我想要開始寫交響樂。莫札特說：你今年幾歲？那傢伙說他 22 歲。莫札特說你太年輕了，寫不了交響樂。那傢伙說，可是你寫交響樂時才 10 歲。莫札特說，沒錯，可是我沒有到處去問別人該怎麼做。」[56]

11. 學會轉換自己犯下的錯誤

我們現在的生活，有一部分是設法甩開自己犯下的錯誤，同時不要付出太高的成本。大家多少都有這樣的經驗。想一想波克夏當年創業時的企業：一家夕陽百貨公司、一家新英格蘭的夕陽紡織廠、一家夕陽印花稅交易公司。可是波克夏從它們之中誕生了。當時我們用非常低廉的價格買進這些公司，現在已經把這幾家賠錢的事業整飭得相當好了。當然，成功來自於我們改變做法，使那些企業變得比較健全。但重點不是我們很懂得克服困難，而是擅長避開困難，找出容易搞定的目標。[57]

等待機會要慢，展開行動要快

蒙格每次公開講話都會談到自己的價值觀，以及他的家庭如何灌輸價值觀——特別是等待時機的好處：要有耐心，看準目標和意圖，只要時機對了就迅速行動。

「耐心加上機會是最寶貴的東西。我祖父教育我：機會難得，所以要隨時準備好抓住它。波克夏就是這樣，當我們發現機會時，波克夏行動的速度快得驚人。你不能膽怯——這道理適用於人生的所有事情。當你發現合意的伴侶，就不能對結婚膽怯，也許這是你得到幸福人生的唯一機會。太多人在應該行動時裹足不前。……股票三不五時下挫本來就是股市的本質，天底下沒有迴避熊市的系統，除非你嘗試擇時交易（按：time the market，預測市場漲跌，決定進場買賣股票的時間），可是那樣做真的很蠢。用可靠的積蓄保守投資，不要指望奇蹟發生，才是正確的做法。」[58]

數十年來，波克夏享有世人周知的穩定與成功，假如不是蒙格堅持這些價值觀，或許不會達到這樣的成績。

拿股利養活自己，其餘的錢就交給理想

2022 年，蒙格的身家價值 24 億美元，他大部分的財富來自於擁有 15,181 股波克夏公司的 A 股股票（按：A 股為股東

有企業經營決策權的股份），相當於公司 1.4% 的股份。蒙格每年從波克夏公司支領 10 萬美元薪水，30 年來沒有調整過。他奉為榜樣的卡內基和范德比爾特（按：Cornelius Vanderbilt，美國工業家及歷史上最富裕的美國人之一）也差不多，都是靠自己事業的股利維生。身為產業鉅子，他們認為用這種方式供養自己是很光榮的事。

「我認為如果你很有錢，擁有公司一部分的股份，又可以參與公司事務，決定是否要收攤清算或繼續營業，那麼擔任高階主管是很棒的職位。也許你不該還企圖多撈那麼多錢。」[59]

有人問蒙格，為什麼巴菲特的財產比他多那麼多，蒙格用他一貫實事求是的風格回答：「他起步得早，可能比我更聰明一點，工作也比較勤奮。原因並不多。那為什麼愛因斯坦比我窮呢？」[60]

蒙格有個知名的決定，他加入巴菲特的「捐贈誓言」（Giving Pledge）運動，和美國許多巨富一樣，承諾在有生之年捐出自己的半數財富作為慈善用途。蒙格說，他已經把自己的很多財產轉移給子女，恐怕早已違背誓言。

蒙格並不掩飾自己討厭很多大慈善家的「傻氣和愚蠢」，寧願把他的信任放在有理想的資本主義事業上，例如好市多（Costco）公司就推行較為進步的勞工政策。[61]

儘管如此，蒙格還是捐贈大筆金錢給教育專案計畫，譬如他捐了 1 億 6,000 萬美元給密西根大學法學院，包括法務研究

系、律師俱樂部、特別研究獎助金及客座師資。蒙格也致贈大禮給妻子和女兒的母校史丹佛大學。2004 年，蒙格送了 500 股波克夏的 A 股股票給史丹佛大學，價值 4,350 萬美元，用以興建研究所的宿舍大樓。[62]另外他還捐款改善圖書館、增聘商學教授。

蒙格捐款的對象還有洛杉磯的馬爾伯勒學校（Marlborough School）、帕沙第納的理工學院（Polytechnic School）、加州大學聖塔芭芭拉分校（University of California-Santa Barbara，簡稱 UCSB）的理論物理學系，後面這所是蒙格的兒子查爾斯的母校。[63、64、65]

2016 年，蒙格捐贈加州大學聖塔芭芭拉分校 2 億美元，以興建最先進的學生宿舍[66]；2018 年，蒙格買下加州加維奧塔海岸（Gaviota Coast）旁、占地 1,800 英畝的拉斯瓦拉斯牧場（Las Varas Ranch）贈送給該校，據說斥資 7,000 萬美元。[67]

蒙格向來自詡是獨立思考的人，希望可以親身參與他所捐贈的大禮。現在他已經開始加快腳步，不但擔任洛杉磯好撒瑪利亞人醫院（Good Samaritan Hospital）的董事長，還在 2018 年捐獻 2,100 萬美元[68]；此外，他也送大禮給洛杉磯基督教青年會（Los Angeles YMCA）和亨廷頓圖書館（Huntington Library）。[69]

如果不是波克夏公司的成長驚人，以上這些捐贈都不可能實現。

蒙格語錄

· 自憐距離偏執只有一步之遙，不管原因是什麼，自
憐都不會改善情況。當你不再自憐，就會比其他人
更有優勢，因為自憐充滿了偏誤——這樣的心態會
引人做出不當決策。

· 人們總渴望別人告訴他們未來的事。現代人聽股市
預言家的說詞，就如同古代國王雇人看羊內臟占卜
一樣瘋狂。

· 人有擺脫無知和愚蠢的道德義務，且那就是一個人
最高的道德義務。

· 驅策世界運轉的並非貪婪，而是嫉妒，嫉妒又進而
產生不良的決策。

· 如果你這個人不可靠，就算優點再多，也會立刻兵
敗如山倒。

· 人生一定會碰到可怕、駭人、不公平的打擊，可是
沒關係。每一次不幸都是學習的機會，你的責任是
以建設性的方法好好利用這場可怕的打擊。

如何決定買或不買？
巴菲特這樣分析

「面對股票有三條重要教訓：一、把股票當作企業的一部分看待；二、善用股市，而非被它左右；三、要有安全邊際的觀念，永遠都保留一些餘地。」

——巴菲特

01 只投資你了解的公司，
別只看數字

股票市場裡有太多人對價格瞭若指掌，卻對價值一無所知。[1]

——費雪

　　就像我在前文中指出的，巴菲特最初的投資方式，深受老師葛拉漢的影響，採取「以超划算的價格，收購價值被低估的公司」的概念[2]。後來巴菲特和蒙格共事，學習了費雪的投資哲學，反而開始相信「以不錯的價格收購優秀公司」的理念[3]，認為這是比較理想的長期投資策略。

　　我將在第 2 章第 2 節詳細解釋，巴菲特和蒙格究竟如何發展他們的數值標準，透過所謂的現金流量折現法（discounted cash flow model，簡稱 DCF），判斷一家公司的真正價值。不過我要先多講一些蒙格的事，因為他在拓展巴菲特最初那種過於單純的投資取向上，扮演了極為重要的角色。

　　從投資策略的角度來看，蒙格對合夥事業的主要貢獻，在於他篤信費雪的理念。費雪正式提出的「菸蒂投資法」，也就是蒐集關於某家公司的定性資訊（qualitative information），而不只是依賴公司的帳冊（下文還會詳述）。

　　蒙格於 1978 年成為波克夏副董事長之後，巴菲特開始融合費雪和葛拉漢的方法，同時採用定性和定量（按：

quantitative，分析研究對象的數量特徵、關係與變化）兩種衡量方式，來評估潛在的投資機會。

這一章我將會探討巴菲特和蒙格所使用的「概念透鏡」（conceptual lens），他們用這種工具來判斷什麼是良好的投資標的。首先從費雪的投資哲學開始談起，這個方法為波克夏公司長達半世紀的成功奠定了基礎。

菸蒂投資法：不只看數字，還要聽人說

費雪最出名的理念，便是提倡透過個人經驗來蒐集目標公司的消息（亦即菸蒂投資法）。費雪堅持這麼做極具價值，它的具體做法是，不要只靠數字來了解一家公司，而是要親自和它的消費者、競爭者、顧問、主管、離職員工、銷售員等談一談。這些人每一位都會貢獻一片拼圖，不過在聽取對方意見時，不可只聽他們的一面之辭。

舉例來說，離職員工可以提供很有用的資訊，尤其是關於這家公司的缺點，然而他們通常也對公司多有怨言，所以言談間可能帶著偏見。有鑑於此，有興趣的投資人應該多方打聽，不可偏廢，例如同時聽取顧客和主管的說法，藉此得到比較平衡的觀點，過濾可能的偏誤。

儘管如此，有些人還是會對標的公司的情況過分樂觀，此時離職員工偶爾能提供投資人迫切需要的解決辦法。[4]投資人要了解一件事：不同的消息來源可能會相互牴觸，這很合乎邏輯，因為要做有根據的判斷，便需要參考許多不同的觀點。不

過話又說回來，即使針對目標公司蒐羅到足夠的多樣消息，也不要指望每一項資料都會和其他資料相吻合。

以人類作為消息來源，是不可能真正客觀的——要客觀必須看數字。在蒐集完公司的外部消息來源（例如消費者和離職員工）之後，潛在投資人應該再找公司的主管談談，對方能帶領大家參觀公司設施，補充財務報表的不足，在使用菸蒂投資法調查時，這些管道可能都很有用。[5]

巴菲特在合夥事業早期買進美國運通股票時，就使用過菸蒂投資法，這部分在第 1 章第 2 節已經概略提過。

·謹守專長領域

費雪的方法還有另一個重點，就是主張投資人謹守自己的特殊知識領域——換句話說就是：「**只投資你了解的公司。**」這樣才知道應該「揮棒打擊」的正確時機。

很多年來，巴菲特就是基於這項理論，一直避免投資科技公司，特別是微軟和後來的亞馬遜，直到 2019 年，公司有一位共同投資長（co-chief investment officers）建議應該投資科技公司，他才改弦更張（第 3 章第 2 節會進一步討論）。

巴菲特深信，應該投資質樸[6]而且歷史悠久的公司，例如可口可樂、吉列刮鬍刀、時思糖果，它們生產暢銷的產品，消費者有強烈的品牌忠誠和認同感。押寶酷炫的科技新創公司，賭哪一些會成功、哪一些會失敗，風險實在很高，相較之下，投資傳統產業就安全多了。以往成功經營多年的公司，在可見的未來多半也能夠保持成功，尤其是它們並不屬於科技領域，產

品不太會有過時淘汰的風險。

等到巴菲特想通了，開始買進蘋果公司和亞馬遜時，這兩大巨頭已經成為各自領域的老牌公司了，投資它們不再像投資新創公司那麼冒險。蒙格直接了當的說：「**我們不投資新創公司。**」[7]巴菲特在投資和投機之間，畫了一條鮮明的界線。[8]

・分散投資言過其實

費雪建議投資人，持有少數卓越公司的股票即可，不要投資一大堆表現平庸的公司。巴菲特的想法也差不多，他認為，目前強調分散投資的說法言過其實。他說，假如你找到某個價值顯然被低估的資產，那就去投資，無須只是為了分散投資，就買進一籃子股票。

・考慮公司的管理階層

費雪很看重公司文化，特別喜歡投資那些與股東公開、誠實溝通的公司。對費雪來說，那是菸蒂投資法的一部分。巴菲特和蒙格也一樣，評估公司的管理階層，成為決定其價值的關鍵，這一點本篇後文將會詳述。

・堅持無限期投資

費雪對投資抱持長遠的打算，好公司的價值多半與時俱增，但這只是部分原因，以他的投資策略來說，至少還有一個同樣重要的因素，那就是將資本利得稅（按：指針對買賣資產獲得的利潤所課徵的稅種，臺灣稱為證券交易所得稅，目前停

徵）降到最低。

資本利得稅有兩種形式，短期的是出售持有一年以下資產所需繳納的稅負，和普通所得稅的稅率相同；長期的資本利得稅是出售持有一年以上資產的稅負。長期資本利得稅的稅率，比普通所得稅和短期資本利得稅低，因為政府想要鼓勵投資人把錢長期留在公司內，以維持成長與穩定。

費雪的投資方法是將稅負降到最低，把可用來投資的金額放到最大。他寫道：「如果購入普通股時有正確操作，那麼幾乎永遠不必賣出。」[9]最後，費雪呼籲投資人，**購買股票時要忽略一般股市的整體波動——這項忠告被波克夏奉為圭臬。**

價值投資的關鍵：了解

誠如前文所提到的，巴菲特從不特別看重商學文憑，也從來不以文憑作為判斷基金經理人的標準，有時候還會不留情面的批判商學教育。

巴菲特之所以嫌棄商學教育，有一部分來自於厭惡一項典型的商學院觀念，也就是「效率市場假說」（Efficient Market Hypothesis，簡稱 EMH），如果採行這項假說，根本不可能以划算的價格收購企業。這項假說認定，股票價格的定義就是它的公平市值（fair market value），因此不可能打敗市場，假如投資人真的戰勝市場，必然只是運氣好。[10]

這就和巴菲特尋找廉價標的的信念相反——**巴菲特相信，收購企業時的交易價格，必須低於它「應有」的價值。**至於如

何判斷「應有」價值的多寡，則是巴菲特和蒙格花很多工夫在做的事，這個觀念直接來自巴菲特最初的導師葛拉漢。

葛拉漢主張，投資人必須釐清一件事：特定股票的價格與其真正價值相比，是否被大幅高估或低估。追隨市場趨勢的投資行為，和這種理念剛好背道而馳，葛拉漢說，投資人需要自己做研究，以避免被容易誤導的資訊所影響。

談到自己的價值投資哲學，葛拉漢這麼寫著：「關於價值投資的基礎，哲學多於定理，沒有步驟一、步驟二、步驟三。訓練有素的投資人不跟隨群眾起舞，而是搜尋售價低於真實價值的股票，然後等待市場體認並修正兩者之間的落差。」[11]

在 2008 年的波克夏股東大會上，巴菲特也論述相同的觀念：「我不知道股市會怎麼走，也從來不去想這件事，可是我會去找下跌的股票，這樣才能買到便宜的價格。我希望股票下跌，最好是重挫，這樣買起來就更划算。」[12]

三十幾年來，巴菲特一直諄諄闡述這項訊息。舉個例子，1987 年在致波克夏股東的年度信函中，巴菲特這麼寫道：

「但是，你必須注意警示訊號，就像參加舞會的灰姑娘一樣，否則一切都會變回南瓜和老鼠：『市場先生』為你服務，但不會指導你，你會發現，是它的資金在發揮作用，而不是智慧。假如有一天市場先生的表現特別蠢，你大可視而不見，也可以好好利用他，可是如果你淪落到被他左右，那就大禍臨頭了。事實上，假使你不確定自己懂得市場，也不能肯定自己比市場先生更懂得評估買賣，那麼你根本不適合這種遊戲。就像

玩撲克牌的人所說的：『如果你玩了 30 分鐘的牌，還不清楚誰強誰弱，你就是那個弱者。』」[13]

就商學院而言，巴菲特相信，潛在投資人只需要學習培養兩種關鍵技能：如何評估公司，以及如何了解與金融市場有關的人類行為。[14]

波克夏一旦判定某家公司的交易價格低於真正價值，就會買進該公司的股票，然後準備長久持有（這是關鍵策略）。巴菲特相信，這個原則同時適用於散戶和法人，他解釋說：

「1942 年 3 月 11 日，我買進生平第一張股票，此後發生過第二次世界大戰和其他戰爭，還有 911 恐怖攻擊事件、古巴飛彈危機、多次經濟衰退、14 位總統就職（其中有 7 位是共和黨籍），以及其他林林總總的事情。雖然發生了這麼多大事，但最好的投資辦法還是把錢投入標準普爾 500 指數，然後留在裡面不動。不要去讀報紙標題，不要去聽名嘴分析。如果你在 1942 年將 1 萬美元投入指數型基金，到今天這筆錢已經值 5,100 萬美元了。你只需要相信一件事，那就是美國企業會一直活下去，一直欣欣向榮。」[15]

整體來說，**巴菲特的投資要點簡單明瞭：「我們想要的公司是：（1）我們能夠了解的；（2）長期看好的；（3）由誠實能幹的人經營的；（4）能以非常划算的價格買到的。」**[16]

這裡面的關鍵詞是「了解」，它是價值投資的精髓。投資

之所以能夠產生報酬，靠的是判斷力，而巴菲特和蒙格在投資之前會考慮下面這 3 點，以形成判斷。

1. 了解公司的管理哲學

首先，投資人應該了解公司如何激勵資深管理團隊，因為激勵方式通常會推動決策和行為。舉例來說，如果公司主管擁有的公司股票很少，主要酬勞來自薪水和現金紅利，那麼他們的決策就可能把重點放在保護自己的職位，避免承擔風險。反之，假如主管的酬勞受到股價長期升值的影響，那麼他們可能會更加注重公司的整體成長。從股東委託書中明定的酬勞給付措施，可以洞悉公司高階主管的性格和心態。

巴菲特和蒙格的薪水相對微薄，主要收入來自於波克夏的股票[17]，這件事很多人都知道。巴菲特的年薪在扣除股利後，金額是 10 萬美元，40 年來沒有變過。[18、19、20]

巴菲特在出手投資之前，常常連續追蹤目標公司管理團隊的績效好幾年[21]。1994 年，他在波克夏的股東大會上，細述他心目中的管理團隊應該擁有的素質：

「其一是他們經營事業的好壞，我認為你可以閱讀關於該團隊現有成果的資料，以及競爭者的成績，看看他們長期下來資本配置做得好不好。

「當經營團隊自己有機會出牌時，你必須多少知道他們面對何種牌面。……

「其二是，你要弄清楚他們對待東家是好是壞。」[22]

　　巴菲特說的「東家」是指公司股東。

　　「我覺得有一點很有意思，差勁的經營者往往也是不在乎股東的人。……這兩件事情經常同時存在。……

　　「讀一讀股東委託書，看看他們在想什麼——看看他們對待自己和股東有何差別。觀察他們現在的成就，思考他們接管公司時面臨什麼處境，再拿來比較整個產業所面臨的處境。我認為有時候這樣就能勘破玄機了。但倒也不必次次都勘破。」[23]

　　巴菲特指出，**沒有投資人每次押寶都正確，其實也不需要，只押對幾次才是必要的。**

　　有一個絕佳的例子可說明這種管理價值，那就是波克夏投資內布拉斯加家具商城（Nebraska Furniture Mart）。

　　巴菲特在 1983 年時斥資 5,500 萬美元收購該公司，買賣雙方憑一份只寫了兩頁的合約，就彼此握手完成交易。至少故事是這麼說的。不過進一步考究細節，就能發現這家公司所展現的商業慣例，就是巴菲特一直以來的信仰。

　　1937 年，內布拉斯加家具商城在奧馬哈市開幕，創辦人是俄羅斯猶太裔移民羅絲・布魯根（Rose Blumkin），最初她在丈夫經營的當鋪地下室開了一間二手家具店，營運資金只有 500 美元。將近 50 年之後，這家企業已經成長為全美國最大的非上市家具公司。布魯根的管理策略是：她賣的每一件商品，售價只比成本高 10%，用這種手段搶走對手的生意。

　　這筆買賣成交後，巴菲特談到布魯根太太：「把她拿來和

頂尖商學院的頂尖畢業生，或是財星 500 大企業的執行長相比，假使大家的起跑點相同，擁有一樣的資源，她會是勝出的那一個。」[24]

這就是典型的巴菲特。他的公司所僱用的人才，和所秉持的哲學一致；他尋找的人才，是那些聰明、努力、正直的人。

2. 公司在產業大環境中的狀況

巴菲特和蒙格都不願意投資自己不懂的公司或產業，不曾為了諮詢如何購買不熟悉的標的而聘請過顧問，也因此謝絕大部分送上門來的投資生意。

不過一旦開始考慮投資某個產業，巴菲特就會用他很喜歡的一種自我查驗技巧，那就是菸蒂投資法，並訪談競爭公司的執行長，打聽對方的意見。**他會問對方：如果可以投資產業內的任何一家公司，會選哪一家？**為什麼？巴菲特利用這個方法獲得寶貴的資訊和觀點。當年波克夏決定投資蓋可保險，正是利用這項關鍵技巧。關於這部分，我會在第 2 章第 3 節再詳細解釋。

3. 公司的護城河是否穩固

標的公司有沒有「長期競爭優勢」？也就是巴菲特和蒙格所說的「護城河」。這種優勢也許是商業祕密，例如可口可樂的配方，或是肯德基（KFC）的辛香料；也可能是獨家技術、品牌名稱、商標、專利、版權等。這些所謂的「智慧資產」十分珍貴，並不亞於工廠之類的有形資產，價值甚至更高。

　　一家公司獲得專利之後，將在特定的期間內，擁有這個點子或發明的唯一使用權[25]，如此一來，該公司就能維持可預測的營收和利潤率。以波克夏最大投資標的蘋果公司為例，單是 2021 年便獲得 2,541 項專利[26]，同年亞馬遜公司得到的專利為 1,942 項[27]。不過，擁有專利並不能確保公司賺錢。

　　最普遍的專利類型，是發明專利（utility patents）和設計專利（design patents）。發明專利的例子包含某項發明的新功能，專利效期長達 20 年[28]，譬如藥品、機器本身和它的零件及運作程序、電腦軟硬體、新化學配方，食物的化學配方也包括在內。[29]

　　至於設計專利則是保護與品牌有關的重要圖像，例如可口可樂特有的曲線瓶。2015 年 5 月 13 日以前申請的設計專利，有效期限是 14 年，之後申請的設計專利，效期是 15 年。[30]

　　製藥公司的護城河基礎，是那些賺錢配方的專利；耐吉的護城河是它可以因為品牌和專利優勢，訂定更高的價格。不過亞馬遜的長期競爭優勢，則是這三種屬性全包：強勢品牌、獨家技術、智慧資產。

巴菲特給散戶的忠告

　　多年來，巴菲特分享許多關於價值投資的見解，以下是和散戶投資人最相關的主題：

・小心華爾街惡狼

如果你沒有時間，或欠缺專業知識，沒有辦法研究個別股票，那就把自己的九成資金投入低成本的標準普爾 500 指數，一成資金拿去投資短期債券型基金。如果你不在投資業工作，就不可能打敗指數。[31]

2017 年的股東大會上，巴菲特討論了他和門徒基金公司（Protégé Partners）打賭的事：2006 年他與這家紐約的避險基金公司，下了一個 100 萬美元的賭注，由基金經理人挑選 5 檔避險基金（事實上是「組合型基金」〔funds of funds〕）[32]，並且打賭未來十年，這些基金的總報酬率會打敗標準普爾 500 指數。巴菲特押的是標準 500 指數會勝出。

果然，十年約定期滿時，標準普爾 500 指數上漲了 125.8％，而避險基金則成長 36％[33]。2017 年波克夏股東大會揭曉了這項結果，聽眾爆出笑聲[34]，巴菲特在致股東信函中宣布勝利：「到今天為止，指數型基金的複合年成長率是 7.1％，這項報酬率可以輕鬆證明，股市長期投資的典型收益……2016 年那 5 檔組合型基金年均複合報酬率只有 2.2％。這意謂著，當初如果斥資 100 萬美元投資那些基金，會得到 22 萬美元的收益，反之如果投資指數型基金，同期收益則會是 85 萬 4,000 美元。」[35]

巴菲特這樁軼事再次強調他的長期信念，那就是：避險基金投資經理人雖然積極操作他人的金錢，但是獲利實在太少，因為避險基金和其他基金經理人一般收取「2 與 20」的費用[36]——2％作為管理費，另外再抽 20％的利潤。巴菲特指

出，如果他也用類似的做法來經營波克夏，那麼公司目前的
投資主管康姆斯（Todd Combs）和韋士勒（Ted Weschler）
「什麼都不必做，每個人就能拿到 1 億 8,000 萬美元。」[37]總
而言之：巴菲特相信，**所謂的消極投資（譬如指數型基金）
可以和積極投資的績效並駕齊驅，甚至有過之而無不及。**[38]

　　巴菲特相信，像波克夏之類的法人投資人，應該花時間去
弄清楚標的公司的財務和文化（利用菸蒂投資法），而散戶投
資人則應該分散投資，「抽樣買進美國的一部分」（buy a
cross-section of America）──換句話說就是買指數型基金[39]。
他解釋說：

　　「我真的認為，我們大概給了一些錯誤示範，因為所有這
些提問，很自然都關乎時事。所以這一次我要回顧從前，事實
上要回到 1942 年，我買第一張股票的時候，藉此說明 1942 年
以來所發生的一切。

　　「從那一年開始，我們有過 14 位總統（7 位共和黨籍、
7 位民主黨籍），有過世界大戰，有過 911 事件、古巴飛彈危
機，還發生過各種各樣的事情。1942 年 3 月 11 日那天，也就
是我買下人生第一張股票那天，你所能做的、最好的一件事，
就是買進一檔指數型基金，然後就再也不要管新聞標題，不去
想股票，彷彿你買的是一座農場，買進之後就放手讓佃農替你
管理。

　　「我曾說過，如果你把 1 萬美元投入指數型基金，並且把
收到的股利繼續滾進去投資──我演講時刻意停下 1 分鐘，讓

聽眾猜猜看這筆錢最後變成多少——結果那 1 萬元到現在已經變成 5,100 萬美元。你當初唯一需要打從心裡相信的事，就是美國會打贏戰爭、會持續進步（從 1776 年以來都是如此）；假如美國會繼續往前邁進，那麼美國企業也會繼續往前邁進。你不必煩惱該買什麼股票，也不必煩惱哪一天買進、哪一天賣出，你不需要知道聯邦儲備系統存不存在，也不必知道它究竟是什麼東西，反正美國一定行。」[40]

「美國一定行」的信念導引巴菲特的態度，他曾說過，我們需要實施社會計畫，照顧「不具備市場技能的良善公民」[41]，就像「有錢人家」會在相同處境下照顧自己的孩子一樣[42]，可是實施這種計畫時不應該「殺雞取卵」，換言之，不可以扼殺美國的市場經濟。[43]

巴菲特說：「我不想要對會下金蛋的鵝做任何事。這麼多年來，我們已經擁有這隻會下越來越多金蛋的鵝，就在這個國家裡，真是匪夷所思。所以我們在市場制度、在提供人們想要的大量產品與服務方面，都已經有了行得通的方法。」[44]

2009 年巴菲特接受我的學生訪問時說，他也相信「這個世界不是零和賽局」[45]，我們的經濟會因為其他經濟體的改善而進步，包括中國在內。他說：「我們美國人的生活水準在二十世紀裡提高了七倍。」[46]**根據巴菲特的說法，長期來看，投資美國經濟一定有賺頭。**

·錢投資了就不要動

價值投資想要成功，就需要知道企業或股票真正的價值是多少，然後把錢投進市場，接著就永遠不要去動它，也不要交易。如果投手投過來的是好球，你就大膽揮棒。[47]一年只投資一次，肯定不會錯。

巴菲特估計，過去 10 年來因為僱用投資經理人，散戶花在管理費用上的錢超過 1,000 億美元，而大部分投資經理人的績效，甚至無法打敗標準普爾 500 指數。[48]據報導，2016 年大型主動式資本（active cap）經理人當中，只有 19％打敗羅素 1,000 指數（Russell 1000），這項指數追蹤美國證券市場中大約 1,000 家市值最大的公司[49]，成分股大概占了美國所有上市股票總市值的 9 成。[50]

最關鍵的是：市場長期趨勢向上。不要跟著股票每天的漲跌起舞，也不要煩惱總體經濟，因為**每一百年中，通常有 15 年的經濟情況不理想。沒有人能預測明天、下個月或明年會發生什麼事**。[51]

投資成功的必備性情──耐心、好奇、獨立

·隨時都閱讀

我先前提到過，巴菲特和蒙格都熱愛閱讀，一部分是因為他們屬於喜歡動腦筋、好奇心重的人，單純喜歡閱讀各種不同領域的內容，不過也有一部分是因為閱讀對經商大有益處。巴菲特建議想要成功的投資人，每天閱讀 500 頁以上，他自己每

天八成以上的時間獨處閱讀，且十分引以為樂，至於蒙格也強調廣泛閱讀的重要性：

「我這一生中見過的智者全都手不釋卷，可是那還不夠：你必須具備捕捉想法、行事合理的性情。大部分的人抓不住正確的點子，也不知道該拿點子怎麼辦。[52]

「華倫和我確實比大部分生意人讀得多、想得多、做得少，因為我們喜歡那樣的生活，但是我們也把這種癖好轉變成對自己有利的結果。我們兩個都堅持幾乎每天都騰出很多時間來靜坐閱讀，這在美國商業圈裡非常少見。我們不只閱讀，也思考。」[53]

・有耐心

在波克夏的投資哲學中，耐心是很重要的角色。巴菲特和蒙格往往要等上好幾年，才能見到投資獲得高額報酬。

・智商不是一切

不論在任何領域，高智商都不是成功的保證。影響成敗的因素還有很多，包括動機、領導力、毅力、溝通技巧、小聰明等。巴菲特說：「只要你的智商超過 125，投資成功與否就和智商無關。**有了普通人的智商以後，你需要的是能夠控制衝動的性格，很多人就是忍不住衝動才會投資失利。**」[54、55]

‧發展正確的性格

投資人需要培養某種支持成功的個性。蒙格強調要有強烈的好奇心，建立精神力量，以探究趨勢或決策背後的「為什麼」。他說如果沒有特定的個性，哪怕是最聰明的人也註定會失敗。[56]

「投資成功的關鍵要素中，有一個是具備正確的個性——大部分人過於煩躁，太容易煩惱。成功意謂非常有耐心，不過一旦時機到來，就要迅速出手。學習別人的吃苦經驗，總好過從自己的艱辛經歷中學得教訓。……（不過）光是有正確的性格也不管用，你還需要有很多的好奇心，而且好奇心必須維持很久、很久才行。」[57]

‧避免人云亦云

巴菲特從葛拉漢身上學到許多寶貴的教訓，其中之一就是如何獨立思考——根據事實與推理為自己投資，而不是跟隨群眾起舞。

蒙格和巴菲特經常指出，獲取豐厚報酬最可靠的方式，是在投資標的被低估（打折促銷）時買進。所謂被低估的投資，意思就是當下乏人問津（當然，並非所有乏人問津的投資標的都被低估了），反之，「旅鼠（lemmings）」[58]指的是那些喜歡人云亦云的投資人，別人在何時做什麼，他們就跟著在何時做什麼，導致追漲殺跌，碰到「泡沫」必然一頭栽進去。

巴菲特用買漢堡來比喻這種現象[59]——碰到漢堡的售價比

平常低兩成時，你會買嗎？當然會。那麼如果股票價格漲得很高，你為什麼要買？旅鼠型的人會掉進「從眾偏誤」（herding bias，亦稱羊群效應）的心理陷阱，第 2 章第 4 節會再詳談。蒙格和巴菲特就是靠逆勢操作尋找划算的交易。

我們已經討論了巴菲特與蒙格投資方式背後的「理由」，下一章要討論的是他們著手投資的「方法」——數字、比率、模式、模型，用它們來判定一家公司真正的價值。

哥倫比亞商學院經典案例，巴菲特

- 以人類作為消息來源，是不可能真正客觀的——要客觀需要看數字。
- 沒有投資人每次押寶都正確，其實也不需要，只押對幾次才是必要的。
- 巴菲特的投資要點：能夠了解的；長期看好的；由誠實能幹的人經營；能以非常划算的價格買到。
- 每一百年中，通常有 15 年的經濟情況不理想。沒有人能預測明天、下個月或明年會發生什麼事。
- 有了普通人的智商以後，你需要的是能夠控制衝動的性格，很多人就是忍不住衝動才會投資失利。

02 護城河、財報、投資人訊息

擁有一部分「希望鑽石」，好過擁有一整顆水鑽。[1]

——巴菲特

　　2022 年第 1 季，波克夏的 A 股股票衝上每股 50 萬美元的歷史天價，過去沒有任何一家公司的股票達到這個價格。波克夏旗下還有 62 家企業，和約 3,200 億美元的股票投資組合。所有這一切，都源自於 1956 年，那七人親友團集資 105,000 美元的投資。如今巴菲特本人的淨資產約莫是 1,260 億美元。

　　他是怎麼做到的？有沒有動用深奧的數學和抽象的經濟模型？答案是完全沒有。蒙格說過，在進行量化評估時，他和巴菲特所使用的最高深數學，也不過是中學代數的程度。[2]然而在判定一家公司的價值有多少，以及預測將來會替投資人創造多少價值時，他們所使用的方法結合了定量和定性兩種標準。這個說來容易，做起來並不簡單，所以就讓我說說看吧。

選擇標的的基本底線——自己了解的領域

　　巴菲特經常說，投資最重要的是「安全邊際」（margin of safety）[3]，指的是葛拉漢曾教誨他的一項投資原則；所謂安全

邊際，是市場價格和投資人預估真正價值之間的差距。[4]

葛拉漢建議，唯有股票的市場價格大幅低於真正價值時，才應該買進。雖然**安全邊際大，並不能保證投資一定賺錢，可是確實能夠「提供緩衝」**[5]，萬一投資策略出錯時，可以迴避風險。這種做法很保守，多年來巴菲特已經加以修正，斷定「在股價划算時買進好公司」的投資策略，優於「在股價極便宜時買進爛公司」。[6]

「我們真正想做的是收購優秀的企業，[7]」巴菲特在 2007年波克夏股東大會上解釋：「所以，如果買進的是時思糖果公司，或可口可樂的股票，就不會覺得需要這麼大的安全邊際，因為我們不認為自己的假設會在財務上出任何錯誤。」[8]

這樣的想法必然會更改葛拉漢提倡的、尋找便宜貨的做法，使得巴菲特和蒙格創造出一套更精緻的系統，以判斷價格較高的投資究竟值不值得。儘管他們的方法很嚴謹，但還不夠精確，巴菲特形容它「一部分是藝術、一部分是科學」[9]。

為了更清楚說明自己的想法，巴菲特用了一個有點諷刺的比喻：「你看見一家優秀的企業時，就好比看見某個人從門外走進來，你不知道對方的體重是 300 磅或 325 磅，但還是一眼就知道他很肥，對吧？所以，如果我們看見某家企業，心裡知道它很肥（財務上），就根本不會擔心它究竟幾斤幾兩重。以這個例子來說，如果我們能評估到對方擁有相當於 270 磅的實力，就會覺得很棒了。」[10]

不僅如此，一家公司過去的績效和所屬產業也要考慮進去，這兩項因素都影響巴菲特和蒙格給它打的安全邊際分數。

如果一家公司本身就具有實力，所經營的領域也很穩定，那麼他們在設定安全邊際時，就可能彈性比較大一點。

　　總而言之，安全邊際這個觀念的要義就是，投資所獲得的價值必須高於支出。不過就像蒙格所指出的，價值也分很多種型態。

必須不斷重建的優勢，就不算是護城河

　　巴菲特和蒙格考慮潛在投資時，最基本的底線是，對方所經營的領域必須是他們所了解的。在波克夏 2019 年的致股東信函裡寫道：「此外，我們持續不斷尋找適合收購的新企業，對方必須符合三項標準。第一，它們營運所需的淨有形資產必須賺取良好的報酬；第二，它們必須由能幹、誠實的管理者經營；最後，它們必須能用合理的價格取得。」[11]

　　巴菲特與蒙格比較喜歡收購完整的企業，而不是只買進股份而已，但若無法買進整家公司，例如世界品牌可口可樂，他們也樂意購買優秀企業的股票，哪怕股價已經不便宜也無妨。[12]在 2007 年波克夏公司致股東信函中，巴菲特對投資人開玩笑：「擁有一部分的希望鑽石（按：Hope Diamond，世界現存最大顆的藍色鑽石），絕對比擁有一整顆人工水鑽來得好。」

　　前景光明的優秀企業都有一個關鍵：護城河──這是巴菲特的用語，指的是保護公司不遭受巨大競爭威脅的屏障。護城河可能是主宰市場的低成本產品（例如好市多和蓋可保險），也可能是強大的品牌認同，像是可口可樂、吉列刮鬍刀和美國

運通銀行。

由於波克夏的策略中，有一部分是堅持長期投資，因此巴菲特和蒙格只對能夠「長治久安」的公司感興趣[13]，這意謂著避開容易發生快速、持續性變化的產業。不投資那些公司並不是因為它們天生不賺錢，而是因為它們所在的領域會一直妨礙投資穩定性。巴菲特的說法是：「必須持續不斷重建的護城河，最終就不能算護城河了。」[14]

另外值得一提的是，雖然巴菲特堅持僱用優秀的管理者，但若一家企業的成功，主要歸功於特定執行長的天縱英明，那麼他反而會敬而遠之。其實這也很合邏輯：假如一家企業需要某個超級巨星，才能夠創造出卓越的成果，那就表示這家企業本身沒那麼優秀。

假設由一位特別傑出的腦外科醫生，來領導一家醫療合夥事業，短期可能會創造高營收和利潤成長，不過這樣對事業的未來有何影響，實在言之過早，因為當那位外科醫師離職之後，合夥事業的護城河就消失了。但如果是梅約診所，哪怕你根本就不知道它的執行長叫什麼名字，也可以信賴它的護城河會一直存在。[15]

巴菲特在評估投資機會時，還會留意下列這些定性因素：

‧這家公司所屬的產業會不會削價競爭？

‧這家公司有沒有強大的顧客基礎（像吉列、可口可樂、蘋果那樣）？

‧公司的管理階層是否透明、有能力、薪酬公平？

購併不能貪便宜，買股有時賺更多

　　儘管巴菲特比較喜歡直接收購整家公司，而不是買公司的
股票，但有時候證券卻可能創造更大的價值。有一部分原因
是，談判收購一整家公司時，多半需要付出較高的成本——尤
其是那些經營良好的公司——因此波克夏買進股票反而常常更
賺錢。

　　巴菲特在 1994 年對股東說：「你不會買到任何便宜貨，
還有⋯⋯你甚至也不應該在談判收購時出現買便宜貨的念頭。
你買的是以後要替你經營公司的人，是夠聰明、懂得替公司訂
定適當售價的人。⋯⋯市場就不一樣了。⋯⋯你在股市中有機
會用可笑的價格買到企業，正是因為如此，我們才靠有價證券
賺了很多錢。」[16]

　　換句話說，股市鮮少一直根據證券的真正價值來定價，所
以難怪巴菲特和蒙格熱愛在股市下挫時撿便宜。巴菲特最喜愛
的法則之一就是：「當別人恐懼時，你要貪婪。」[17] 2007 至
2009 年經濟大衰退期間，波克夏的行為就是這項策略的絕佳
範例。當時巴菲特投資好幾家股價崩盤的公司，包括高盛集團
（Goldman Sachs）、奇異公司（GE）、瑪氏箭牌糖果
（Wrigley/Mars）、瑞士再保險公司（Swiss Re）、陶氏化學
（Dow Chemical）。等到 2010 年代開始，美國經濟回歸正
軌，波克夏已經賺進上百億美元。

利用這些數字，找出價值被低估公司

巴菲特和蒙格雖然堅稱他們所使用的金融數學很簡單，可是依然必須採用一些計量技巧來評估公司。

巴菲特蒐羅價值被市場低估的股票，然而要判斷一家公司的真正價值，並沒有單一方法可用，他會根據標的公司的產業和成長階段，採取不同估價方式，最重要的是謹記一點：這個數值可能在任何時間點，與該公司股票的交易價格相符，卻也可能不符。[18]

為了評估一家公司是否有潛力成為投資工具，巴菲特和蒙格首先把焦點放在該公司的財務報表，和對投資人揭露的資訊上，他們要看的是一套特定的比值，這些比值顯示這家公司是否具有創造高報酬的潛力。

·有形資產淨值報酬率

現在我們來算一點數學。巴菲特和蒙格的投資對象大多有一個共通點，那就是巴菲特所說的，公司營運所需之「有形股本淨值或有形資產淨值」，必須賺取 20％以上的報酬[19]。還有一項根本不必強調的，就是在獲利的同時並未債臺高築。[20]

一家公司有形資產淨值報酬率的計算公式如下：

有形資產淨值報酬率 = 淨利 ÷ 有形資產淨值

巴菲特用來決定分母「有形資產淨值」的公式則是：

有形資產淨值＝總資產—總負債—無形資產（亦即商譽、品牌認同，以及專利、商標、著作權等智慧財產）—特別股的面額 [21]

（在這個公式裡，特別股的面額是計算股息的基準。因此，如果一張股票的面額是 1,000 美元，而股息是 5%，那麼只要特別股發行在外，發行股票的公司每年就必須支付 50 美元的股息。）[22]

這個公式的宗旨，是決定該公司擁有多少有形資產，若有任何外債，則須減去債務。[23]有形資產淨值是公司有形資產的帳面價值，無形資產如商譽、智慧財產、特別股等，都要從有形資產中扣除，才能得出有形資產淨值。

‧股東權益報酬率

股東權益報酬率（Return On Equity，簡稱 ROE）說明一家公司對於股東投資的資本，運用效率的高低。ROE 的計算公式如下：[24]

> **股東權益報酬率**＝淨利 ÷ 平均股東權益
>
> **股東權益**＝總資產－總負債
>
> **總資產**＝流動資產＋固定資產

流動資產是可以在一年內變現的資產，例如現金、應收帳款、存貨等；固定資產是無法在一年內變現或消耗掉的資產，譬如投資、財產、廠房設備、無形資產如專利等。

總負債是短期債務和一年以上債務的總和，公式如下：

> **總負債**＝流動負債＋長期負債
>
> **流動負債**＝到期債務（稅金、帳款、應付帳款等）
>
> **長期負債**＝未來逾一年到期的債務（應付債券、租賃、退休金）[25]

股東權益（Shareholders' Equity，簡稱 SE）是清償所有債務之後，業主（股東）的剩餘請求權（Residual Claim）。公司的資產負債表上並不載明權益，但它是分析師評估企業財務健康與否時，最常用的衡量標準之一。在公司清算所有資產、清償所有債務之後，股東可以拿回來的金錢就是股東權益，有時也稱為「帳面價值」。[26]

　　舉例來說，某家餐廳去年淨利是 10 萬美元（這個數字呈現在損益表上），股東權益總數是 20 萬美元（寫在資產負債表上），那麼當年度股東權益報酬率就是 50%。

· 利潤率與每股盈餘（Earnings Per Share，EPS）

　　對於自己考慮要投資的公司，巴菲特會檢視它好幾年的財務報表，著重在盈餘是否持續增加，**理想的情況是每年盈餘至少應該成長 10%**。接下來他會分析兩項指標：

　　利潤率＝淨利 ÷ 淨銷售額

　　每股盈餘＝總淨盈餘 ÷ 發行在外股數

　　利潤率高顯示公司經營得當，利潤率長期增加，通常意謂著管理階層有效控制費用，而這往往代表公司在所屬產業中擁有定價實力。本章後文談到「資金」那一段，將會以時思糖果作為重要的範例。

　　不同產業的利潤率和每股盈餘的正常範圍並不相同，例如某些科技公司的利潤率非常高，而航空公司多半利潤率比較低。我們會在第 3 章第 2 節討論巴菲特事業生涯中，對投資航空業的愛恨情仇，他開玩笑的比喻，自己對航空業有不健康的癮頭（aeroholic）[27]，像是酗酒一樣。

・負債權益比

巴菲特用負債對權益（Debt-To-Equity，簡稱 D/E）的比率，來判斷一家公司的借貸情形。這項比率也視為公司的財務槓桿，計算公式如下：

負債權益比＝總負債 ÷ 股東權益

一家公司理想的負債權益比，和利潤率、每股盈餘一樣，要看它屬於什麼產業而定。不過，這項比值小於 1.0 通常是理想的，**巴菲特希望知道一家公司的負債權益比是否夠低，足以償還負債**。[28]

・自由現金流量

評估一家公司的自由現金流量（Free Cash Flow，簡稱 FCF）是基本的估價技巧。FCF 評估的是，公司在投注營運資本和固定資產的必要投資之後，投資人可以取得的現金水準。

FCF 是重要指標，因為它容許公司追逐機會，以提升股東價值。有了充足的現金，公司就能擴大生產、開發新產品、併購事業、支付股息、回購股票、減少債務。FCF 增加，就能增強資產負債表的實力；反之，如果淪為負值，可能意謂出現問題，但也可能代表一家公司為了將來的成長而大幅投資。[29]假如這些投資可以賺取高報酬率，以長遠來看，該策略就有替股

東增加價值的潛力。[30]

　　我們可以用以下公式估算 FCF：

　　自由現金流量＝公司營業活動的現金流－資本支出

　　自由現金流量＝現金稅（cash taxes）後淨營業利潤－淨
營運資本投資（這是稅後淨營業利潤＝營收－營運成本和
現金稅的情況）

　　自由現金流量＝營收－營運成本與現金稅－營運資本的
必要投資（這是必要投資＝固定資產與營運資本的情況）

　　假如計算得當，輸入的數字也相同，那麼上述三個公式所
得到的 FCF 應該會相等。[31]

・資金

　　巴菲特較喜歡不需要大量營運資金的公司，這樣的公司營
運成本不可過高，也不能有其他明顯的現金支出現象。他最喜
歡拿時思糖果作為這項原則的範例，1972 年他花了 2,500 萬美
元買下該公司，此後時思糖果平均每年創造 4,000 萬美元的稅
前利潤。巴菲特在 2019 年指出，更棒的是，時思糖果打從被
收購以來，總稅前收益高達二十多億美元，波克夏又用這些錢
收購了其他企業。[32]

　　時思糖果的資金需求不高，巴菲特當初買下這家公司的本

意，在於波克夏能夠提高它的產品售價，卻不必投資很多錢。這套方法確實管用，令我們產生另一種念頭：公司可以因為通貨膨脹而隨意調整售價，但依然保持獲利能力嗎？換句話說，**公司的定價實力是否強大到，即使提高產品或服務的價格，消費者照樣會買單**？

根據「市場內幕」（Markets Insider）網站的說法：「巴菲特盛讚時思糖果優越的財務報酬、溫和的資金需求、具有經濟護城河、員工素養高，生產的巧克力品質也很優良。[33]」

巴菲特在 2015 年致波克夏股東信函中開玩笑：「在（即將到來的股東）大會上，查理和我都會大喝可口可樂、大吃時思軟糖和花生酥糖，補足相當於美式足球聯盟（National Football League，簡稱 NFL）前鋒一星期的熱量需求。」[34]更重要的是，從 1972 年開始，巴菲特已經從時思糖果收穫了 8,000％的報酬，換算起來，每年的報酬率超過 160％。[35]就像巴菲特解釋的：「我們花了 2,500 萬美元買下它，如今它已經給了我們超過 20 億美元的稅前收益，遠遠超過 20 億美元，我們已經拿這些錢去購買其他的企業。」[36]

自從巴菲特收購時思糖果，該公司每年營收從 3,000 萬美元成長到 3 億 8,000 萬美元以上，稅前利潤從不到 500 萬美元，增加到 8,000 萬美元。[37]

波克夏從時思糖果獲得 20 億美元利潤，但所需要的投資金額累計僅 4,000 萬美元（包括設備在內）。[38]

‧保留盈餘

保留盈餘是一家公司的資產負債表上，另一個重要的層面，因為這項統計資料往往顯示公司的成長。看懂保留盈餘最簡單的方法，就是把它想成將利潤重新拿來投資，因為它代表一家公司累積的總淨利，可以用來挹注新的計畫。

保留盈餘就是總淨利減去股息，公司可以利用保留盈餘來擴大生產、雇用新員工、投資研究發展、打廣告、收購子公司、回購股票，或是清償退休金之類的長期債務或負債。

保留盈餘也可稱為「留存比率」（retention ratio），等於「1—股息發放率（dividend payout ratio）」。股息發放率是還給股東的錢，而留存比率則是重新投資公司的錢（即是保留盈餘）。

計算方式如下：[39]

股息發放率（％）＝發放的股息 ÷ 淨利

股息發放率＝ 1—留存比率

留存比率（％）＝（每股盈餘—每股股息）÷ 每股盈餘

一家公司不論如何分配比率，保留盈餘最大化就是公司投資自身的成長，可說是為經濟成功先卡位。

巴菲特希望所投資公司的保留盈餘能夠成長，如此將會增加波克夏的價值。如果公司所賺的利潤無法超過資金成本，那

麼他寧願透過發放股息，將資金還給股東，不然就購回公司股票（假如公司股價被低估的話）。換句話說，取決保留盈餘會促使公司的股市價值增加嗎？

這項原則最好的例子就是波克夏本身。波克夏從來沒有發放過股息，因為巴菲特認為，與其發股息給股東，把資金重新投資在公司上，能為股東賺取到更高的報酬率。此外，假如把錢拿來發放股息，股東們就必須繳稅；反之，則能夠用那筆錢來提升波克夏的股票價值。

以這種情況來說，保留盈餘增加了波克夏的彈性。巴菲特說過，只有在波克夏的股價跌到比帳面價值低 1.2 倍以上時，公司才會回購股票，他認為如果是那樣，股東第二天就立刻獲利了。[40]

哥倫比亞商學院經典案例，巴菲特

· 擁有一部分的鑽石，絕對比擁有一整顆人工水鑽來得更好。
· 必須持續不斷重建的護城河，最終就不能算是護城河了。
· 安全邊際大並不保證投資一定賺錢，可是確實能夠「提供緩衝」。

03 蓋可保險與蘋果公司 的投資分析

投資人最重要的素質是性情，不是智商。有人從跟隨群眾得到極大的樂趣，有些人則是相反，以違抗群眾為樂，但這兩者都不是投資人需要的性情。[1]

——巴菲特

這一章要敘述的案例，是兩家對波克夏影響深遠的公司。蓋可保險的全名是政府員工保險公司（按：Government Employees Insurance Company，簡稱 GEICO，一般譯為蓋可公司），是巴菲特最早投資的標的之一。我們檢視巴菲特投資這家公司的決策，可以窺見他如何評估機會。

同理，檢視巴菲特投資蘋果公司的行為，也有同樣效果，這家公司在波克夏當今所有的投資中，占有最高比率。我會在此帶領讀者，一步步認識巴菲特購買這些股票背後的道理，看他如何評估其價值，讀者可以效法他所採用的模型，自己練習為投資的標的公司估值。

用菸蒂投資法買來的蓋可保險

蓋可保險的創辦人是老古德溫（Leo Goodwin, Sr.），他

受過會計師訓練，曾替聯合服務汽車協會保險公司（USAA Insurance）工作 10 年，那時他忽然有個想法，相信自己能夠提供消費者更划算的汽車保險，保費比競爭對手低兩、三成。

古德溫的方法是瞄準特定顧客族群，不透過保險代理商，而是直接寄發郵件給對方——在二十世紀初，保險業僱用代理商是業界標準做法。1936 年，古德溫和妻子莉莉安（Lillian）在德州沃斯堡市（Fort Worth）創辦了蓋可保險公司，將銷售目標對準政府員工和高級士官，夫妻倆創業的 10 萬美元當中，25,000 美元是自掏腰包，75,000 美元是向銀行家睿爾（Charles Rhea）借來的。[2]

1937 年，古德溫夫婦將公司遷到華盛頓特區，公司迅速茁壯。1948 年，睿爾把手裡的大部分股票賣給一群投資人，其中包括巴菲特在哥倫比亞大學的導師葛拉漢，當時葛拉漢與紐曼兩人經營合夥事業。葛拉漢‧紐曼公司買下睿爾的一半股票，當時價值 71 萬 2,000 美元。[3]到了 1949 年，蓋可保險公開上市，每一股的掛牌價格是 27 美元。[4]

此時巴菲特正在哥倫比亞大學攻讀碩士學位，他發現葛拉漢‧紐曼公司在蓋可保險占有一席之地，而且葛拉漢還擔任該公司的董事長。於是在 1951 年某個星期六下午，天性積極進取的巴菲特便跑到華盛頓特區，想要進一步了解這家公司，畢竟自己的導師深受它所吸引，才投資了這麼龐大的金額。

巴菲特敲開蓋可公司總部的大門，說服一位工友讓他進去，並在六樓找到董事長助理戴維森，此人後來成為蓋可保險的執行長。巴菲特當時只有 20 歲，還是個研究所學生，這次

會面是他展現不屈不撓、聰明過人的經典例子：他對戴維森提出一長串很有內涵的問題，都是關於保險業和蓋可保險的獨特經營方式。兩人這一談長達五個小時，巴菲特後來說，他在這席對談中所學到的知識，勝過在大學所學到的一切。[5]

戴維森解釋，保險業靠兩種方式賺錢，第一種也是最明顯的一種，就是保單的保費；第二種則是利用保費投資，以賺取利潤（也就是所謂的「存浮金」[6]，本章後文會再詳述）。戴維森也解釋蓋可保險的獲利方法，由於其他公司都是透過保險代理商賣保險，反觀蓋可是使用直效行銷，免去代理商，因此收費遠比其他公司低廉，因而得到極大的優勢。

在保險業的商業模式中，經由代理商分銷是非常根深蒂固的傳統，因此絕大多數保險公司根本無法想像放棄這種方法。和戴維森的這席談話令巴菲特十分興奮，現在他對這家公司的熱衷程度，比對過去任何一家公司股票的興趣都更加濃烈。[7]

葛拉漢對這個明星學生提出了忠告，要他先等大盤拉回後再進場投資。可是巴菲特沒有聽老師的話，將一半以上的個人淨資產都拿去投資蓋可保險（他買進 350 股蓋可保險的股票，每股 29.375 美元，總成本 10,282 美元）。到了 1951 年底，他的蓋可保險股票價值 13,125 美元，報酬率 28%，占個人淨資產總額的 65% 以上。[8]

然而巴菲特被快速的成功沖昏頭，犯下了嚴重的錯誤。1952 年他為了籌錢買進西方保險證券公司（Western Insurance Securities）的股票，賣掉手中所有蓋可保險的持股，總價為 15,259 元。西方保險看起來是很便宜的買賣，而且葛拉漢也曾

經教過他所有關於尋找便宜目標的知識。可惜接下來的 20 年，巴菲特眼睜睜看著蓋可保險的股票暴漲，當年賣掉的持股後來價值一百多萬美元，他太早賣出了。這件事給了巴菲特一個教訓，此後他的投資行為徹底改頭換面。[9]

誠如巴菲特所說的：「我沒有堅持初衷，有一部分藉口是西方保險當時售價只微幅超過當期盈餘，為了某種原因，那樣的本益比吸引我的注意。可是⋯⋯（它）讓我上了一堂課，那就是賣出確實優質公司的股票，相當不智。」[10]

又過了 20 年，巴菲特（已經是波克夏公司負責人）再次發現投資蓋可保險的機會，可是他沒有貿然出手，反而追蹤這家公司的進展，留意戴維森擔任董事長後有何影響。戴維森最重要的舉動之一，是拓展公司的潛在目標市場，他瞄準政府員工以外擁有優良駕駛紀錄的專業人士，把原先只針對 15％的汽車車主，一舉增加到 50％。光是這一項舉動，就使蓋可保險的利潤大幅翻升。

儘管如此，這家開創性十足的公司卻開始流年不利，1972 年到 1976 年間，蓋可保險的股價從 61 美元的高點狂跌至 2 美元的低點，1975 年虧損了 1 億 2,600 萬美元，無力發放股息。蓋可和其他保險公司都碰到通貨膨脹的挑戰，而他們承保的汽車駕駛，還不約而同出現事故數量和嚴重性都增加的問題；另外，無過失汽車保險法（按：no-fault laws，近似於臺灣的強制汽車責任險）也帶來了衝擊。[11]

1976 年時蓋可保險已經瀕臨清算，董事會迫切想要力挽狂瀾，開除了當時的執行長紀登（Norman Gidden），換上

43 歲的柏恩（John Byrne），他當時是旅行者公司（Travelers Corporation）的高階行銷主管。

巴菲特一直關注這些變化，然後要求和柏恩見面。見面的隔天早上，巴菲特便買下了 50 萬股蓋可保險的股票，成交價格是每股 2.125 美元。後來波克夏對蓋可保險的總投資金額達到 1,900 萬美元，包括所羅門兄弟（Salomon Brothers）投資銀行帶頭發行的 7,500 萬美元可轉換特別股（按：可在特定條件下轉換成一定數額的普通股），加上價值 410 萬美元的普通股，平均價格是每股 2.55 美元。1992 年該公司股票分割，每一股分成 5 股，巴菲特的成本基礎（cost basis）降到每股 1.31 美元。[12]

到了 1980 年，波克夏對蓋可保險的投資金額達 4,500 萬美元，相當於總投資組合的 31%。接下來在短短五年內，那筆投資已經成長到波克夏股票投資組合的 50%，價值高達 5 億 9,600 萬美元。[13] 1994 年時，波克夏持有的蓋可保險股票價值已經超過 10 億美元。1995 年 8 月 25 日，巴菲特宣布波克夏公司將斥資 23 億美元，買下蓋可保險剩餘的 51% 股權，使蓋可保險成為百分之百由波克夏公司擁有的子公司。[14]

在巴菲特的領導下，蓋可保險的業務欣欣向榮，他任命波克夏的投資主管康姆斯（有可能是巴菲特的繼任者）出任這家龐大保險公司的執行長。2021 年，蓋可保險僱用大約四萬名員工，營收 370 億美元，利潤達 12 億 6,000 萬美元。[15]

‧存浮金

存浮金（float）又稱為儲備金（available reserve），是指保戶付給波克夏保險子公司的保費中，沒有被用來理賠的部分金額。技術上來說，這筆錢並不屬於保險公司，但被保留做為投資之用，有一點像是零利率借貸。波克夏 1967 年時的存浮金為 3,900 萬美元，2022 年時已經增加到 1,470 億美元。[16]

波克夏的存浮金讓它能迅速出手，收購陷入麻煩的公司，舉例來說，2002 年波克夏以 8 億 3,500 萬美元買下宣告破產的 Fruit of the Loom（按：服飾品牌，臺灣俗稱水果牌）公司，當時該公司股價已經跌掉 97%。[17]巴菲特預測波克夏的存浮金未來幾年還會增加，然後會下降一點，但是任何一年都不會超過 3%。[18]

保險公司的獲利能力，可以由以下的財務比率來衡量，也就是「綜合比率」（combined ratio）：

綜合比率＝已發生損失與一般營業費用 ÷ 滿期保費

綜合比率小於 1（＜ 100%）表示營業獲利，大於 1（＞ 100%）則表示營業虧損。不過請注意，綜合比率大於 1 的保險公司，總體來說還是可能獲利，至少就短期而言如此，因為該公司可能從事投資、金融活動或營業活動。[19]

有護城河、經營團隊夠真誠，定性分析過關

打從一開始，巴菲特就知道他可以相信葛拉漢的判斷，正因為葛拉漢擔任蓋可保險的董事長，才吸引他注意這家公司。然而巴菲特也知道，為了弄清楚該公司與其營運的各項詳細情況，他必須找一位實際參與日常營運的管理階層談談，這個念頭促使他前去華盛頓特區拜訪，因此結識了戴維森。

巴菲特和戴維森直接對談五個小時，這給了他一個機會，不但認識保險業，也打聽到蓋可保險的創新營運模式。

・定性分析 1：持續競爭優勢（護城河）

蓋可保險有沒有持續競爭優勢，或所謂的「護城河」？答案絕對是肯定的。巴菲特得知蓋可保險透過保費和浮存金賺錢，可是真正厲害的是該公司的直效行銷手法，靠削價競爭搶奪其他保險公司的市場，以低成本業者的姿態創造獨特優勢。

・定性分析 2：管理團隊

我在第 2 章第 1 節說過，巴菲特在出手投資之前，**會追蹤一家公司的管理團隊和績效好幾年——經常一追蹤就是 10 年**。他希望看到的是有熱情、有能力、穩健的管理團隊，思考要有創意。此外，巴菲特也重視獨立行動的管理者，他們不會受到一時流行所影響。最後，對公司股東抱持開放、誠實態度的管理階層，也是巴菲特所欣賞的。

當他和蓋可保險的高階主管晤談時，他發現這家開創性十

足的保險公司，輕輕鬆鬆就達到上述的標準。

從定性觀點來看，蓋可保險對巴菲特而言是絕佳投資機會，經過最初和導師葛拉漢的談話、和戴維森的訪談，以及自己勤奮的研究，鞏固了他對於投資該公司的信心。巴菲特的方法也符合他收購優良企業的策略，那就是以低於真實價值的價格買進，然後長時間持有——只不過他是經由過早賣出蓋可保險股票的慘痛經驗，才學到這個教訓。

巴菲特希望公司提供的產品是他懂得的，公司經營的產業是他能理解的；此外，巴菲特還要求公司有良好的長期展望，由誠實、能幹的人才經營，而且能以誘人的價格取得，蓋可保險完全符合這些要求。

不過這家公司也在巴菲特投資錯誤的教訓中，扮演分水嶺的角色：他把最初出售蓋可保險股票所得的 28％利潤，立刻拿去買了另一支股票；這項錯誤令他懊悔不已，但也提供了永誌不忘的教訓。

蓋可保險的三大定量分析

・股東權益報酬率

巴菲特比較喜歡股東權益報酬率持續保持 10%以上的公司，不過這也要視經濟環境而定。舉例來說，1976 年巴菲特買進 50 萬股蓋可保險的股票時，公司的股東權益報酬率其實是負值。

然而巴菲特認定這種情況是獨特的翻轉機會，他判定蓋可保險真正的價值顯然高於當時的股價。事後證明這個預測是正確的，到了 1980 年，蓋可保險在新任執行長的帶領下，股東權益報酬率達到 30.8%，將近同業平均水準的兩倍高。[20]

・獲利能力和保留盈餘

巴菲特通常會檢視一家公司為期 10 年的財務數據，以確保該公司的盈餘持續增長。他很清楚蓋可保險早年的成功，另外也從不同方面增加了對這家公司的信心，包括他個人對保險業的知識豐富、對曾在旅行者公司任職的新任執行長柏恩信心十足，還有支持蓋可保險的正面指標（例如護城河）。那次買進股票成為波克夏公司整體成長的重要基礎。

假如你在 1980 年拿 1 美元投資蓋可保險的股票，到 1992 年時已經變成每股 27.89 美元了，年均複合報酬率（排除股息）高達 29.2%，比標準普爾 500 指數的 8.9% 高出一大截。[21]

・估值

巴菲特在 1976 年第二次投資蓋可保險時，這家公司實質上已經破產，而且虧損還在持續增加。在那個情況之下，不可能用傳統的本益比法替蓋可保險估值，因為公司根本沒有盈餘可言。

本益比是每股市價除以每股盈餘（EPS），這個指標用來比較同行業的不同公司時特別有用，本益比高的公司往往會有較高的盈餘成長。[22]

雖然巴菲特會用本益比來評估公司，但他不只使用這一項指標而已，一切要視情況而定，就像他說的：「在我們心裡，完全沒有以本益比當作分界點（按：cutoff point，指投資人可接受的最低報酬率）的想法。……我的意思是，搞不好有某家企業只賺一丁點錢，你卻願意接受很高很高的本益比。」[23]

以蓋可保險的例子來說，巴菲特知道這家公司的品牌比帳面盈餘更有價值，這意謂他很清楚公司的價值被低估。等到會晤新執行長後，他對於蓋可保險即將反敗為勝充滿了信心。

我們都知道巴菲特的決定是正確的。到了 1980 年，也就是投資四年之後，蓋可保險的營業額已達到 7 億 500 萬美元，盈餘為 6,000 萬美元，其中 2,000 萬美元歸波克夏公司所有。[24]巴菲特這項投資的基礎是撿便宜，就像他事後指出的：「如果想要針對一家擁有一流經濟體質的公司，買進類似 2,000 萬美元的獲利能力，再加上光明的前景，可能至少需要付出 2 億美元的代價。」[25]

從陌生到上癮，買蘋果

巴菲特迴避投資高科技產業，已經是人盡皆知的事。即使和比爾·蓋茲（Bill Gates）私交甚篤，也沒有改變他的心意。打從 2000 年代開始，亞馬遜的總資產就年年成長，可是巴菲特依然對科技業裹足不前。

到了 **2016 年，他終於破例，開始買進蘋果公司的股票**。這麼做有幾個原因，首先，他懂蘋果的產品；其次，他認為蘋

果的產品有黏著度，換句話說，蘋果製造出來的電腦、智慧型手機和相關產品，讓消費者幾乎上癮，一旦買過就很難變節改買其他品牌。這有一部分是因為蘋果公司很天才，他們為自家產品創造了封閉式系統，無法輕易和其他技術互換。第三個理由是，巴菲特在科技類股中最青睞蘋果（其實他最後也看上了亞馬遜），因為它歷史悠久，早就度過動輒因市場投機而泡沫化的新創時期。

在 2016 年到 2018 年間，波克夏經由購入股票，在蘋果公司占有相當大的股份，截至 2021 年底，波克夏持有 9 億 755 萬 9,761 股，相當於 5.64％的蘋果股份，總市值 1,611 億 5,000 萬美元。[26]在波克夏持有股份的公司中，蘋果公司是股權最大的一家，也是巴菲特事業生涯中最大手筆的投資。[27]

2017 年，巴菲特接受全國廣播公司商業頻道（Consumer News and Business Channel，簡稱 CNBC）專訪時，解釋投資蘋果公司的理由：「我星期天總會帶十來個小孩去冰雪皇后吃東西，他們全握著自己的（蘋果手機），除非我正在點冰淇淋或其他點心，否則他們根本不跟我說話。」[28]這是典型的創業家觀察，哪怕是和親朋好友去喜愛的餐廳那麼輕鬆的場合，巴菲特也總是在搜尋機會。

・新生代經理人主導布局科技產業

2016 年初，波克夏買進第一批蘋果公司股票，「交易價格是 100 美元出頭」。[29]巴菲特認為這是該毅然出手的時刻，因為蘋果的股價在攀上每股 133 美元的高峰之後，已經回落三

成以上。「交易價格只有盈餘的 10 倍——比美國整體股市所估值的盈餘 17 倍低得多——和其他熱門科技股相比，也沒有那麼貴。」[30]

巴菲特也知道蘋果公司是一個優秀的品牌，有強大的經營團隊。截至 2016 年底，波克夏已經以每股 106 美元至 118 美元的價格，買進了 6,120 萬美元的股票。[31]

巴菲特並沒有自己買進這些股票，而是由康姆斯和韋士勒經手。這兩人以前都是避險基金經理人，幾年前被巴菲特延攬，到波克夏來管理一部分的股票投資組合。[32、33]他們發揮相當大的影響力，力主波克夏公司應該為二十一世紀布局卡位。

投資科技業是必要的轉變，科技股占了標準普爾 500 指數 20％的成分股，堪稱舉足輕重。[34]蘋果公司具有巴菲特向來追求的許多特點：它是產業領導者、負債不多、擁有世界數一數二的知名品牌、能激發無可匹敵的消費者忠誠。2016 年底，蘋果公司握有現金 2,460 億美元[35]，使公司有了迅速抓住新投資選項的彈性——這一點和波克夏很相像。

到了 2017 年第 1 季，波克夏買進的蘋果股票已經比先前多了一倍，年底時，波克夏持有蘋果公司 3.3％的股份。[36]

巴菲特對蘋果公司股票的興趣沒有冷卻，2018 年時波克夏又買進了 8,700 萬股，總持股已累積到 2 億 5,530 億股。[37]巴菲特對 CNBC 直言不諱，表示如果可以的話，他會買下蘋果公司 100％的股份，因為蘋果的管理階層、營運狀況、企業文化都令他滿意。[38]不出所料，到了 2019 年底，波克夏已經擁有蘋果公司 5.7％的股權，股票價值 700 億美元以上。[39、40]

然而巴菲特也難免判斷出錯，2020 年底，波克夏賣出 74 億美元的蘋果股票[41]，此舉相當出人意表，因為蒙格一直非常看好這檔股票。翌年，巴菲特在 2021 年波克夏公司股東大會上坦承錯誤，不過公司依然擁有蘋果 9 億 760 萬股股票。2022 年 8 月，波克夏持有蘋果公司 9 億 1,140 萬股，相當於 5.7％ 的股份，價值 1,568 億美元。[42]

品牌忠誠、創意獨立，定性評估過關

蘋果公司在 45 年的歷史中，已經發展出極強大的品牌忠誠，即使產品售價高於平均水準，也很少令消費者卻步不買。這種消費者忠誠度，加上蘋果的封閉系統（使該公司的產品與其他科技平臺不相容），創造出強而有力的現金流，幾乎無須再騰出資金去投資。雖然巴菲特原則上避免投資科技股，但是他認為蘋果更像是一家消費性產品公司，而消費性產品是他熟知的產業。[43]

·定性分析 1：持續競爭優勢（護城河）

蘋果公司的護城河，是它在科技領域占有獨特地位，就像先前指出的：忠誠擁護的消費者大軍，都不願離開蘋果產品的聯鎖系統（按：interlocking system，指產品之間互相關聯性強）。那條護城河是巴菲特和蒙格投資的關鍵。除此之外，蘋果在全球的品牌知名度，也有助於支持公司在為產品定價時，定得比競爭者更昂貴。

．定性分析 2：管理團隊

　　蘋果公司創辦人賈伯斯有一個著名的做法，就是只僱用頂尖人才，然後他鼓勵這些人才追逐超越自己野心的成就，這樣的熱情成為蘋果公司整體文化的一部分。直接面對消費者的科技業，經常受到流行風潮左右，但蘋果的經營者著重於展現創意和獨立性，刻意避免被潮流影響。儘管賈伯斯在波克夏投資蘋果公司好幾年之前，就已於 2011 年辭世，但巴菲特在繼任者庫克（Tim Cook）身上，也找到類似的特質與價值觀。

　　對巴菲特而言，蘋果是理想的投資機會：這是一家一直都很成功的公司，創造出他能夠理解的產品，所涉足的領域也顯然長期前景看好，領導公司的人才又極為能幹。此外，當巴菲特買進蘋果的股票時，交易價格比當時其他科技品牌都更具吸引力。

蘋果公司的定量分析

．獲利能力

　　和所有潛在投資案一樣，巴菲特首先檢視蘋果公司長達 10 年的財務報表，以確認它始終盈餘極佳。蘋果的稅後利潤之高，證明它是經營良好的企業；它的利潤率意謂著管理階層有效減少費用，而新的顧客繼續推高營收成長，蘋果專有的產品與服務系統，對消費者產生持續的「鎖定」效果。

　　蘋果公司維持穩定的稅後利潤率（見右頁圖表 2-1），始

終超過 20%，凸顯它的營運模式所創造出來的護城河。

圖表 2-1　**蘋果的稅後利潤率**

年分	稅後利潤率
2012 年	24.0%
2013 年	22.7%
2014 年	24.2%
2015 年	24.2%
2016 年	22.8%
2017 年	22.7%
2018 年	23.7%
2019 年	24.2%
2020 年	21.7%
2021 年	26.6%

資料來源：Gurufocus.com。

・淨有形資產報酬

我們在第 2 章第 2 節曾說明，一家公司的有形資產淨值計算公式如下[44]：

> **淨有形資產**＝總資產－總負債－無形資產－特別股面額

這項衡量指標的報酬率可以這麼計算：

$$有形資產淨值報酬率＝淨利 \div 淨有形資產$$

　　蘋果公司的有形資產淨值報酬率連續 10 年持續增加，每年成長率都超過 30%（見圖表 2-2）。

圖表 2-2　蘋果公司的有形資產淨值報酬率

年分	有形資產淨值報酬率	淨利	總資產	總負債	有形資產	特別股票面價值
2012 年	37%	41,733	176,064	57,854	5,359	0
2013 年	31%	37,037	207,000	83,451	5,756	0
2014 年	38%	39,510	231,839	120,292	8,758	0
2015 年	48%	53,594	290,345	170,990	9,009	0
2016 年	34%	45,687	321,686	193,437	8,620	0
2017 年	36%	48,351	375,319	241,272	0	0
2018 年	56%	59,531	365,725	258,578	0	0
2019 年	61%	55,256	338,516	248,028	0	0
2020 年	91%	57,411	323,888	258,549	0	0
2021 年	150%	94,680	351,002	287,912	0	0

註：淨利、總資產、總負債及有形資產單位為百萬美元。
資料來源：Gurufocus.com。

・權益報酬率

圖表 2-3 顯示蘋果公司過去 10 年的權益報酬率一直很高，表中的最後三年更是增速驚人。

還記得前面說過，巴菲特偏愛股東權益報酬率持續超過 12% 的公司，由此可見，蘋果的績效確實非常出色。

圖表 2-3　蘋果公司的股東權益報酬率

年分	股東權益報酬率
2012 年	36.3%
2013 年	28.9%
2014 年	37.6%
2015 年	42.8%
2016 年	34.9%
2017 年	37.4%
2018 年	50.9%
2019 年	60.2%
2020 年	90.1%
2021 年	147%

資料來源：Gurufocus.com。

・負債權益比

負債權益比顯示一家公司依賴舉債的程度，又稱作「財務槓桿」，計算公式如下：[45]

負債權益比＝總負債 ÷ 總股東權益

而總負債及總股東權益分別為：

總負債＝短期債務與資本租賃＋長期負債與資本租賃負債＋其他金融負債

總股東權益＝總資產—總負債

　　理想的負債權益比，會依不同產業而有所差異，但是一般而言，比值小於 1（或少於 100％）比較好，比值越低，巴菲特就越安心，知道這家公司可以償還自己的債務。

　　右頁圖表 2-4 顯示蘋果公司連續七年都符合巴菲特的標準。由於新冠疫情肆虐造成金融情勢丕變，黑天鵝事件（按：指極不可能發生，卻又真實發生的事）改變了這條軌跡。

　　讀者可從圖表中看見，七年來蘋果公司的負債權益比一直穩定低於 100％，直到 2019 年這項指標才超過 100％，主要是因為疫情期間的利息接近零。可是這種情況也給了蘋果公司絕佳的機會，可以用極低廉的成本出售公司債，也與公司回購自家股票的作風一致，此舉減少彙報的保留盈餘（因此股東權益的帳面價值也跟著減少）。

這兩項因素造成一種印象：蘋果公司表面上運用較多財務槓桿。但是巴菲特不太可能擔心這個，因為蘋果的現金充沛，加上它的短期、長期債券，所以實際上沒有淨負債。

圖表 2-4　**蘋果公司的債務權益比**

年分	債務權益比
2012 年	0%
2013 年	13.1%
2014 年	26.4%
2015 年	41.5%
2016 年	55.6%
2017 年	72.5%
2018 年	87.5%
2019 年	104%
2020 年	151%
2021 年	147%

資料來源：Gurufocus.com。

・自由現金流量

巴菲特希望知道一家公司擁有足夠充沛的自由現金流量，以維持目前的營運。公司是否有保留盈餘作為未來的投資？管理階層過去在這類型的投資成果如何？

讀者可以參考第 2 章第 2 節，深入了解如何計算自由現金流量。下頁圖表 2-5 呈現蘋果公司的自由現金流量（單位是 10 億美元），以及歷年來自由現金流量增加及減少的比率。

　　過去 10 年中，蘋果的自由現金流量可說是相當健康，根據這些數字可知，過去 9 年的自由現金流量都是增加，年均複合成長率為 9.4%。

圖表 2-5　蘋果公司的自由現金流量

年分	自由現金流量	年增率
2012 年	415	—
2013 年	446	7.5%
2014 年	499	11.9%
2015 年	698	39.9%
2016 年	535	-23.3%
2017 年	518	-3.2%
2018 年	641	24%
2019 年	589	-8%
2020 年	734	24.6%
2021 年	930	26.7%

註：自由現金流量單位為 10 億美元。

資料來源：Gurufocus.com。

· 保留盈餘

　　從 2012 年到 2020 年，蘋果公司已經將保留盈餘的 75% 左右重新用於投資，過去 10 年中，大多數時間它也買回數量龐大的自家股票，有助於推升股價，並且在 2020 年進行股票分割。

　　右頁圖表 2-6 是蘋果的保留盈餘，第 156 頁圖表 2-7 是股息發放率，計算方法如下：

股息發放率＝發放股息 ÷ 淨利

最後，下頁圖表 2-8 顯示蘋果的留存比率，計算如下：

留存比率＝（1—股息發放率）

除了藉由投資增強本來就很強勢的消費品牌，蘋果公司還發放股息，以及回購自家股票。

圖表 2-6 **蘋果公司的保留盈餘**

年分	保留盈餘
2012 年	101.3
2013 年	104.3
2014 年	87.2
2015 年	92.3
2016 年	96.4
2017 年	98.3
2018 年	70.4
2019 年	45.9
2020 年	15
2021 年	5.6

註：單位為 10 億美元。資料來源：Gurufocus.com。

圖表 2-7　蘋果公司的股息發放率

年分	保留盈餘
2012 年	6%
2013 年	28.7%
2014 年	21.5%
2015 年	21.5%
2016 年	26.2%
2017 年	26.1%
2018 年	22.8%
2019 年	25.2%
2020 年	24%
2021 年	15%

資料來源：Gurufocus.com。

圖表 2-8　蘋果公司的留存比率

年分	留存比率
2012 年	94%
2013 年	71.3%
2014 年	71.9%
2015 年	78.5%
2016 年	73.8%
2017 年	73.9%
2018 年	77.2%
2019 年	74.8%
2020 年	76%
2021 年	85%

資料來源：Gurufocus.com。

複雜的數學模型，也躲不過金融危機

蒙格說：「我見過最糟糕的一些商業決策，來自於鉅細靡遺的分析。」[46]一個人越依賴深奧的數學，誤用某個模型的可能性就越大。

然而，商學院的教授不能靠鼓吹經驗法則來獲得教職，他們成功的基礎往往是提出複雜的模型。[47]舉例來說，有一個誤用金融模型而釀成災難的例子，是 1998 年的長期資本管理（Long-Term Capital Management，簡稱 LTCM）避險基金。[48]

這家基金公司的創辦人和經營者，大多是學術界人士，包括兩位諾貝爾經濟學獎得主。LTCM 成立之後，短短幾年內就靠複雜且高度保密的數學模型，賺到令人豔羨的報酬。然而在 1997 年亞洲金融危機，和 1998 年俄羅斯金融危機期間，LTCM 卻害投資人曝險，公司的價值驟跌。為了避免全球性金融崩盤，許多銀行只好替 LTCM 紓困，累積成本高達 36 億 5,000 萬美元。[49]雖然巴菲特接受現金流折現（discounting cash flows，簡稱 DCF）的原則，但他不信任這些模型。蒙格也說，他從來沒見過巴菲特實際用過正式的現金流折現分析。[50]

這一章結束時，我會提供一份詳細的分析，來說明巴菲特和蒙格可能會怎樣計算蘋果公司未來的現金流折現。

真正價值的推算與利率

在 2017 年的波克夏公司股東大會上，有一位股東問巴菲

特和蒙格一個有意思且尖銳的問題：預期未來 10 年波克夏的真正價值會增加多少？

兩人的回答都把將來的利率考慮了進去：

巴菲特：在回答你的問題之前，假設我只選一項統計數字來問你未來的發展，我不會問你 GDP（按：國內生產毛額）成長率，也不會問你誰會當總統，我要問你未來 20 年、10 年，或任何你想知道的時期中，平均利率是多少？如果你假定目前的利率結構就是未來 10 年或 20 年的平均值，那麼我會說，將很難達到 10%。[51]

巴菲特承認，要為那位股東的問題提供可靠的答案，唯一方法是預測未來的利率，而利率又難以預料。他說，最可靠的指標是觀察波克夏的長期績效：

巴菲特：在我看來，波克夏表現很糟糕的機率大概很低，要表現得異常出色的機率也是非常低。所以，我最好的猜測會落在 10% 的範圍，但前提是未來 10 年或 20 年的利率，比我們過去這 7 年所經歷的高一些──但是沒有高得很離譜。

蒙格：我認為我們還有另一個優勢。很多人努力想變精明，而我們只努力想保持理性。這是個大優勢，想努力變精明很危險，尤其是在賭博的時候。[52]

　　在我詳細說明，如何計算現金流折現來評估蘋果公司之前，請讀者認明一件事：有些經驗老到的人，在計算時會採用更詳細的資料。我的估值方法是刻意為門外漢而設計的，就像蒙格和巴菲特所指出，估值既是藝術也是科學，任何人使用任何評估工具時，都應該用估價範圍來思考。

以蘋果公司為例的自由現金流折現分析

　　現金流折現法被用來評估某公司或某證券的價值，其基礎是該標的未來所創造的現金，然後再打折成為現在的價值。這個方法可以用來評估創造收益的財產、企業的投資計畫或部分持股、公司購併、債券、股票。

　　用現金流折現法來評估某項投資今天的價值，是以它打過折扣的未來現金流作為基礎。

　　這裡有兩項主要元素：

　　第一項是預測期（forecast period）。預測期可以從 5 年到 10 年。[53]

　　現金流折現法是以目前的價值為基礎，計算預期的未來現金流。[54]為了了解當前的價值，假設你的存款帳戶裡有 100 美元，每年賺 1％的利率，一年之後你就有 101 美元。這兩個數字（今天 100 美元，一年之後 101 美元）是等值的，意思是它們的經濟價值相等。這個觀念又叫做「金錢的時間價值」。[55]

　　現金流折現法，是使用折現率（discount rate）來計算未

來現金流量減少的額度（折現）。[56]吸引力大的投資，是「未來現金流量的目前價值高於投資的始初成本」。[57]折現率是由投資人估計的，根據所評估的投資標的情況不同，以及感知風險（perceived risk）的不同，折現率可能會有差異。[58]隨著預測的未來拉得越長，以現金流折現法作為估值基礎的效果也會變得越差。[59]

第二項是終值。終值是用來預測需要經過多長的時間範圍（time frames），每年的現金流量才可以得到合理的推估（通常是 5 年）。[60]

終值通常是經由兩種模型來計算：（1）永續成長法（perpetuity grow），又稱高登成長模型（Gordon growth model）；（2）期終價值倍數法（exit multiple）。[61]

高登成長模型是假設：一旦現金流折現可以合理預測，過了那個時間點，就會有持續的成長率。[62]

期終價值倍數則是假設：目標企業會在投資期滿時售出。[63]一般認為高登成長模型比較偏學術性，而實際投資者比較常使用期終價值倍數模型。[64]

・終值的兩種類型

永續成長法。這種終值計算預測期過後的公司價值，它假設自由現金流量會從未來的某個時間點開始，一直不斷以穩定的速率永續成長。計算公式如下：

終值＝（FCF×〔1＋g〕）÷（d－g）

FCF ＝為最後預估期所預測的自由現金流量（見第 2 章
第 2 節）

g ＝最終成長率

d ＝折現率（通常是加權平均資金成本，即 WACC）[65]

期終價值倍數方法。根據 Investopedia 金融投資網站：

期終價值倍數法是利用成倍增加（multiply）財務統計數
字，例如銷售額、利潤、稅前盈餘、稅金、折舊、攤銷（息前
稅前折舊攤銷前盈餘，簡稱 EBITDA），來估計公允的價格，
至於倍數應為多少，可採用最近收購類似公司時的常用倍數。
使用期終價值倍數方法計算終值的公式，採計最近的指標（亦
即銷售額、EBITDA 等），再乘以決定好的倍數（通常是最近
其他交易所採用的期終價值倍數的平均值。）[66]

·現金流折現的缺點

現金流折現的主要問題，是模型中該選擇哪些數字，因此
會需要做一些假設。如果把現金流量估算得太高，投資很可能
會出現波動，進而壓縮未來的利潤。反之，如果把現金流量估
得太低，則很可能錯過機會。

正確選擇折現率是必要的，否則模型就無用武之地。[67]即

使每一個項目都計算得很準確，經濟不穩定和無法預期的黑天鵝事件，永遠都有可能形成潛在風險，破壞現金流折現模型的可靠性。

終值似乎對最終成長率高度敏感，我們這樣說吧：設定終值時的微小差異（尤其是成長率），可能會對終值的預估產生很大的衝擊，真正價值也會因而受到影響。[68]

傳統現金流折現分析還有另一個缺點：有些意想不到的方案還未產生可以估算的現金流量，傳統現金流折現分析便無法捕捉其價值。換句話說，蘋果品牌的特許權價值（franchise value）和選項價值（option value）有關聯。蘋果的智慧財產埋藏在公司的研究發展工作中，透過智慧財產的運用，有些選項就能創造未來的價值。

・巴菲特怎麼做？

蒙格說他從未見過巴菲特使用正式的現金流折現法[69]，不過巴菲特確實對數字有強大的直覺。當我帶一群學生去奧馬哈拜會他時，**我問道：「你如何為一家公司估值？」巴菲特回答：「用現金流折現法。」**[70]這兩件事怎麼才說得通？蒙格說他沒見過巴菲特這麼做，而巴菲特自己說這種方法管用，到底誰說的才對？我認為答案很簡單，巴菲特多半是在腦子裡使用這個方法。

巴菲特檢視一家公司過去 10 年的自由現金流，也採用 30 年期公債殖利率作為折現率，然後再添加他覺得該項投資所隱含的任何風險貼水（按：risk premium，指對於高風險投資期

望的較高報酬率，與低風險投資報酬率的差額）。[71]最重要的是：你不能仰賴單一種估值，而是必須設想各種不同的情境，檢視這些情境所顯示的可能性範圍，然後再做決定。

・蘋果的估值過程

為了了解巴菲特如何評估蘋果公司，在這裡要講解我自己創造的公式和程序。我只做了一項計算，採用保守的 10% 作為蘋果的現金流量成長率，這是根據我們先前的分析所設定，過去 10 年的數字顯示，蘋果的平均成長率為 10%。我也估計過折現率，又稱作「最低資本回報率」（hurdle rate）[72]或加權平均資金成本（因為這是促使投資人願意投資的最起碼回報），2022 年 6 月的數值是 10%。除此之外，我還採用保守的 2% 作為最終成長率。

假設：

1. 根據先前對蘋果公司自由現金流量的分析，可以估計未來 10 年的每年複合成長率會一直維持在 8%。

2. 每年折現率 10% 是用來預留通貨膨脹的效果。

3. 從第 11 年到無限的未來，我們假設該公司的現金流量每年增加 2%。

4. 所有金額的單位都是 10 億美元。

（公開聲明：某些實務界和學術界人士也許想要對他們的自由現金流量進行細部調整，不過為了便於分析和釐清，

我自己採用比較簡單的方式。折現率通常是加權平均資金成本〔WACC〕，因為蘋果公司擁有非常多現金和投資，不會有債務，所以我把蘋果公司的股本成本〔cost of equity〕當作折現率來計算；我採用資本資產定價模型〔Capital Asset Pricing Model，簡稱 CAPM〕來計算股本成本。）

資本資產定價模型：

RF ＋ Beta（ERm—Rf）

RF（無風險報酬率，Risk-Free Rate）＝ 3.44％，即美國 10 年期國庫債券殖利率

Beta ＝ 1.21，這是證券或投資組合和市場相比的波動程度（系統風險）

ERm—Rf（市場風險貼水）＝ 5.5％，這是標準普爾 500 指數的歷史長期平均報酬率超過國庫券殖利率的比率

股本成本＝ 3.44％＋ 1.21×5.5％＝ 10％

第一部分：現金流折現的預測期。現金流折現（DCF）的公式如右頁所示。

第 1 年到第 10 年現金流折現的目前價值為 8,418.9 億美元。（見右頁圖表 3-9）

$$DCF = FCF_1 \div (1+r)1 + FCF_2 \div (1+r)2 + FCFn \div (1+r)n$$

FCF ＝特定年份的自由現金流量，FCF_1 代表第 1 年，FCF_2 代表第 2 年，FCFn 代表額外的年分

r ＝折現率[73]

圖表 3-9　推測蘋果公司的自由現金流量

年分	去年 自由現金流量	成長率	折現倍數	現金流 折現終值
2021 年	930	8%	—	—
2022 年	1,004.4	8%	0.9091	913.1
2023 年	1,084.8	8%	0.8264	896.5
2024 年	1,171.5	8%	0.7513	880.2
2025 年	1,265.3	8%	0.6830	864.2
2026 年	1,366.5	8%	0.6209	848.5
2027 年	1,475.8	8%	0.5645	833
2028 年	1,593.9	8%	0.5132	817.9
2029 年	1,721.4	8%	0.4665	803
2030 年	1,859.1	8%	0.4241	788.4
2031 年	2,007.8	8%	0.3855	774.1
合計	—	—	—	8,418.9

註：去年自由現金流量及現金流折現終值單位為億美元。

第二部分：以永續成長法計算終值。終值計算可以評估預測期後公司的價值。記住終值的計算公式如下：[74]

2022 年估值：

終值＝（FCF×〔1＋g〕）÷（d—g）

  ＝（2,007.8×〔1＋0.2〕）÷（0.1—0.02）

  ＝2,047.956÷0.08

  ＝25,599.5

FCF ＝ 2,007.8 ＝最後預測期的自由現金流量

g ＝ 0.02 ＝最終成長率

d ＝ 0.1 ＝折現率（通常是 WACC）

終值的目前價值＝ 25,599.5×0.3855 ＝ 9,869.7 億美元

蘋果公司估值：

如前文所述，巴菲特認為估值與其說是科學，不如說更接近藝術，所以他採用的方法不僅是現金流折現而已。以這個例子來說，你可以改變自由現金流的成長率，或是改變股本成本，結果會造成估值不同。

> 2022 年企業價值＝未來現金流量的目前價值＋終值的目前價值
>
> 第 1 年到第 10 年未來現金流量的目前價值＝ 8,418.9 億美元
>
> 10 年後終值的目前價值＝ 9,869.7 億美元
>
> 真正價值＝ 8,418.9 ＋ 9,869.7 ＝ 18,288.6 億美元
>
> 發行在外股票＝ 161.9 億股
>
> 每 股 真 正 價 值 ＝ 18,288.6 億 美 元 ÷161.9 億 股 ＝ 1,129.6 美元
>
> 2022 年 6 月 16 日的每股市價＝ 1,300.6 美元
>
> 價值高估 15.1％

　　我自己改了股本成本，然後分別以成長率 11％和 12％的情境去運算，以 11％計算時，得到的每股真正價值是 99.06 美元，也就是價值高估了 31.3％；如果是用 12％計算，每股真正價值是 88.01 美元，也就是價值高估了 47.8％。當然，假如第 10 年以後的成長率衝高，以 4％來估計，而不是 2％，那麼該公司的價值就會大幅提高（每股 134.86 美元），導出的結論就會和目前蘋果公司的市價相反。

這是利用一連串特定的數值來評估蘋果公司的例子，這裡唯一的變數是股本成本，目的是保持範例簡單明瞭。看起來，估值對折現率和成長推測最敏感。

我和巴菲特一起吃午餐時，他清楚表示，在評估一家公司的價值時，他認為最重要的基礎工具，就是現金流折現。

哥倫比亞商學院經典案例，巴菲特

・很多人努力想變精明，而我們只努力想保持理性。想努力變精明很危險，尤其是在賭博的時候。

・蒙格說：「我見過最糟糕的一些商業決策，來自於鉅細靡遺的分析。」

・一個人越依賴深奧的數學，誤用某個模型的可能性就越大。

・巴菲特在出手投資之前，會追蹤一家公司的管理團隊和績效好幾年——經常一追蹤就是 10 年。

04 檢討自己的不理性
──行為財務學

對大多數基金經理人而言，與其說選股像打撲克牌，不如說更像在擲骰子。……成功的基金不管在哪一年多半都是吉星高照，堪稱骰子擲得好。研究者一般都同意，幾乎所有選股的人，不論懂不懂選股（他們很少人懂），都是在玩機率遊戲。[1]

　　──諾貝爾經濟學獎得主康納曼（Daniel Kahneman）

　　巴菲特建議，如果想做個成功的投資人，就需要了解兩件事：第一是如何評估一家公司，就像上一章討論的那樣；第二是如何評估人類行為，這是我們接下來要探討的，這部分要利用的觀念來自一個相當新的領域，稱作行為財務學（behavioral finance）。

情緒、誤解，讓投資變得不理性

　　行為財務學的基礎是康納曼和特沃斯基（Amos Tversky）這兩位教授的開創性研究。康納曼於 2002 年獲頒諾貝爾經濟學獎，2011 年時，他出版如今廣為人知的著作《快思慢想》（*Thinking, Fast and Slow*）[2]，該書檢視影響人類行為的幾種「捷思法」（heuristics）和偏誤，它們的影響程度遠大於我們

過去所了解的，包括規避損失、過度自信、樂觀主義、框架效
應（framing）及沉沒成本（sunk costs）。

巴菲特和蒙格雖然沒有明確使用行為財務學這個詞彙，卻
天天身體力行。他們知道做投資決策時，光是評估公司還不
夠，養成習慣檢討自己有無心存偏誤，和評估公司一樣重要，
因為這些偏誤可能導致投資者犯錯。

行為經濟學是更廣義的學門，它否定人類會完全理性行事
的古典假設，並且探索文化、心理和其他因素怎樣影響經濟決
定。[3]康納曼和特沃斯基的研究闡釋這些習性，說明它們可能如
何造成非理性決策和錯誤決定。他們提出的第一項重要觀念稱
為「展望理論」（prospect theory）[4]，現在已成為行為經濟學
的基礎理論之一。

行為財務學將行為經濟學的一般課題應用到特定族群身
上，那就是投資人。這門學問肯定投資人和其他經濟角色一
樣，都受到心理偏誤所左右，古典經濟觀點認為，這些偏誤是
非理性的。[5]

投資人會受到認知偏誤和情緒偏誤左右。認知偏誤的後果
可能是經濟模型的失敗或限制、資訊不完整或不正確，也可能
導致其他釀成真正錯誤的變數。反觀情緒偏誤不見得是錯誤，
但是當投資人受到特定投資活動的快樂或痛苦引導時，就會產
生情緒偏誤，影響他們對投資可能結果的分析。[6]

行為財務學領域中，最出名的人物之一是塞勒（Richard
Thaler），他是芝加哥大學行為科學與經濟學的查爾斯·沃爾
格林傑出教授（Charles R. Walgreen Distinguished Service

Professor）。塞勒是整合心理學與經濟學的主力，因為對行為
經濟學貢獻卓著，2017 年獲頒諾貝爾經濟學獎。[7]他寫了好幾
本關於行為經濟學的好書，還是富勒塞勒資產管理公司（Fuller
& Thaler Asset Management）的負責人，把他在行為財務學方
面的見解應用在投資決策上。

　　2015 年，塞勒也在好萊塢電影《大賣空》（*The Big
Short*）裡軋了一角，電影主題是檢討次級房貸崩潰始末。塞勒
和桑思坦（Cass Sunstein）在 2008 年合著的作品《推出你的
影響力》（*Nudge: Improving Decisions about Health, Wealth,
and Happiness*）中寫道：「人們經常做差勁的選擇──事後回
顧總是感到挫敗和迷惘！」、「之所以會這樣，是因為全人類
都受到很多習以為常的偏誤所影響，其結果可能導致許多尷尬
的失策行徑，包括教育、個人財務、健康照護、房屋貸款、信
用卡、福祉等方面，連攸關地球本身的事也是如此。」[8]

保持理性的方法：關掉電視

　　塞勒在後來的作品《不當行為》（*Misbehaving: The
Making of Behavioral Economics*）開篇就講了一則軼事，說他
的商學院學生寧願在滿分 137 分的考試得 96 分，也不願在滿
分 100 分的考試拿 72 分，即使 72 分這個分數實際上比較高也
不在乎。[9]同理，學生痛恨低分數，哪怕明知分數在成績單上一
定會是個 A 也不例外。[10]

　　這樣的「非理性」偏好似乎嚴重牴觸理性行為者的古典假

設，學生「行為不當」，像是不理性的個體[11]，然而他們卻可能是全國邏輯最強、正在嶄露頭角的商學院學生。塞勒的某些學生毫無疑問會成為投資人，等到他們真正進入市場，或許會變得比較老到，然而非理性的認知偏誤依然存在。塞勒接著講評投資人的這一面：「恐懼損失（以及偏向短期思考……）可能阻止他們適當承擔風險。」[12]

　　愛爾金絲（按：Kathleen Elkins，CNBC 財經記者）總結塞勒的建議，教我們如何防範這些錯誤：「選擇投資組合，以股票為主；大概每年檢視自己的投資組合一次即可，不要緊盯著新聞。投資底定之後就忘了它。」[13]對很多人來說，這幾句話說得簡單，如果正在看電視，看見股市剛剛跌了 3% 呢？很多觀眾會衝去賣股票，設法停損對吧？依照塞勒的看法，這正是錯誤的行為。他告訴《金融時報》（*Financial Times*）：「**換個頻道。關掉電視。我的懶人策略是無為而治，大部分的資金拿去買股票，然後就不管他；這方法對我很管用。**」[14]

　　巴菲特在 2014 年的波克夏公司年報裡，也提出類似的建議：「股市可能在任何時間發生任何事。沒有哪個顧問、經濟學家、電視名嘴——查理跟我就更別提了——能告訴你什麼時候會發生大混亂。**市場預言家的話會餵飽你的耳朵，卻絕對不會餵飽你的荷包。**」[15]

股災來了怎麼辦？什麼都別做

　　行為財務學領域裡還有一位領導人物叫艾瑞利（Dan

Ariely），他是杜克大學（Duke University）心理學與行為經濟學教授，同時也是「進階後見之明中心」（The Center for Advanced Hindsight）創辦人[16]，他的個人網站名稱一樣怪異，叫做「我的非理性人生」（My Irrational Life）。[17]

艾瑞利研究人們「真正」做財務決定的方式，以及如果在完全理性狀態下會做的決定，並將兩者對照比較。他的著作包括《誰說人是理性的！》（*Predictably Irrational*）[18]和《不理性的力量》（*The Upside of Irrationality*）。[19]

艾瑞利和塞勒一樣，鼓勵投資人不要太常檢查自己投資組合的價值，因為市場波動會引發焦慮，進而導致錯誤決策——即使理財專家也無法幸免。在 2007 年到 2009 年金融危機的某個時間點，艾瑞利故意讓自己不去碰投資帳戶。他對 CNBC 說：「如果我們看著股票上漲、下跌，只會更悲觀，這樣的結果不只心裡更難過，還會採取行動加深悲慘的程度。」[20]

・新冠病毒大流行

最近有個影響金融市場的世界危機可以做例子，那就是新冠病毒疫情在 2020 年初於美國爆發開來。為了防堵病毒蔓延，民間商業整個停擺，美國股市從 2 月中的高點下殺，到了 3 月 23 日跌到低點，重挫 34％——這是有史以來最快速的崩跌。[21]這場股災迅速演變成 1930 年代經濟大蕭條以來最糟糕的經濟危機。

事實上，根據經濟學家的說法，這次的經濟衰退本身只維持了兩個月[22]，可是對於大部分突然失業或面臨工時減少的人

來說，感覺並非如此。

　　一如即往，發生危機時，媒體就會紛紛跑去找巴菲特謀求財務忠告。他給了什麼指示？就是：「**坐穩了，不要做重大改變。**」換句話說，什麼都別做。

　　的確，在美國政府稍稍出力協助之下，經濟情況自己修正回來了。美國聯邦準備理事會（Federal Reserve Board，簡稱聯準會）開始購買各種型態的債券，為市場挹注流動資金，短短八週之內，聯準會為金融系統注入的流動資金已經超過整個大衰退時期。這項行動回過頭來刺激資產價格，支撐經濟。巴菲特說對了，最佳對策是保持對美國經濟的信心，不要恐慌。

・2007 年到 2009 年大衰退

　　不動產市場因為交易過熱而崩跌，加上金融機構投機且失序的貸款業務助長，釀成了這場大衰退，道瓊工業平均指數（Dow Jones Industrial Average）在 2007 年 8 月達到高點後反轉，市值跌掉了一半以上，很多投資人瘋狂拋售股票。可是股市在 2009 年 3 月開始反彈，四年之後，道瓊指數在 2013 年 3 月突破 2007 年的高點。[23]這場動盪再一次見證了，只要靜待危機過去，就是最好的行動，這也正是巴菲特和行為財務學者們所推薦的策略。

・2000 年到 2002 年的網路泡沫

　　1995 年到 2000 年之間，網路公司的市值狂飆，它們絕大部分沒有足以支撐價格飆漲的利潤，然而那斯達克綜合指數

（NASDAQ Composite index）照樣吹氣球似的膨脹，成長超過 440％。1999 年，有人批評巴菲特，因為波克夏的績效低於大盤（大約比標準普爾 500 指數低了 40％[24、25]）。可是事後回想起來，巴菲特行動謹慎，沒有被網路股的曇花一現所愚弄，畢竟這些股票的價值只是建築在股市狂熱上[26、27]。

確實，那斯達克指數在 2000 年 3 月 10 日衝上 5,048.62 點的高點，2002 年 10 月 4 日又跌到 1,139.9 點的低點，大盤重挫了 76.81％，換句話說，就是崩盤了。[28]

巴菲特自己獨立思考、不從眾，短期或許對他不利，但長期來看卻是值得的。那斯達克綜合指數的反彈力道很弱，一直到 2014 年 11 月才回到 2000 年 3 月的水準，甚至把股息都考慮進去也只是打平而已，前後一共花了 12 年的時間。

由於波克夏近年的績效再度低於大盤，我們也不禁懷疑，是不是當今的經濟又出現泡沫的特質，被巴菲特看穿了？[29、30]

・經濟大蕭條

1929 年 9 月 3 日，道瓊工業平均指數攀上了 381.17 點的高點，等到大蕭條過後，指數直到 1954 年 11 月 23 日才回到這個高點——耗時 25 年以上！[31]正式來說，這次經濟緊縮維持了十餘年，從 1929 年的股市崩盤開始，到美國加入二戰才算結束。1933 年經濟陷入谷底時，美國有 1/4 的勞工失業[32]，痛苦復原得太緩慢，促使許多美國人呼籲政府多做一些事，結果就是創造了社會安全制度，為老人和失業者提供救濟金。

·危機還會再來，也會更快過去

大家可以看到，這些指數在危機之後各自經過長短不同的時間，才恢復到原來的水位，然而這些年來我們似乎已經學會如何應付這類危機，從花費 25 年（大蕭條）、14 年（網路泡沫）、4 年（大衰退），到只用了兩個月（2020 年的新冠肺炎疫情），復原時間越來越短。

還有一件事值得一提：復原時間縮短，似乎也和政府干預市場的程度呈正相關。這已經成為一個激烈辯論的議題，因為政府干預牽涉道德風險。一般來說，「道德風險」指的是商業契約中的某一方，因迫切想在合約結算之前獲利，而甘願冒不尋常風險的誘因。[33]在這個情境中——政府介入市場——牽涉的道德風險，是投資人可能比原來更魯莽、更冒險，他們相信一旦發生股災，政府肯定會出手替市場解圍。不過這項議題的完整應對策略，已經超出本書的討論範圍。

七個影響決策的偏誤

以下是造成不良投資決定的七大偏誤，甚至連巴菲特也犯過幾種，那部分會在第 3 章第 1 節詳述。

1. 從眾偏誤

顧名思義，從眾偏誤（herding bias）就是投資人跟隨某項投資風潮或趨勢，而沒有分析該項投資適當與否。這是最強大的行為偏誤，可能在市場危機中發生，也可能在平常時候發

生，投資人因為過度高估某產業的價值，使危機長久難以化解。蒙格稱這些投資人為「旅鼠」，他對這種現象特別著迷，幾乎在每一年的波克夏公司股東大會上，都要提一提這件事。

2008 年股東大會上，巴菲特就說了旅鼠的事：

「我從 11 歲開始投資。起初是閱讀關於投資的讀物——我篤信眼前找得到的任何文字。我大概六、七歲開始讀關於投資的訊息。可是有將近八年的時間，我漫無目標的擺弄技術分析、做各式各樣的事，然後讀到一本書，書名叫《智慧型股票投資人》。19 歲那年我開始身體力行投資，當時還在就讀內布拉斯加大學。

「我要說，假如你吸收《智慧型股票投資人》裡的教訓，主要是我寫的序言，以及特別推薦的第 8 章和第 20 章，那麼你的行為就不會像旅鼠那樣，成就也很可能比旅鼠好很多。

「關於面對股票的態度，還有 3 條重要的教訓，那就是：（1）要把股票當作企業的一部分看待；（2）善用股市，而非讓它左右你；（3）要有安全邊際的觀念，永遠都要保留一些餘地。

「可是我認為在場的各位都已經學會第一條重要教訓了。我的意思是，大部分持有波克夏股票的人，不會覺得自己只是擁有一個股票代號，或是一家盈餘可能出乎意料大增或大減的公司，而是傾向認為自己擁有一個事業集團，它們都是貨真價實存在的企業。

「這就是看待股票應有的方式，如果你這麼做，就永遠不

會當旅鼠了。」[34]

　　根據巴菲特的說法，投資人以股東而非投機客的身分買股票，是避免從眾偏誤的絕佳方法。

　　最近有一個從眾偏誤的例子，那就是 2020 年興起的追捧「尖牙（FAANG）」股熱潮。尖牙股指的是臉書（Facebook）、亞馬遜（Amazon）、蘋果（Apple）、網飛（Netflix）、谷歌（Google）這五家公司。同理，2019 年有 39% 的新投資擠進僅僅 10% 的共同基金，因為它們是前一年度績效最佳的基金。[35] 有鑑於過去績效並不保證未來的績效，這種行為顯然是出於從眾心態。做投資決定時，以過去績效作為焦點的投資人，報酬往往最糟糕。[36]

　　金融市場的從眾心態在於，從眾的基本動力，是人類對群眾動能低頭的傾向。誠如前文所述，網路繁榮時期只有少數公司獲利，然而投資人卻照樣狂熱的追捧網路公司。

　　即使投資人重視數據高於一切，但是背離群眾也令他們在心理上感到痛苦。不順從群眾經常會激發我們的恐懼，因為假如人人都在投資蘋果公司，而你卻決定朝另一個方向走，別人恐怕會把你當傻瓜[37]。心理學家發現，異於群眾、逆勢操作的投資人，實際上身體會感到更多疼痛[38]，有一項研究將逆勢行為比喻為「斷臂之苦」[39]。

　　巴菲特既是凡人，就無法對人類的脆弱免疫。2008 年，石油價格攀升到歷史高點，造成石油公司的股東坐收極為豐厚的股息，進而吸引大批新投資人。巴菲特也是其中之一，他一

股腦兒跳進去，買了國際能源公司康菲（ConocoPhillips）的股票，當時石油和天然氣的價格已經接近那一年的高點。後來巴菲特在 2008 年致波克夏股東的信函中坦承那次錯誤：

「去年我犯了一個大錯（可能還有別的錯誤，不過這一項最嚴重）。查理和別人都沒有鼓動我，是我自己在油價和天然氣價格趨近高點時買進了大量康菲公司的股票。我完全沒料想到下半年能源價格會重挫，雖然到現在我還相信，未來石油價格很可能會超過目前 40 美元到 50 美元的價位，可是到目前為止，我已經錯得離譜。更糟的是，即使價格真的上漲，我買進的時機也太差了，害波克夏賠了好幾十億美元。」[40]

事實上，巴菲特這項投資可能是兩種心態混合造成的──從眾偏誤和過度自信。

要克服從眾偏誤，記住巴菲特的經驗法則：當別人恐懼時買進，當別人貪婪時賣出。從眾行為往往會導致虧損，要避免從眾偏誤，最可靠的辦法是透過訓練有素的分析。

2. 名嘴偏誤

我在寫這本書以前，很密切的追蹤金融市場訊息，收聽 CNBC 和彭博（Bloomberg）商業頻道的新聞，也閱讀《華爾街日報》（*Wall Street Journal*）、《巴倫周刊》（*Barron's*）、《紐約時報》的報導，還有其他大約十份報紙雜誌，以及五花八門的財經通訊。我企圖利用這些資訊來預測未來，可是這

麼做的最大效果，反而是讓我容易受名嘴偏誤（talking heads bias）之害。

當投資人認為某些人是專家，所以特別看重對方的意見，使這些專家得以影響金融市場時，就會產生名嘴偏誤。大家可能已經認識其中幾個名嘴，譬如克瑞莫（Jim Cramer）、奎克（Becky Quick），還有 CNBC 財經節目《快財》（*Fast Money*）的團隊。當然，巴菲特和蒙格也算得上名嘴。另一些例子包括德魯肯米勒（Stanley Druckenmiller）、米勒（Bill Miller）、艾康（Carl Icahn）、索羅斯（George Soros）、克拉爾曼（Seth Klarman）、馬克斯（Howard Marks）、瓊斯（Paul Tudor Jones），此外還有專研投資的學者，例如席格爾（Jeremy Siegel）。

不論吸收了多少這些人的專業知識，都沒有讓我對自己的知識更具信心，只覺得被大量資訊淹沒了。更糟的是，這些言論導致我在市場脆弱的時刻做出不理性的投資決定。我早該記住巴菲特的重要指示：不要嘗試預測未來。

我遇到的問題是，新冠肺炎疫情來了，全國上下不僅憂慮自身生命安危，還在轉眼間發現金融市場出了大亂子。一如往常，CNBC 請巴菲特建議大眾如何處理自己的投資。巴菲特說，堅持到底。他已經活過了大蕭條、世界大戰、經濟衰退、股市熊市、911 恐怖攻擊，還有其他許多危機。沒錯，巴菲特從來沒有經歷過瘟疫大流行，但這並沒有改變他對未來所擬定的基本策略。他建議大家堅持下去，不要做任何重大的改變。

此話當真忠言逆耳。CNBC 訪談巴菲特的節目播出前一

天，標準普爾 500 指數收盤下跌 3％，節目播出後，隔天又再下跌 3％。看起來疫情好像會讓我的投資大幅縮水，所以我不顧巴菲特的忠告，迅速將本來股票占 70％、債券占 30％的投資部位，調節到股票占 15％、債券占 85％的組合。這一改變就勝出大盤績效百分之二十幾，我很得意，覺得自己真是天才。可是既然我的大部分資金已經離開股市，新的問題又來了：我該什麼時候重回股市？還有，到時候我應該投資什麼？

然後我眼睜睜看著聯準會對股市挹注更多資金，最終股票開始上漲了。於是我再度調整投資組合，將股票占比逐漸增加到 50％。**巴菲特要我們一動不如一靜的建議，很可能才是正確的做法，然而聽和做真的是截然不同的兩件事。**

不要假設你從任何專家嘴裡聽到的任何建議是真實無誤的。誠如蒙格說的，不要當旅鼠──要自己思考。問問你自己，那些給別人建議的名嘴是誰？他們替誰工作？他們和你分享見解的動機可能是什麼？這些見解可信度有多高？他們自己過去的績效如何？他們的名聲怎麼樣？什麼樣的消息來源讓他們提出那些看法？這些消息來源是獨立的嗎？在你做決定之前，要先創造自己研究資訊的方法。

3. 規避損失偏誤

康納曼和特沃斯基發展出規避損失（loss aversion）的觀念，也稱作「展望理論」[41]，基本概念是，害怕損失的恐懼會壓過獲利可能性。原來在人類的心裡，損失帶來的痛苦程度，比獲利帶來相同程度的喜悅大一倍左右，因此人們為了將任何

損失的危險降到最低，連理性的風險也不願意承擔，哪怕潛在獲利非常巨大也不肯冒險，因而蒙受過程中的機會損失。他們甚至會冒極大風險去避免損失既有的資源。[42]誠如蒙格所言：「會發生荒誕不經的行為，可能只是因為潛意識過度重視自己正在損失的東西，或是差點到手但其實並未到手的東西。」[43]

根據塞勒的說法，規避損失是行為經濟學家的軍火庫中，威力最強大的武器：「有很多失敗導致我們陷入財務困境。……第一個就是規避損失。……舉例來說，歷史證明投資股市的獲利遠高於投資債券或儲蓄，可是股價起伏較大，造成短期損失的風險較高。規避風險可能會阻礙投資人持有股票長期獲利的良機。」[44]

討厭損失反而可能使我們承擔更多風險，這一點和直覺相反。面對獲利時，人們傾向規避風險，但是在面對損失時，卻會傾向冒險，這種現象可能造成讓人心驚膽戰的後果。舉例來說，如果某基金的績效落後指標，那麼基金經理人在該年度最後一季的操作，可能就會比較冒險。[45]

這裡還有一個例子：我算是很機警，早在次貸市場開始火熱之前，就已經看出問題，所以在大衰退時期，絕大多數時候我保留百分之百的現金不動。然而等經濟開始反彈時，我還是滿手現金，因為就算市場正在往上攀升，我也不想冒險損失任何金錢。規避損失變成了一種癱瘓，一直到 2009 年 7 月我和妻子換了一位理財規畫顧問，我們才又重回股市，而且還是因為新顧問提出建議，我們才改弦更張。

你要如何防範規避損失的癱瘓？有個務實的做法是利用停

損委託（stop-loss orders），將任何交易的潛在損失降到最低。
停損委託可以保證你在特定價格出場，舉個例子，假設你以
100 美元的價格買進 1 股蘋果公司的股票，可以設定 90 美元
的停損委託價位，意思是如果你那一股蘋果股票跌了 10%，
也就是每 1 股剩下 90 美元時，就會自動在公開市場掛牌賣出。
這項策略限制你的股價下跌風險，尤其可避免落入深不見底的
損失規避陷阱。[46]

　　以下是克服規避損失偏誤的其他方法：

　　‧避險，意思是購買與原先投資多空相反的證券，譬如買
股票後再買債券，因為股票和債券的漲跌往往是反向的。
　　‧投資保險產品，因為它們的報酬率有保障。這筆錢能用
來輔助退休或其他費用。絕大部分年金保險會保障你三年到十
年收入無虞。
　　‧投資波動性較低的證券，例如政府公債、年金保險、信
用違約交換（CDs）。
　　‧留心自己做決定時的偏誤。
　　‧分析任何你有意投資的公司，找出資產負債表和現金流
量持續表現傑出的標的。[47]

　　解決對策需要兩套投資組合。有些理財規畫顧問會使用兩
套投資組合，其中一套風險較高（報酬也較高），另一套則比
較穩健。這種策略來自康納曼設計的一項練習，他要求投資人
思考，如果投資分別損失 10%、20%、30%，會有什麼感覺？

然後再詢問對方，每一種情況下會怎麼做？「問題是，你認為自己到哪一個點會想要出場？哪一個點會想要改變心意？」[48]康納曼得到的答案是：幾乎每個投資人能夠容忍的損失都不超過 10%。[49]

為了克服這種規避損失的心態，康納曼要求他的研究團隊根據個別投資人的「後悔傾向（regret propensity）」，創造兩套投資組合，一套風險高，一套較安全，而且兩套投資組合分開管理、分開報告，一般來說，兩套中總有一套可以永遠打敗大盤。

對投資人而言，擁有兩套投資組合不僅建立起心理緩衝，即使兩套屬於同一個投資組合的一部分，也使他們感覺比較安全。當市場下挫時，這種方式證明可以幫助投資人隔離恐慌、後悔的感覺。康納曼指出，就算是練習想像自己的投資損失慘重時的感受也很有價值，因為這麼做能避免你一想到可能會有損失，就陷入歇斯底里。[50]

4. 近因偏誤

近因偏誤（recency bias）或稱為可得性偏誤（availability bias），意指評估某個話題、觀念、方法或決定時，依賴新近例子的心理捷徑。例如鯊魚攻擊人的機率是 1/3,748,067[51]，可是每次有鯊魚攻擊人的新聞出現，人們就會高估發生下一次攻擊的機率，所以常會因此避免去海灘。

艾瑞利說：

「我們目睹最近的證據，把它看得太嚴重，預期事情會一直那樣。如果你想一想資產泡沫是怎麼來的，就知道那是屢試不爽的過程。價格一直漲、一直漲，人人都開始相信它一定會永遠往上漲。……我們很難處理過多的資訊，當然，今天大家得到的資訊越來越多，怎麼辦？我們會簡化，會利用捷思法。我們只依賴資訊的一部分，也就是最突出的資訊，那當然就意謂別人很可能也都知道這些資訊。所以我們的意見變得較不獨立，和別人大同小異。假如人人的資訊都過度飽和，人人都加以簡化，最終大家都會跟隨最簡單的資訊來源，這恐怕是每個人常常碰到的情況。」[52]

投資人的購買決定似乎受到最近的投資報酬率所支配，而不是因為某支股票最近的表現遜於大盤。這種說法來自一項研究結論，該研究檢視透過大型折扣券商（discount brokers）下單的散戶如何做交易決定。[53]儘管這些投資在前一年「績效優於大盤40％」[54]，投資人的策略最終還是沒有成功，因為他們賣掉的股票繼續走高，比後來買入的股票更賺錢。[55]

上述研究以大衰退期間的近因偏誤作為檢視標的，還發現投資人接收的資訊越新，交易的次數就越多，可能是因為他們企圖趁價格還低的時候買進。沒錯，這項策略不但沒有減輕股價下跌的衝擊，反而比只靠大盤績效操作，讓投資人損失更慘重。研究也發現，投資人在普通時候交易的次數多，也和他們的投資組合績效呈現負相關（再次印證塞勒建議的方式：「投資定案後就把它忘了。」）[56]。

　　即使是巴菲特，碰到近因偏誤也顯得脆弱。他在 1980 年代末期買進全美航空公司（US Airways）特別股，後來承認那次的投資錯誤。可是到了 2016 年和 2020 年間，他又買進四家大型航空公司的股票，包括美國航空（American Airlines）、聯合大陸航空（United Continental）、達美航空（Delta Airlines）、西南航空（Southwest Airlines）──也許是出自他手下一、兩位共同投資長的提示。[57]然後新冠肺炎疫情來襲，巴菲特賣掉所有的航空公司股票，大約損失 50 億美元。[58]

　　巴菲特的決定似乎是受到近因偏誤的影響──具體來說，是航空公司因為整併而增加利潤。他也強調過進入航空業門檻很高，包括高昂的起始成本（例如新飛機、燃料等）、機場降落時段的競爭、嚴格的法規（尤其是保護乘客的法規）、品牌忠誠、規模經濟。這些進入門檻對巴菲特很有吸引力，而且他認為航空公司可以永續經營，因此股東能獲得豐厚的報酬。

　　投資人想要避免近因偏誤，就需要檢視長期的歷史趨勢，同時必須設定目標，釐清自己的風險容忍程度，並且擬定持之以恆的財務計畫。

5. 確認偏誤（Confirmation bias）

　　大多數人都喜歡證實自己觀點的證據，討厭反對自己觀點的證據。我們會強調那些符合自己既有信念的資訊──形成某個觀點，然後尋找能夠證明自己正確的資料。這是人類的本性，我們生來就喜歡聆聽贊同我們意見的人，會受到對方的吸引，然而對投資人來說，這卻不見得是最聰明的做法。

　　假設你注意到蘋果公司的股價剛剛修正了 20％，價格下跌使你產生購買的興趣，但是又擔心股價會繼續往下跌。你尋找確認的訊息，想證明今天出手買股票會是良好的投資；你上網閱讀關於投資的文章，觀看電視節目，看到名嘴在說此刻是買進蘋果的好時機。於是你毅然下單買了蘋果的股票。[59]這就是化為行動的確認偏誤。

　　不過確認偏誤更常讓人過度自信。舉例來說，假設大部分的分析都預期蘋果股票明年會成長 30％，媒體報導蘋果公司時也應和這種觀點（媒體內容當然也是受到同一批分析師的影響），這種迴聲室效應（echo chamber effect）將會鼓勵許多投資人買進蘋果股票。在此同時，也有一些文章討論中美貿易戰，可能對蘋果公司造成嚴峻打擊，然而早就對蘋果股票躍躍欲試的投資人，很可能會忽視壞消息，只注意那些符合美好預測的訊息。

　　確認偏誤影響人生所有層面的知覺與決定，往往造成投資人做出不理想的選擇。為了避免這種情況，投資人應該盡可能尋找不同的替代意見。[60]主動搜尋與自己相左的觀點，並且仔細傾聽；自己和自己辯論，同時也要允許別人挑戰你，這正是巴菲特希望蒙格故意唱反調的部分原因。比較弱勢的領導人會要求部屬贊成他的每一個意見，一旦聽到任何反對意見，就會認為對方不服從領導。巴菲特剛好相反，他想要的是為了成就合夥事業的最佳整體投資決策，而表達制衡意見的合夥人。

6. 後見之明偏誤

事情發生之後你才放馬後炮，心想：「我早就知道了。」這就是後見之明偏誤（hindsight bias）。事實或許是，你當初考慮過好幾種可能的結果，包括那些猜錯的。可是因為你也考慮過事後證明是對的那個結果，所以就說服自己，相信自己能夠預測未來。[61]後見之明偏誤是常見的投資人失敗，也是行為經濟學一個熱門的研究領域，因為它經常導致投資人信心過度膨脹。[62]後見之明偏誤甚至可能扭曲事件發生之前，我們自認為知道的事和相信的事。

巴菲特說他對好幾項潛在投資案曾有後見之明，包括 Google 和亞馬遜。巴菲特和蒙格都說過，沒有投資 Google 是他們的一大錯誤。在 Google 草創階段，創辦人布林和佩吉曾向巴菲特和蒙格推銷，希望獲得注資，可是他們沒有接受。兩人事後回想這個錯誤，指出自己早就應該料到，因為蓋可保險在 Google 刊登廣告，拉來了非常可觀的生意。[63]

另一次錯誤是沒有更早投資亞馬遜。巴菲特和蒙格到了 2019 年才開始投資該公司，巴菲特稱亞馬遜創辦人貝佐斯為「我們這個時代最了不起的商人」[64]。

這兩項錯誤很可能都是因為，巴菲特個人討厭科技公司才造成的。

為了限制後見之明偏誤，我創造了一張試算表，將我所有的投資與買進日期列出來，然後長時間追蹤，以挑戰自己的思維。舉例來說，假設我想到投資某家公司的絕佳點子（譬如蘋果公司），在真正下單買進之前，我會像巴菲特一樣先追蹤這

家公司一陣子，就像他說的，有時候他會等上十年才動手買進股票。我會先做好功課，然後在自己感到安心的價格出現時買入股票。

7. 心理帳戶偏誤

談到心理帳戶（mental accounting），我們指的是人們評估金錢的方式。這是塞勒在 1999 年發展的觀念，用來解釋人們會將自己持有的現金，用不理性的方式分門別類，導致錯誤和不良財務決定。[65] 舉個例子，有些人會把錢放在孳息低的儲蓄帳戶，而不是拿去償還利息較高的債務，後者其實對當事人的荷包更有益處。

心理帳戶的焦點是擬定預算和支出類別。舉例來說，有些人會把資金分成兩個帳戶，一個作為房屋支出（例如為了買房或整修的儲蓄），另一個是一般開銷（譬如加油、買衣服、付水電瓦斯費等）。[66] 雖然資源相同，人們卻常常有好幾個心理帳戶，像是每個月有一個心理帳戶是買日用品的預算，另一個心理帳戶是去餐館吃飯的預算。當預算用罄時，很多人會限制某一類消費，但完全放任另一類的支出，即使這兩筆預算都是從同一個可互換資源（所得）而來。[67]

心理帳戶假設大部分人日常生活有兩類支出：一種可以自由花費，譬如禮物、紅利、賭博彩金等，不是自己賺來的錢；另一種是經由工作所賺到的錢。有些人可能會認為，其中一個帳戶「就算損失了也經得起」，另一個帳戶則「無法承擔損失」。[68] 這種想法可能使人們在動用「經得起損失」帳戶時太

冒險，以致損失過高。[69]

　　然而事實上「所有的錢都一樣」。[70]為了避免心理帳戶偏誤，投資人必須以同樣的態度對待所有的錢，不論它是屬於哪一個「帳戶」。[71]

　　康納曼和特沃斯基在發展他們開創性的規避損失理論時，看到了心理帳戶偏誤。以下是兩種偏誤如何發生關聯的例子：有一位投資人擁有兩支股票，一支賺錢，另一支賠錢，但都是帳面上的盈虧。後來這位投資人需要現金，所以必須賣掉其中一支。基於規避損失效應和心理帳戶偏誤，他應該要賣掉賺錢的那支才對，然而這是錯誤決定！賣掉賠錢的股票會帶來稅收利益，還能甩掉不良投資，讓投資人保住體質良好的股票。[72]投資人之所以賣掉賺錢的股票，是因為無法承受損失的痛苦，說明用這種方法規避損失可能導致不理性的決定。

　　另一個例子是有人在賭場贏了錢，就拿彩金去買一輛新跑車，而不是拿去付帳單。

　　你可以利用幾種方法克服心理帳戶偏誤，首先要明白錢就是錢，不管是禮物、彩金、退稅或薪資，都一樣。嘗試不要把錢分成不同的「類別」，不管錢的來源為何，都需要聰明、合理的使用，這樣才能使報酬最大化、損失最小化。我用一份試算表追蹤自己所有的帳戶，透過這種方式把所有的錢視為同一來源，以幫助我做決定。

　　投資人需要察覺無數行為偏誤，本章檢討七種投資時最常見的偏誤。巴菲特和蒙格都強調，投資時擁有正確的性情很重要。了解自己有哪些偏誤，將有助投資人把性情控制得更好。

哥倫比亞商學院經典案例，巴菲特

- 市場預言家的話會餵飽你的耳朵，卻絕對不會餵飽你的荷包。

- 巴菲特建議，想做個成功的投資人，需要了解兩件事：第一是如何評估一家公司；第二是如何評估人類行為。

- 不要太常檢查自己投資組合的價值，因為市場波動會引發焦慮，進而導致錯誤的決策——即使理財專家也無法幸免。

- 股災來了怎麼辦？巴菲特說：「坐穩了，不要做重大改變。」

- 面對股票，有三條重要的教訓：（1）要把股票當作企業的一部分看待；（2）應該善用股市，而非讓它左右你；（3）要有安全邊際的觀念，永遠都保留一些餘地。

第 3 章

25 個員工
管理 62 家子公司

「永遠要預先分析最糟糕的情況會是什麼，並且判斷行動
之後會付出什麼代價。」

——巴菲特

01 跟美國一起成長，
長得比美國更高壯

別人貪婪時你要恐懼，別人恐懼時你要貪婪。[1]

——巴菲特

　　印第安納大學（Indiana University）的傑克・基爾傑出創業講座教授（The Jack M. Gill Distinguished Chair of Entrepreneurship）庫拉特科博士（Donald F. Kuratko）說過這段關於巴菲特和創業的話：「在我看來，巴菲特展現出許多創業家的典型特質與技能。儘管如此，隨著他主導波克夏公司的成長，以及設法完成收購交易時，他變得更像是透過企業創投（corporate venturing）而成為了『企業創業家』（corporate entrepreneur）。」[2]

　　無庸置疑，巴菲特除了是典型的創業家，還是個企業創業家，達成後者的途徑，是運用波克夏的資源與他個人卓絕的能力：評估想要購入的企業、投資股票及其他交易。我會在接下來兩個章節藉由波克夏的歷史，好好談談巴菲特的這一面。

　　巴菲特自己扮演激進投資人（activist），藉此晉身企業創業家，他的做法是對某個公司鉅額投資，同時在董事會占有一席（譬如可口可樂、所羅門兄弟投資銀行）。當前採用這種激

進做法的投資者，通常是為了把公司賣掉（至少是進行大規模重整），反觀巴菲特卻是有耐心、擅長協調、支持公司的董事會成員——對董事會發揮影響力的同時，也積極捍衛自己的投資價值。

此外，巴菲特還表現出他願意處理棘手、有爭議、具風險的場面，後來他投資所羅門兄弟並接任董事長兼執行長，就是這種情況（後面幾章將會再討論這個話題）。這就是企業創業和激進（投資）主義的一種形式，早在流行起來之前，巴菲特就已身體力行了。但是巴菲特經營公司向來有行事坦率、透明的名聲，而其他的企業創業家或是激進投資人，則比較認同好戰、強制的手段，更別提只重視短期績效的心態，他們與巴菲特截然不同。

雖然波克夏權力分散和組織精簡的公司哲學確實有效，股東也感到滿意，可是我要提出一個論點：巴菲特積極介入公司某些較大規模的投資，也是波克夏績效過人的重要因素。

影響力比國家還大，辦公室只有一層樓

目前巴菲特管理位在奧馬哈市的波克夏多國企業，公司幕僚總共只有 25 個人。這家公司的市值高達 7,540 億美元，經濟影響力大過許多中型國家，在一般人的想像中，這樣一家公司的總部，看起來應該像疆域遍及全世界的帝國吧。但事實上這家多國企業的所在地，依然是巴菲特在 1962 年遷入的那一棟大樓，就在奧馬哈的基威特廣場（Kiewit Plaza）上，離他

的住家只有幾分鐘車程。

　　波克夏的辦公室只占彼得・基威特（Peter Kiewit）大樓的其中一層，《金融時報》形容這處投資魔法溫床：「懸吊式輕鋼架天花板、狹窄的走廊、陳舊的地毯，看起來更像是社區大學的行政區，而不像千億美元價值的帝國。25 個員工穿著隨意，每張辦公桌上都堆滿了家庭照、賀卡和雜七雜八的小東西。接待室的門上懸掛一張標語，寫著：『**今天要像冠軍那樣投資！**』」[3]

　　巴菲特的企業管理哲學一直都是僱用最優秀的人才，然後給他們自由，以締造卓越佳績。一流人才不喜歡被綁手綁腳，巴菲特了解這一點，他也明白自由是創業家很強的動力。外人可能認為波克夏只是一家投資公司，而不是創業溫床，不過巴菲特永遠是用創業家的心態看待自己的工作，意思是獎勵創意和創新，放手讓員工自行掌控最擅長的領域。

　　當然，小辦公室不能反映波克夏在世界上活動的足跡，這家公司自己擁有 62 家子公司，附屬員工大約 36 萬人。這些公司在 2021 年第 3 季申報的年度總營收為 2,687 億美元，淨利859 億美元。波克夏的股票投資組合價值約 3,300 億美元，此外還擁有現金與短期投資約 1,500 億美元。巴菲特在公司保持30.7% 的投票權。

　　這裡順便提一下估值的事：2018 年，美國財務會計準則理事會（Financial Accounting Standards Board, 簡稱 FASB）發布了一般公認會計原則（Generally Accepted Accounting Principles，簡稱 GAAP）的一條新規定，要求所有公司評估

其證券的方式，必須基於售出資產或減輕債務時，可以收到多少錢來衡量，也就是所謂的「公平市價會計（fair market value accounting）」。以往的會計規則，准許公司以歷史成本記入資產和債務，但很多人批評這項傳統扭曲了公司申報的資產與負債。

不過巴菲特相信，新會計方法反而會扭曲波克夏的整體體質狀況，主要原因在於，如今企業被要求每一季都要調整其證券的申報價值。這種要求最新數據的方式，有別於巴菲特的長期投資心態，更甚者，所謂「按市值計價（mark-to-market）」的會計，剛好凸顯了巴菲特重要的投資信念：了解一家企業的經濟，遠比了解它在任何季度的交易價格重要太多。[4]

右頁圖表 3-1 顯示波克夏公司持有最多股票的公開上市公司，它們的價值、所屬產業、持股比例。

經過這些年，波克夏公司已經成長許多，投資組合可劃分成四大類：

1. 保險業
2. 能源與公用事業
3. 製造業、服務業、零售業
4. 金融與金融商品

公司的成長方法包括收購、買進普通股和特別股，以及其他投資。有時巴菲特在進行這些交易時，會表現出極為積極的創業家精神，以下是一些精彩案例。

圖表 3-1　**2022 年 7 月 16 日波克夏持股最多的公司**

排名	公司（股票代號）	產業	持股比例	持股數	價值
1	蘋果公司（AAPL）	消費電子	5.6%	911,347,617 股	1,316 億美元
2	美國銀行（BAC）	銀行一全球性	12.8%	1,032,852,006 股	330 億美元
3	可口可樂（KO）	飲料一軟性飲品	9.2%	400,000,000 股	238 億美元
4	雪佛龍（CVX）	綜合石油與天然氣	8.1%	159,178,117 股	236 億美元
5	美國運通（AXP）	信用服務	20.1%	151,610,700 股	219 億美元
6	卡夫亨氏（KHC）	包裝食品	26.6%	325,634,818 股	116 億美元
7	西方石油（OXY）	石油與天然氣探勘及生產	16.3%	152,713,846 股	88 億美元
8	比亞迪（BYDDF）	電動車	7.7%	225,000,000 股	84 億美元
9	美國合眾銀行（USB）	銀行一地區性一美國	9.7%	144,046,330 股	65 億美元
10	穆迪（MCO）	資本市場	13.4%	24,699,778 股	63 億美元

資料來源：CNBC 波克投資組合追蹤（數據來自證券交易委員會檔案）。

沒有保險公司，就沒有波克夏

　　如第 1 章第 2 節所描述的，巴菲特在 1956 年創辦自己的投資公司，當時他才 25 歲。他給公司取名叫「巴菲特聯合有限公司」（Buffett Associates, Ltd.），用六個親朋好友所貢獻的資金開始營運。第七位原始投資人是佛蒙特州的物理學教授道奇，他大老遠開車跑到奧馬哈來，把家人畢生積蓄都交給巴菲特，只因為聽說這個年輕人才能非凡。

　　從 1957 年到 1961 年間，這個合夥事業獲利 251％，同時期道瓊工業平均指數只上漲 75％。[5]在金融圈子裡，接下來發生的事已然成為傳奇。

　　1967 年 3 月，波克夏買下了國家賠償公司（National Indemnity Company）和國家火險與海上保險公司（National Fire & Marine Insurance Company），總價 860 萬美元。國家賠償公司至今仍隸屬於波克夏，巴菲特在 2004 年時告訴股東，這家保險公司曾是他的成功基石：「如果當初沒有買下國家賠償公司，波克夏的價值恐怕不及今天的一半。」[6]

　　當年巴菲特收購國家賠償公司時，對方的有形資產淨值（總資產－總負債－無形資產）為 670 萬美元。巴菲特堅信長期績效數據的重要性，願意多出價 190 萬美元，因為保險業就是坐享承保利潤。[7]

　　波克夏涉足保險和再保險事業，如今旗下有超過 70 家本土和外國保險公司。

拚命買公司的 20 年（1970 年～ 1998 年）

1970 年到 1998 年間，波克夏經歷驚人的成長，主要原因是收購公司，其中較為知名的有時思糖果、內布拉斯加家具商城、波仙珠寶店和《華盛頓郵報》。

・1970 到 1983 年：藍籌印花

藍籌印花公司實施的顧客忠誠計畫（ Customer Loyalty Program ），類似現在的信用卡飛行里程酬賞計畫。顧客消費一定金額之後會收到印花，這些印花可以兌換獎品，包括餐桌、戶外家具和其他物品，視參與計畫的商店而定。波克夏從 1970 年開始投資藍籌印花公司，持股從 1978 年的 36.5％，增加到 1979 年的 60％。藍籌印花最終於 1983 年經由股票互換併入波克夏[8]。由於收購藍籌印花，波克夏也得以順勢取得時思糖果和魏斯可金融公司（Wesco Financial Corporation）的股權，一時聲名大噪。

・1972 年：時思糖果

1972 年 1 月 3 日，藍籌印花公司獲得時思糖果的控股權，後來藍籌印花以總價 2,500 萬美元收購時思糖果 100％股權，當時時思糖果的稅前利潤是 400 萬美元。前文曾經提到，時思糖果是巴菲特最喜歡的投資項目之一，因為它的品牌很強大、現金流量充沛、不需要再新增資本，而且有能力隨著通貨膨脹調高產品價格。這些優點為時思創造出護城河，備受

巴菲特讚賞。時思的糖果品質佳，有自己的銷售店面，因此產品售價較高，商業界稱之為「差異化戰略」（differentiation strategy）。

巴菲特和蒙格不斷讚美時思糖果，說該公司是他們多年來最佳收購標的之一。2019 年巴菲特在波克夏的股東年會上指出：「我們花 2,500 萬美元買了它，而它帶給我們的稅前淨利超過 20 億美元，遠遠超過。」[9]

每一次開股東大會時，巴菲特和蒙格總是嚼著時思出品的花生酥糖，這家公司已經成為波克夏的非官方吉祥物，是世人崇拜巴菲特和蒙格的一個焦點，也是他們兩人正直可靠形象的象徵。

·1973 年：《華盛頓郵報》

巴菲特以前很喜歡報業，就像第 1 章第 1 節所討論的，他的父母在內布拉斯加大學林肯分校的學生報紙工作時認識，而他的外公外婆開了一間印刷廠，巴菲特本人孩提時更曾經挨家挨戶送過報紙。

成年之後，巴菲特想要經營出版事業，於是在 1973 年開始購買《華盛頓郵報》公司的股票，最初斥資 1,060 萬美元，到了 1985 年底，已經陸續投入 2 億 2,100 萬美元[10]，年報酬率 16.8％。此外，巴菲特還在 1977 年時買下了《水牛城新聞報》（*The Buffalo News*）。

報業在波克夏的總投資只有一小部分的占比，一直到 2012 年才改變，那一年巴菲特買下 63 家地方報紙[11]，全部納

入他新創辦的 BH 媒體集團（BH Media Group）。

　　然而巴菲特很快就發現報業正面臨業務萎縮，程度嚴峻到他自童年起對新聞與訊息的摯愛再也撐不下去了──至少財務上無法支撐。2014 年，巴菲特賣掉波克夏持有的 28％《華盛頓郵報》公司股份（當時該公司已經改名為葛拉漢控股公司〔Graham Holdings〕）。[12] 2019 年，巴菲特曾在言談中緬懷舊時光：「小鎮和城市有很強的社區意識，沒有比地方報紙更重要的機構。」[13、14] 可是報紙的財務困境無可否認，他在 2019 年說：「報紙是夕陽產業，我們在這一行賺不到大錢。」

　　在此同時，貝佐斯以現金 2 億 5,000 萬美元買下《華盛頓郵報》[15]，如今這家報紙的表現比以往更出色，難怪巴菲特稱讚這位亞馬遜的創辦人，是有史以來最厲害的經營者。

　　2020 年，由於報紙缺乏廣告收入，巴菲特將旗下全部的報業資產賣給李氏企業（Lee Enterprises），總售價是現金 1 億 4,000 萬美元。

·1976 年：蓋可保險

　　我們在第 2 章第 3 節詳細說明了，巴菲特如何在事業早期就認定蓋可保險是一家傑出的公司，可惜他犯了太早賣出股票的錯誤。後來巴菲特又等了 25 年，才等到買回該公司的正確時機。

　　蓋可保險在 1970 年代中期幾近清算，1976 年公司聘請柏恩擔任新執行長，43 歲的柏恩很能幹，過去是旅行者公司的高階行銷主管。這項任命吸引了巴菲特的注意，他提出會見柏

恩的要求。兩人見面後的第二天早上，巴菲特就買進 50 萬股蓋可保險的股票，價格是每股 2.125 美元，這次的總投資累計 1,900 萬美元。

後來巴菲特繼續買進這家公司的股票，到了 1980 年，波克夏擁有該公司 33％的股份。[16]短短 5 年內，這些投資的價值已經高達 5 億 9,600 萬美元；10 年之後，也就是 1995 年 8 月，巴菲特乾脆斥資 23 億美元把該公司整個買下來[17]，使蓋可保險成為百分之百屬於波克夏的子公司。

・1979 年：首都城市傳播公司

巴菲特經常強調，和比自己聰明的人為伍是十分有價值的事。首都城市傳播公司（Capital Cities/ABC）的前董事長兼執行長墨菲（Tom Murphy），以及他的長年生意夥伴伯克（Dan Burke），都被巴菲特列入「比我聰明的人」名單。看看這兩人發展出來的管理見解，就會發現他們明顯影響了巴菲特：

・決策過程保持權力分散。
・盡可能僱用最傑出的人才，並給予他們自主權。
・實施嚴格的成本控制。
・遠離公眾的注視。
・花幾年時間與潛在顧客建立關係。
・不要用股票融資，而要用內部產生的現金融資，或是舉債融資，但必須能在 3 年內償還。
・直接和標的公司的所有權人交易，不要參與惡意收購，

或透過拍賣購買公司。

　‧對報酬率的要求：連續 10 年以上稅後報酬率達到二位數，而且沒有使用融資槓桿。

　‧請公司所有權人開出最優惠的價格，然後迅速還價，如果無法快速達成買賣協議，你就應該罷手。[18]

1979 年時，波克夏開始購買美國廣播公司（American Broadcasting Company，簡稱 ABC）的股票。1985 年，巴菲特提供首都城市廣播公司 5 億 5,000 萬美元，幫助對方補齊收購 ABC 所需要的 32 億美元。[19] 1996 年伯克退休時，墨菲把首都城市賣給迪士尼公司（Walt Disney Company）——他聽從巴菲特的建議，才做了這樁買賣。同時波克夏也賣掉手中的首都城市持股，售價 25 億美元。[20]

2023 年墨菲辭去波克夏的董事職務，彼時他已 96 歲。[21]

‧1983 年：魏斯可金融公司

魏斯可金融公司是一家多元金融公司（diversified financial corporation），總部位於加州帕沙第納市（Pasadena），絕大部分股權由藍籌印花公司持有。波克夏於 1983 年收購藍籌印花時，順便取得魏斯可公司，從 1984 年到 2011 年間，由蒙格擔任該公司的董事長兼執行長。至今魏斯可金融公司然是波克夏的一部分。

·1983 年：內布拉斯加家具商城

波克夏的股票到 1983 年時，已經漲到 1 股一千多美元，那一年波克夏買下內布拉斯加家具商城的 8 成股份。那是全美國規模最大的未上市家具店，而這場交易的合約內容只寫了短短不到兩頁，買賣雙方握握手就成交了，交易價格是 5,500 萬美元。[22]俄羅斯猶太裔移民羅絲·布魯姆金在 1937 年時，於奧馬哈創辦內布拉斯加家具商城，當時她並不識字。

這樁交易是個範例，正可說明巴菲特財務策略的幾項重要支柱：要了解自己投資的生意（以這個例子來說是零售業），而且只投資你對經營者的誠信有信心的企業。

布魯姆金太太的綽號是 B 夫人（Mrs. B.），她從來沒有上過學，小時候在白俄羅斯（Belarus）的明斯克市（Minsk）生活，從 6 歲起就在母親開的雜貨店裡工作。10 年之後，芳齡 16 歲的她手下管理 6 個男子。

B 夫人在 23 歲那年移民美國，打算去和丈夫會合，她的丈夫為了躲避徵兵，已經逃離白俄羅斯。她身上沒有護照也沒有車票，卻找到辦法登上西伯利亞鐵路的火車。到了中俄邊界，B 夫人對邊境巡邏隊員說，等她回來時會帶白蘭地酒答謝。可是她這一逃走，就再也沒有回去了……。

B 夫人到了丈夫所居住的愛荷華州（Iowa），兩人再移居至內布拉斯加州。她在那裡賣二手衣物、扶養 4 個孩子，還寄錢回老家，幫助其餘的家人也逃來美國。[23]

1937 年，43 歲的 B 夫人在丈夫經營的當鋪地下室開起二手家具店，資本額只有 500 美元現金，加價值 2,000 美元的商

品。她每星期工作 70 個小時，主要策略是削價搶奪市場，此舉惹來對手的抵制，和指控她違反公平交易法的訴訟。B 夫人在某一次出庭受審時解釋，她所賣的每一件商品的售價，都是成本外加 10％的利潤。法官後來宣判她無罪，還在第二天就去內布拉斯加家具商場買了價值 1,400 美元的地毯。[24]

・1987 年：所羅門兄弟投資銀行

1986 年時，巴菲特的個人淨值已達 14 億美元。1987 年，波克夏收購紐約的所羅門兄弟投資銀行 12％股權，交易價格為 7 億美元。巴菲特和蒙格都擔任該銀行董事。[25]

1990 年，巴菲特接到一通電話，得知所羅門兄弟涉及非法交易。當時銀行的一位經紀人所投標的國庫債券數額，高於美國財政部法規所允許的額度，然而銀行執行長古弗蘭（John Gutfreund）竟沒有懲戒那名違規的經紀人。[26]

美國政府威脅要禁止所羅門兄弟直接參與國債拍賣，如此一來將讓銀行陷入癱瘓。巴菲特與財政部會談，後者同意取消禁令（但所羅門兄弟必須繳交 2 億 9,000 萬美元的罰款）。雖然吞下了這筆懲罰，但 1997 年旅行者公司買下所羅門兄弟銀行時，波克夏所持股票的價值還是漲了一倍有餘。

這件事對巴菲特造成巨大的衝擊，他在事發之後迅速介入接管銀行，並強迫古弗蘭辭職。他告訴所羅門員工的這番話還近馳名：「銀行賠錢我會諒解；但銀行損失一絲一毫信譽，我會不留情面。」[27]

他在國會召開的聽證會上也講了同樣的話。每一年波克夏

召開股東大會時，都會播放這段影片，每一次都會激起現場聽眾如雷的掌聲。

·1988 年：可口可樂

1987 年 10 月 9 日星期一，道瓊工業平均指數在一天內重挫 22.6％，是當時股市有史以來最大單日跌幅，這就是著名的「黑色星期一」。

巴菲特迅即動了起來，他向來深信「當別人貪婪時你該恐懼，當別人恐懼時你該貪婪」的想法[28]，而這次他也付諸實踐。從 1988 年到 1989 年間，波克夏公司買進了 2,300 萬股可口可樂公司的股票。[29]到了 1994 年，波克夏已經擁有這家國際汽水公司 1 億股的股票。如今波克夏持有拆分調整（split-adjusted）後的 4 億股，占可口可樂 9.4％的股份，巴菲特始終沒有賣出任何一股可口可樂公司的股票。[30]

葛拉漢原本提出的、用絕佳價格購買爛公司的建議[31]，巴菲特後來做了修改，新策略的目標是：「用划算的價格購買絕佳的公司。」[32]

·1989 年：波仙珠寶店

1870 年，路易・波仙在奧馬哈市中心開設波仙珠寶店，店面廣達 62,500 平方呎，擁有十幾萬件手錶和珠寶存貨，是全美國最大的未上市珠寶店。[33]

1989 年，波克夏買進波仙 80％的股份，故意保留 20％的股票未買，目的是激勵該公司的員工。

2009 年我帶學生去奧馬哈拜會巴菲特時，波仙珠寶店的郭萊珂（Karen Goracke）帶領我們參觀，還發表了一席演說。郭萊珂的管理工作十分成功，並且在 2013 年晉升為公司的總裁兼執行長[34]，她將此歸功於志願從事不熟悉的職務，讓她能夠拓展接觸層面與專業知識，這正符合巴菲特的哲學，也就是親自去體驗的優點。

·1991 年：微軟公司與比爾·蓋茲

儘管多年來，巴菲特和比爾·蓋茲同為世界上財富名列前茅的人，但他們一直到 1991 年的某次晚宴上才初次見面。長久以來，巴菲特都迴避投資科技股，但一見面就立即為比爾·蓋茲的聰慧和幽默所折服。不過他仍然對科技產業保持戒心，不願意投資微軟公司——哪怕微軟的成功無以倫比。

對巴菲特來說，理由很簡單：

1. 他只投資自己懂的東西。

2. 他不希望與比爾·蓋茲的情誼變質，讓人以為他想得到內線消息。

後來巴菲特承認，沒有投資微軟是他事業生涯中最大的錯誤之一，可是在 1990 年代初期，情勢還沒有那麼明朗。

波克夏的股票到 1992 年 11 月時，已經超過每股 1 萬美元，公司的市值達到 149 億美元。

·1996 年：波克夏 B 股寶寶（Baby Berkshires）

1996 年，巴菲特已經透過波克夏的投資累積極為龐大的

財富，個人淨值高達 150 億美元。那一年 2 月，他允許股東將手中價格高昂的 A 股股票（按：波克夏原始發行的股票），以每一股轉換成 30 股 B 股股票（按：被暱稱為「波克夏寶寶」，是指由 A 股分割重新發行的股票，只有 A 股 1/30 的股東權益及 1/200 的投票權），這是新的股票類別，屬於普通股。

巴菲特在 1996 年的致股東信函中寫道：「就像我以前告訴過你們的，我們這次買賣，是為了因應單位信託基金（按：unit trusts，一種集資計畫，集合眾多投資者的資金，再由專業經理人管理的大型基金）崛起所帶來的威脅，他們會在市場上把自己塑造得很像波克夏，而且他們大可在過程中利用我們過去的紀錄（絕對無法重現），來吸引無知的散戶，然後向這些無辜的投資人收取高額費用和佣金。」[35、36]

巴菲特擔心股東若是透過這類信託基金交易，恐怕會很不滿意，最終傷及波克夏的聲譽。這些信託基金可以複製波克夏在市場的買進動作，然後向無知投資人收取高額費用。

同年 5 月，波克夏的 B 股股票開始以每股 1,100 美元的價格交易；到了 1998 年 1 月，波克夏的 A 股股票首度攀上每股 5 萬美元，市值達到 764 億美元。

·1998 年：冰雪皇后連鎖餐廳

國際冰雪皇后公司在 1940 年創立於伊利諾州（Illinois）的喬利埃特市（Joliet），巴菲特很喜歡去這家連鎖餐廳吃飯，經常帶著孫子孫女去用餐。冰雪皇后是最早販售霜淇淋的地方，目前在全世界已經開了七千多家分店。[37]

冰雪皇后的加盟連鎖經營模式，像麥當勞（McDonald's）一樣，加盟店主需要向總公司繳交權利金。這種模式提供營收流（revenue stream），所需投入的資本極有限。

1998 年時，波克夏用 5 億 8,500 萬美元買下冰雪皇后，如今這家公司自己也擁有兩家子公司：Orange Julius 飲料店和 Karmelkorn 焦糖爆米花零售店。[38]

・1998 年：NetJets 飛機管理公司

1964 年 Executive Jet Airways 成立，後來改名為 NetJets Inc.，這是一家出售私人商務噴射機持份（其實是出租飛機的部分空間，稱為「部分所有權」）[39]的美國公司。1987 年，公司正式宣布 NetJets 計畫，這是史上第一宗劃分飛機部分所有權的形式，最初所有權劃分成 4 等份，其中一份被波克夏於 1995 年取得。[40]巴菲特很快就看出私人飛機部分所有權的潛力，波克夏便在 1998 年斥資 7 億 2,500 萬美元，將整家公司買下來。[41]

2020 年 6 月時，NetJets——包括 NetJets Europe 和 Executive Jet Management——已擁有七百五十餘架飛機，這個數字幾乎占全世界現役私人噴射機總數的 3.5%。[42]私人噴射機在新冠肺炎疫情肆虐期間表現非常出色，因為乘客不必應付擁擠的飛機和機場，大幅降低感染新冠病毒的危險。

・1998 年：通用再保險公司

波克夏收購 NetJets 和冰雪皇后的同一年，也斥資 235 億

美元買進通用再保險公司（General Re Corporation）的股票。[43]
通用再保險公司提供壽險、意外險和健康保險，也承作國際產
物再保險。對波克夏來說，這類收購案的優點之一，是有助於
增加投資公司的存浮金，這項觀念已在第 2 章第 3 節討論過。

如今通用再保險是控股公司，旗下擁有多家全球性再保險
和相關業務的子公司。除此之外，通用再保險集團底下的保
險、再保險、投資管理公司，還包括通用再保險仲介公司（Gen
Re Intermediaries）、通用再保險新英格蘭資產管理公司（New
England Asset Management, Inc.，簡稱 GR-NEAM）、通用之
星（General Star）、創世紀（Genesis）、美國黃金公司（U.S.
Gold Corp.，簡稱 USAU）、法拉第（Faraday）保險承銷公
司。[44]我會在第 3 章第 3 節進一步分析通用再保險的收購案。

·1999 年：波克夏海瑟威能源

波克夏海瑟威能源公司（Berkshire Hathaway Energy）的
前身是美國中部能源控股公司（MidAmerican Energy Holdings
Company），2014 年才改成現在的名字。目前波克夏擁有這
家公司的 9 成股票，由阿貝爾（Greg Abel）負責經營。

1999 年，美國中部能源公司的股價下跌 21%，之後波克夏
與該公司董事長兼執行長索科爾（David Sokol），以及最大股
東史考特（Walter Scott）共組合夥事業，買下了這家公司。[45]巴
菲特當時說：「我們以公平的價格，購買有優秀管理團隊和成
長潛力的好公司，為了實現那樣的潛力，我們願意比一些投資
人等得更久。」[46]

以這個例子而言，波克夏確實等著看投資報酬，不過此項收購行動也的確足夠令人振奮，讓波克夏依然保持能量。如今波克夏海瑟威能源公司旗下擁有美國中部能源公司、太平洋公司（PacificCorp）、北方電網公司（Northern Powergrid）、加州能源公司（CalEnergy Generation）、美國住宅服務公司（HomeServices of America）、比亞迪公司（BYD Company）、內華達能源公司（NV Energy）。

・2001 年：蕭氏工業集團

巴菲特長久以來都對投資零售業和製造業感到很滿意，就像他收購波仙珠寶店、內布拉斯加家具商場、時思糖果所展現的那樣。2001 年 1 月 4 日，波克夏以 21 億美元買下地毯製造商蕭氏工業集團（Shaw Industries Group, Inc.）[47]，這家公司現在是全世界數一數二的地毯製造商，年營業額超過 60 億美元，在全球各地僱用大約 22,300 名員工。[48]

・2002 年：Fruit of the Loom 服飾公司

有時候一家公司的品牌太過強勢，哪怕資產負債表出了問題，也還是能夠挽回，Fruit of the Loom 就是這樣的例子。2002 年，這家公司的股價跌掉 97%，波克夏用區區 8 億 3,500 萬美元的現金，將瀕臨破產的 Fruit of the Loom 買了下來。[49]

巴菲特說，這次收購的背後，實際上有兩個主要原因：「品牌力量，以及（執行長）霍嵐德（John Holland）的管理才幹。」[50]事後證明他的直覺很準確，如今 Fruit of the Loom

也販售 Russell Athletic 和斯伯丁（Spalding）等品牌，員工達到 32,400 人。

・2003 年：Clayton Homes 建設公司

Clayton Homes 總部位在田納西州（Tennessee）的瑪麗維爾市（Maryville），是全美國規模最大的房屋建設公司和模組化建築（Modular House）製造商。[51]巴菲特對這家公司起初只是稍有耳聞，真正開始對它感興趣，是因為田納西大學諾克斯維爾分校（University of Tennessee in Knoxville）一群財務系的學生送給他一本 Clayton Homes 創辦人吉米・克雷敦（Jim Clayton）的自傳，克雷敦也是田納西大學的畢業校友。

誠如巴菲特對股東描述的，他讀完克雷敦的書後，親自找到該公司當時的執行長，也就是克雷敦的兒子凱文（Kevin）晤談，審閱公司的財務報告，之後便以 17 億美元的價格買下這家公司。[52]這項收購案在 2003 年完成時，Clayton Homes 往前算 5 年的稅前平均利潤是 19.2%，遠高於波克夏的 11.2%。

2015 年，Clayton Homes 被指控對少數民族顧客掠奪式貸款（predatory lending），並縱容公司文化中存在種族主義，而 Clayton Homes 發布聲明，「堅決」否認那些指控。[53] 2015 年的波克夏股東大會上，巴菲特表明支持 Clayton Homes，表示他不會因為該公司的貸款業務「致任何歉意」。[54]後來 Clayton Homes 支付 38,000 美元罰款，並退款 70 萬美元。但儘管如此，這家公司的表現依然強勁，2018 年的營收估計達 36 億美元。[55]

·2006 年：運動品牌 Brooks Sports

Brooks Sports 又稱 Brooks Running，是總部位於西雅圖（Seattle）的美國公司，設計與行銷高性能的男女跑鞋、衣服和配件。目前世界上有 60 個國家銷售 Brooks 的產品。[56]

這家公司創辦於 1914 年，最初製造種類繁多的運動鞋，在整個 1970 年代都很成功，不過後來出了生產和品質管制的問題，以至於在 1981 年聲請破產保護。[57、58]

2001 年，Brooks 延攬新任執行長韋伯（Jim Weber）來挽救公司的命運。韋伯削減一半以上的產品線，把焦點幾乎完全放在改造該品牌的跑鞋上，強調設計創新，以提升運動性能。

2004 年，Russell Athletic 買下 Brooks（Russell Athletic 隨後也在 2006 年被 Fruit of the Loom 收購），其結果是 Brooks 成為 Fruit of the Loom 母公司波克夏的一個子公司。2011 年，Brooks Running 成為特殊跑鞋市場中最暢銷的品牌：[59、60]

「2012 年，巴菲特……看出 Brooks 的潛力，當時它已經是 Fruit of the Loom 的子公司，而波克夏又擁有 Fruit of the Loom，所以現在韋伯直接向巴菲特報告……他從來沒被自己的上司那麼信任過，也從來不覺得自己的責任如此重大。」[61]

我訪問韋伯，詢問他和巴菲特的關係，他說：「當你和他當面對話時，他會很專注的傾聽……現場沒有電話、電視、電腦，或任何東西打斷談話。我上次去他辦公室見面時，整整講了三個小時，然後我們去奧馬哈市吃午飯。他是個溫暖、慷

慨、有好奇心、充滿熱情的人。」[62]

自從 2001 年韋伯接管 Brooks 以來，公司年年成長。巴菲特管理 Brooks 與旗下其他企業的方式，和他之所以成功有很大的關聯。他給予企業自主權，但是也要求他們必須負責任。波克夏多年前創造的分權式結構，非常符合創業精神，它給予管理者更多自由，這樣的賦權促使他們更能夠發揮創意。

韋伯講了下面這段關於巴菲特的話：

「我在達特茅斯學院（Dartmouth College）攻讀企管碩士學位時，發現巴菲特寫的信函，並且很快就狼吞虎嚥的讀完了。我開始了解如何當領導人，進而了解自己想當哪一種領導人。巴菲特教導我，任何人都能削價去賣廉價產品，可是挑戰在於建立一個能持久的事業──這樣的事業不僅擁有強大的品牌和忠實的顧客，而且資本報酬率也很高。我經常告訴別人，我做的是西雅圖最棒的工作，也是這個行業最棒的工作。我很享受。」[63]

·2006 年：金屬加工公司 ISCAR Metalworking Companies

威特海默（Stef Wertheimer）是逃離納粹德國的難民，1952 年他在以色列納哈里亞市（Nahariya）的自家後院創辦了 ISCAR Metalworking Companies（簡稱 IMC 集團）[64]，最初是以打造噴射引擎用的精密渦輪扇葉聞名。今天 IMC 集團供應廣泛的「精密碳化金屬加工工具」產品線，以全世界重要工業

的工程部門和製造部門為目標。[65]

　　波克夏在 2006 年 5 月買下 IMC 集團 8 成股權，花了 40 億美元。[66] 2013 年，巴菲特又以 20 億 5,000 美元收購剩餘的股份。2021 年，威特海默本人成了以色列第二大富豪，財產淨值為 62 億美元，而他的公司在汽車業、航空業、模具業都是領導品牌，員工遍布 65 個國家，人數超過 13,000 人。[67]

・2007 年：馬蒙控股公司

　　2007 年，波克夏斥資 44 億美元購得馬蒙控股公司（Marmon Holdings , Inc.）60％的股份，這是一個全球性工業組織，由普里茨克兄弟（Jay and Robert Pritzker）在 1953 年創立。[68]馬蒙由 13 個事業部門組成，包括食品服務科技、水科技、貨櫃、電子產品，另外也擁有一百多個自主營運的製造企業和服務企業，在全球各地僱用 19,000 名員工。[69]

　　波克夏在 2011 年到 2013 年間買下馬蒙控股公司剩下的40％股權[70]；2021 年，該公司的營收超過 100 億美元。

經濟越衰退，波克夏越賺錢

　　在經濟大衰退期間，巴菲特的創業性格變得鮮明起來。儘管當時絕大多數人什麼都不敢做，他卻看到了機會——這正是創業家的關鍵特質。下面列舉的這些例子，說明巴菲特如何在危機之中替波克夏創造機會。

・經濟大衰退

根據美國國家經濟研究局（National Bureau of Economic Research，簡稱 NBER）的資料，經濟大衰退起於 2007 年 12 月，到 2009 年 6 月結束。[71、72] 在美國，這段期間是大蕭條以來經濟下挫最嚴重的時候，會出現金融危機，部分原因是誤用了所謂的「衍生性商品（derivatives）」交易，這種產品容許買賣雙方對賭，看家用房屋貸款的違約情況有多嚴重。

2007 年，美國家用房屋市場的價值超過 20 兆美元，其中將近半數是靠抵押融資。然而那段期間，有超過 25 家次級房貸放款業者破產（他們放貸的利率較高，使屋主承受較大的信用風險），造成很多次級貸款違約，結果標準普爾 500 指數重挫 57％，美國家庭平均每戶損失了 40％的資產淨值，失業率高達 10％。

波克夏的股價從 2007 年 12 月 10 日每股 149,200 美元的高點，跌到金融危機最深的谷底，市值掉了 51％。[73] 2009 年 3 月 9 日，波克夏的股價來到最低點，每股 73,195 美元，當時波克夏公司的員工超過 223,000 人。

・波克夏在危機期間的投資

儘管危機如火如荼的進行，巴菲特卻找到藉機賺錢的方法。說起來一點也不奇怪，因為這正是他的投資哲學中很重要的支柱，那就是在每個人賣出時買進。2008 年 10 月 15 日出版的《紐約時報》刊登巴菲特寫的一則專欄，標準普爾 500 指數從年初以來到當天已經跌了 38％：

「我買股票遵循一個簡單的原則：當別人貪婪時恐懼，當別人恐懼時貪婪。可以肯定的是，目前恐懼蔓延極廣，連經驗老到的投資人也害怕了。投資人對於處在競爭弱勢的高槓桿機構或企業抱持戒心，絕對是正確的。然而，國內有許多經營穩健的公司，竟然對自己的長期榮景感到恐懼，那就說不過去了。那些企業將來確實會面臨盈餘小幅降低，這本來就是常態，但是從現在開始，大部分的大公司未來 5 年、10 年、20 年將會刷新營收紀錄。」[74]

巴菲特說，我們無法預測一個月或一年後的股票價格，可是他很確定，早在整體經濟局勢扭轉過來之前，股價就會大幅回升了。因此巴菲特指出，如果股價繼續往下跌，那麼他的個人帳戶（過去全部投資政府公債）很快就會變成百分之百投資美國證券了。事後證明，巴菲特在股市於 2009 年 3 月跌到谷底之前好幾個月，就已經看出端倪，他的聲明雖然簡短，但確實對股市氣氛產生正面影響。

巴菲特的策略再次證明是正確的。在金融危機期間，他的創業本能促使他買進高盛集團、奇異電器、瑪氏箭牌糖果、瑞士再保險公司、陶氏化學，總共替公司賺了一百多億美元。

接下來這幾個小節，將敘述巴菲特在經濟大衰退期間的重要投資行動，波克夏的現金儲備加上公司聲望，都有助於他們在收購談判時保持強勢的立場。

2008 年：高盛集團。在雷曼兄弟垮臺之後，巴菲特斥資

50 億美元投資高盛集團，這麼大的注資動作，顯示他對該銀行有信心，因此股票應聲大漲。波克夏買進 50 億美元的永續特別股（perpetual preferred shares，沒有到期日的特別股，比普通股優先分配股利），每年都會配發 10％的股息。此外，這項買賣還讓波克夏「獲得可以再買 50 億美元普通股的權證，履約價格是每一股 115 美元」[75]，而且有 5 年的時間履行該項權證。[76]

2011 年 3 月，高盛集團支付 56 億 5,000 萬美元贖回波克夏手中的特別股。[77]到了 2013 年，高盛的股票超過每股 160 美元，巴菲特想要履行當初的權證，然而高盛在他還來不及出手之前就重啟談判，付給波克夏公司 1,300 萬股的股票，另加 20 億美元現金。[78]巴菲特沒有全部拿走高盛的股票，而是同意了這項安排，因為在波克夏的投資組合中，銀行股的比率已經超過公司資產配置的目標。

最後，這項投資替波克夏賺了三十幾億美元的利潤：特別股帶來 5 億美元的溢價，加上 12 億美元的股息，當巴菲特在 2020 年賣掉大部分持股時，至少獲利 14 億美元。[79]

2008 年：奇異電器。 2008 年奇異電器股價重挫 42％以後，波克夏決定投資 30 億美元，買進奇異電器新發行的永續特別股。這檔股票配息 10％，3 年之後奇異電器可以用溢價 10％的價格贖回股票。波克夏獲得權證，可在 5 年期限中的任何時間履約，以每股 22.25 美元的履約價格，購買 30 億美元的普通股。

　　巴菲特堅持奇異電器的高階主管必須自制，在他們公司贖回特別股，或是波克夏投資滿 3 年之前，不可以出售手中持有的公司普通股 10％以上。這項交易在 2008 年 10 月 16 日成交，當天奇異電器的股價是 19.29 美元。[80]

　　波克夏投資奇異電器之後，接下來的 5 個月期間，奇異電器普通股的價格繼續下跌，2009 年 3 月 5 日的股價低到 6.66 美元。可是巴菲特最後還是賺得荷包滿滿，總共拿回 33 億美元，另加每年配息 3 億美元；至於權證部分，巴菲特得以在接下來的 5 年中，以每股 22.25 美元價格購買 30 億美元的奇異電器股票。

　　2011 年，奇異電器給付波克夏 33 億美元，清償上述借款。當時奇異電器已經支付整整 3 年的股息，每年都配息 3 億美元。加總下來，波克夏因為這筆買賣進帳 12 億美元的利潤。

　　2013 年，巴菲特購買的權證即將過期，奇異電器決定不要求波克夏拿出 30 億美元來購買股票，當時該公司的股價已經超過 22.25 美元的履約價格。奇異電器的解決辦法是給波克夏 1,070 萬股股票，相當於巴菲特若以權證履約價格所能購買的股票總額。2017 年第 2 季，巴菲特出清波克夏所持有的奇異電器股票，那些股票估計價值達 3 億 1,500 萬美元。

　　這筆交易結束時，波克夏公司因為出借 30 億美元給奇異電器 3 年，而獲利大約 15 億 4,500 萬美元的現金[81]，其中包含這段期間巴菲特持股所分配到的 3,000 萬美元一般股息，加上從 2011 年以來的 12 億美元利潤，這樁買賣獲利極為豐厚。2021 年，奇異電器反向分割股票，每 8 股合併成 1 股。2022

年 3 月，奇異電器股票的交易價格是每股 89 美元。

2008 年：瑪氏箭牌糖果。瑪氏（Mars, Inc.）以 230 億美元收購全球第一大口香糖製造商箭牌公司（Wm Wrigley Jr. Company）時，波克夏曾出資助其一臂之力。[82]瑪氏自己負擔 110 億美元，又向高盛集團借款 57 億美元，然後開口向波克夏融資了剩下的金額。[83]

波克夏買下價值 21 億美元的箭牌特別股，每年配息 5％，此舉讓波克夏擁有箭牌 10％的股權。[84]此外，波克夏還買了 44 億美元的箭牌公司債，利息 11.45％，2018 年到期。[85]這些債券和股票所帶來的利息和配息收益，讓巴菲特從箭牌的投資案中獲利大約 65 億美元。[86]

2009 年：瑞士再保險公司。瑞士再保險公司是總部設在瑞士蘇黎世（Zurich）的保險巨頭，在經濟大衰退時期虧損了 60 億瑞士法郎，其中包括該公司持有的結構型信用違約交換（structured credit default swap，一種信貸衍生性金融商品，可以用作投機、避險及套利），按照市值計算，損失了 20 億瑞士法郎。[87]由於虧損甚大，導致瑞士再保險公司有喪失 AA 信用評級（按：指企業信用程度、資金實力等各方面優良）的危險[88]，於是該公司向巴菲特尋求融資。

波克夏原本就和瑞士再保險公司有相當多業務往來，2008 年 1 月，波克夏和該公司達成比率再保險約定，透過約定取得瑞士再保險 20％的新投保與續保產物險業務，同時獲取該公

司 3％的股份。[89] 2009 年 3 月 23 日，波克夏投資 26 億美元
（約 30 億瑞士法郎），如果市場承受得了，還考慮再買進價
值 20 億法郎的股票。

根據價值投資研究網站「理性漫步」（The Rational
Walk）的說法：

「儘管這項投資的利率達到 12％，瑞士再保險有權展延付
款，也能選擇用股份而非現金來支付利息。該項投資提供波克
夏公司轉換權利，不過轉換價格比交易當時瑞士再保險的股票
價格高，而且瑞士再保險也保有溢價贖回的權利，以防未來股
份遭到稀釋。」[90]

對波克夏來說，這筆交易成為一項成功的投資。波克夏花
了 30 億瑞士法郎投資瑞士再保險公司，理性漫步網站指出它
最後賺回了「總數 44 億 2,000 萬法郎的利息、贖回溢價和原
始本金還款」。[91]若以法郎計價，這筆投資的年化報酬率
（Internal Rate of Return）估計為 25.8％，若是以美元計價，
則是 37％。[92]

2009 年：陶氏化學。波克夏對陶氏化學的大手筆投資，
使陶氏得以收購羅門哈斯（Rohm and Haas）化工公司。2009
年 4 月 1 日，波克夏以 30 億美元買進 300 萬股陶氏化學的特
別股，每年可獲得配息 8.5％。[93]陶氏每一年付給巴菲特 2 億
5,500 萬美元的股息，因此從 2009 年到 2015 年，波克夏公司

投資陶氏化學的總利潤達到 18 億美元。[94]

2009 年：柏林頓北方聖塔菲鐵路公司。2009 年 11 月 3 日，波克夏宣布以每股 100 美元的價格，買進柏林頓北方聖塔菲鐵路公司（Burlington Northern Santa Fe Company，簡稱 BNSF）。目前波克夏已經百分之百擁有該公司。

2010 年 2 月，波克夏完成收購案，支付了包括 159 億美元現金，以及 106 億美元新發行的普通股[95]，總金額 265 億美元的現金和股票，購買所有發行在外而波克夏尚未擁有的 BNSF 股票。[96]波克夏出於公司總體考量，為此舉債近 80 億美元，以支付這筆交易的一半現金，另外還添上公司手邊既有的現金補足另一半。[97]

巴菲特購買 BNSF 的理由，是未來美國經濟將會持續成長，因此對產品和運輸的需求只會增加。對巴菲特來說，這筆交易還有額外的好處，那就是其他公司要進入這個市場，都必須付出高昂的成本，因此 BNSF 享有持久的競爭優勢。

2009 年底波克夏收購 BNSF 時，該公司的營收和淨利分別是 140 億美元和 17 億美元；到了 2021 年，這兩個數字分別增加到 233 億美元和 59 億 9,000 萬美元。

我第一次見到巴菲特時，他剛剛買下 BNSF 公司。我先前寫了一份關於波克夏的個案研究報告，寄去巴菲特的辦公室，希望能為自己和學生爭取到拜會他的邀請函。令人開心的是，我果然如願了！巴菲特邀請我帶 27 名學生前去奧馬哈和他共度一天，正好是 2009 年 11 月他宣布完成 BNSF 收購交易的那

一天。

　　當天記者追著巴菲特跑，可是他把焦點放在我們這群人身上；他做的是自己熱愛的事，也就是教學、和年輕人為伍。在提問時間時，巴菲特說他一直都想擁有一家火車公司，因為他小時候有一套玩具火車。關於我們拜訪巴菲特的那趟旅程，第 4 章第 2 節將有更詳細的描述。

哥倫比亞商學院經典案例，巴菲特

・你要了解自己投資的生意，而且只投資你對經營者的誠信有信心的企業。

・任何人都可以削價去賣廉價產品，可是真正的挑戰在於建立一個能持久的事業。

02 新人新氣象
——接納科技股的十年

在商務圈裡，最成功的人是那些熱愛自己工作的人。永遠不要放棄尋找讓自己充滿熱情的工作。[1]

——巴菲特

　　長久以來，遵循費雪的經營哲學一直讓巴菲特獲益良多，他採用的通則是找到頂尖投資人才，然後放手讓他們去管理。

　　隨著 2010 年代趨近，80 歲的巴菲特和 86 歲的蒙格，開始替自己一手打造的公司擘畫未來——因應兩人退休之後，公司將會面臨的局勢。他們最重要的行動是僱用兩位新投資長，也就是康姆斯和韋士勒，兩人職銜相同，共同擔當重任。

帶領波克夏走入科技領域的兩人

　　康姆斯和韋士勒比巴菲特和蒙格年輕了幾十歲，這個世代在成長階段適逢科技崛起，他們的觀點無疑影響了波克夏的投資。具體來說，在康姆斯和韋士勒上任之前，波克夏幾乎完全不碰科技股，等到僱用他們兩人之後，巴菲特投資了亞馬遜，還說自己沒有早一點投資真是太傻了。巴菲特還把蘋果公司提

升為波克夏整個投資組合中占比最高的持股；2020 年，波克夏延續這條軌跡，投資了 Snowflake 雲端數據公司。

Snowflake 股票首次公開發行（Initial Public Offerings，簡稱 IPO）時，波克夏擁有價值大約 7 億 3,000 萬美元的股票[2]，掛牌交易的第一天，Snowflake 股票收盤大漲，波克夏轉眼賺了八億多美元。[3]我高度懷疑巴菲特自己會去收購這支股票，但展望未來數十年，我預料波克夏會繼續把科技股加入公司的投資組合裡。

巴菲特在 2010 年聘任 39 歲的康姆斯。康姆斯出生於佛羅里達州（Florida）的薩拉索塔（Sarasota），他在佛羅里達州立大學（Florida State University）取得金融與國際企業的學士學位，然後就讀巴菲特的母校哥倫比亞大學。他考進該校聲譽卓著的價值投資學程（Value Investing Program）——多年前巴菲特就是在攻讀這個學程時拜在葛拉漢門下[4]——隨後在2002 年取得企管碩士學位。

康姆斯在加入波克夏公司之前創辦了一家避險基金，名為Castle Point Capital，如果他當年繼續經營下去，或許能夠賺更多錢。[5]巴菲特說：「康姆斯和波克夏很契合，不僅是因為他有能力和才智，也因為他百分之百符合我們『簡單明瞭』的文化。我們想要一套根深柢固的文化，就算創辦人不在了，也不會被拿來檢驗。康姆斯在這方面絕對完美。」[6]

韋士勒在 2012 年受僱於波克夏，比康姆斯晚兩年，他和康姆斯一樣，也創辦過避險基金。50 歲的他生於紐約州水牛城（Buffalo），目前住在維吉尼亞州（Commonwealth of

Virginia）的夏洛特維爾市（Charlottesville）。

韋士勒非常崇拜巴菲特，以至於在 2010 年一場私人拍賣會中，他出價 262 萬 6,311 美元標下與巴菲特共進午餐的機會（後來那筆錢捐給了慈善機關）。第二年韋士勒再度競標，雖然其他競爭者的最高標金比前一年低[7]，但他還是將自己的出價提高 100 美元，達到 262 萬 6,411 美元，於是再度贏得和自己心目中的精神導師共進午餐的門票。[8]

韋士勒在 1989 年畢業於賓州大學華頓商學院（Wharton School of Business）經濟系，10 年之後創辦 Peninsula Capital Advisors 避 險 基 金。[9]巴菲特聘用韋士勒之前，Peninsula Capital Advisors 的 20 億美元資金報酬率高達 1,236％，隨後他解散該基金，進了波克夏。[10]

一開始，巴菲特給康姆斯和韋士勒各 10 億美元的投資組合，讓他們分開操作。後來巴菲特對他們的能力越來越有信心，就慢慢增加投資組合。他們在投資之前都不需要和任何人商量，不過巴菲特會追蹤績效，每個月查核。到了 2020 年，康姆斯和韋士勒管理的股票投資都將近 150 億美元，他們的績效獎金有八成來自於自己投資的成果，兩成來自對方的投資成果。巴菲特利用這種方式鼓勵團隊合作和分擔責任。

巴菲特在 2016 年談到他的新主管時說：「他們有絕佳的『生意頭腦』，迅速掌握可能會決定各種企業未來的那些經濟力量。他們了解什麼東西可以預測、什麼東西無法預知，這成為他們思考時的助力。」[11]

巴菲特後來說，他和蒙格所做過最好的決策之一，就是引

進這兩位主管。他半開玩笑的說：「這倆傢伙是我們所能找到唯一讀書讀得和我們一樣多的人。」[12]

下面來看看**波克夏在過去 10 年中最突出的收購案**。

·2011 年：路博潤化工公司

2011 年 3 月，波克夏用 97 億美元的現金，買下路博潤化工公司（Lubrizol Corporation）。[13]這家公司在 1928 年創辦於俄亥俄州（Ohio）的克里夫蘭市（Cleveland），目前總部設在鄰近的威克利夫市（Wickliffe）。路博潤專門生產化學產品，例如工程改造聚合物、塗裝材料、工業用潤滑劑、引擎油添加劑、特用化學產品、管線系統。

巴菲特覺得這項收購案很有吸引力的原因，想必大家應該都很熟悉了：

1. 股東權益報酬率（ROE）等於 34%。

2. 寬廣的護城河，也就是該公司擁有的 1,600 項專利。

3. 擁有定價實力，巴菲特說這是在為企業估值時最重要的因素。

4. 配息穩定增加，從 2005 年每股配發 1.04 美元，增加到 2010 年每股配發 1.39 美元。

5. 2/3 的營收來自美國境外。

6. 員工加入工會的比率低。

7. 股價合理（巴菲特買進時每股支付 135 美元，相當於 13 倍的本益比，預估下一年度本益比是 12 倍）。

8. 優秀、穩健的管理階層。[14]

・2011 年：美國銀行

美國銀行（Bank of America，簡稱 BoA）直到 2011 年時，依然因為經濟大衰退餘波盪漾而步履蹣跚，特別是面對高額訴訟一事——因為旗下的美林證券銷售價值被高估的住宅抵押貸款證券，致使美國國際集團（American International Group，簡稱 AIG）對美國銀行提起 100 億美元的法律訴訟。[15]

美國銀行在那一年雖然遭逢逆流，但是巴菲特卻投資 50 億美元買進該銀行的特別股，每年獲得 6％的股息。他同時得到一份權證，讓波克夏公司可以在 2021 年以前，以每股 7.14 美元的履約價格，購買 7 億股美國銀行的股票。而美國銀行則擁有選擇權，可以在任何時候以溢價 5％的價格，買回波克夏買走的特別股。[16]

2017 年，波克夏公司履行上述權證，購得 7 億股美國銀行股票，履約價格每股 7.14 美元。美國銀行在交易這天的收盤價是 23.58 美元，巴菲特賺到的差價非常驚人。波克夏支付這筆交易的方式，是拿 2011 年買的特別股來交換一百六十多億股普通股。[17]目前美國銀行是波克夏持股第二多的公司，僅次於蘋果公司，2022 年 6 月時，波克夏擁有的美國銀行股票超過 10 億股，價值約 343 億美元。

・2011 年：IBM

IBM 擁有的商務服務、經常性收入、市場領導地位，是最

初吸引巴菲特的地方，不過這家祖父級的科技公司，卻成了巴菲特罕見的失敗投資項目之一。

2011 年，波克夏以平均每股 170 美元的價格，購買 6,400 萬股 IBM 的股票，總價 107 億美元。[18] 6 年之後，也就是 2017 年，巴菲特開始擔憂 IBM 公司的未來，尤其是拿它來和蘋果公司比較時。短短 6 個月內，他開始出脫手中的持股，當 IBM 股價上升到每股 180 美元以上，便大幅賣出「相當數量的股票」。[19] 2018 年巴菲特完全出清持股時，IBM 的股價已經跌到每股 140 元左右。[20]

巴菲特的投資哲學很保守，只投資自己了解的公司，這套方法在其餘無數的情況都管用，沒想到這一次卻扯了他的後腿。儘管 IBM 堪稱是比較容易了解的科技公司，但也已經過了它公司生命週期的高峰。（關於這次出問題的投資，以及它如何影響巴菲特的思維，在第 3 章第 3 節討論巴菲特所犯的錯誤時，還會進一步說明。）

·2012 年：批發公司 Oriental Trading Company

Oriental Trading Company 販售價廉物美的派對用品，也賣藝術與手工藝品、玩具、新奇的小東西和學校用品[21]，創辦於 1932 年，是美國最早成立的批發商之一，總部就設在奧馬哈市。

2010 年 8 月 24 日這天，Oriental Trading Company 透過 OTC 控股公司（OTC Holdings Corp）向法院提出破產保護[22]，不過執行長泰勒（Sam Taylor）力挽狂瀾，帶領員工熬過

了那段時間，並且說服巴菲特買下公司。2012 年 11 月 2 日，波克夏宣布將以 5 億美元收購 Oriental Trading Company，藉此挽救這家公司。[23]泰勒本人因為罹患腦癌而於 2017 年辭世，享年 56 歲，如今公司由現任總裁兼執行長孟利克（Steve Mendlik）負責營運。

・2013 年：亨氏食品

2013 年 2 月 14 日，波克夏和 3G 資本公司（3G Capital）以 280 億美元買下亨氏食品（H. J. Heinz Co.）。亨氏符合巴菲特的投資標準，它擁有全球品牌認同度，和可口可樂、IBM 匹敵，當年波克夏也有這兩家公司很高比例的持股。此外，亨氏的財務績效卓越，巴菲特對 CNBC 說：「它是我們那種公司[24]」。他認為食品公司是一流資產，就像 Fruit of the Loom 或柏林頓北方聖塔菲鐵路公司那樣。[25]

巴菲特為了收購亨氏而支付溢價。據報導，「根據交易條款，他們每股支付 72.5 美元，比市場收盤價格高出 20％，也比這支股票的歷史最高點多了 19％。」[26]

波克夏和 3G 資本還付了大約 40 億美元的現金給亨氏，不過波克夏又多付了 80 億美元以取得特別股，每年可以收到 9％左右的股息。[27]在第 3 章第 3 節，將會更詳細的檢視這項收購案。

・2014 年：汽車經銷商 Van Tuyl Group

波克夏在 2014 年買下汽車經銷集團 Van Tuyl Group，該

集團由 78 家獨立經銷商和 100 家連鎖店組成，範圍跨越 10 個州，是全美國規模最大的私有汽車經銷集團，年營業額 80 億美元。[28]巴菲特將公司改名為波克夏海瑟威汽車公司（Berkshire Hathaway Automotive），不過這樁交易有點出乎常規，因為波克夏以往通常會刻意避開汽車業，而這場交易它卻支付了41 億美元。

Van Tuyl Group 最初在鳳凰城（Phoenix）成立，後來將總部遷到德州的達拉斯市（Dallas）。收購案完成後，執行長賴瑞・范泰爾（Larry Van Tuyl）依然是領導身分，同時也成為波克夏海瑟威汽車公司的董事長。這項做法符合巴菲特著名的模式，也就是留任原來的主事者，繼續仰仗他們的專業知識。巴菲特在接受 CNBC 的訪問時說：「我們認為可以大幅擴張賴瑞現有的營運規模。」[29]

・2014 到 2016 年：金頂電池

1989 年，波克夏斥資 6 億美元購買吉列公司的可轉換特別股；2005 年，寶僑公司（Procter & Gamble，簡稱 P&G）同意用 540 億美元收購吉列。2014 年時，波克夏用寶僑收購吉列時所換得的 47 億美元寶僑股票，向寶僑交換金頂電池（Duracell）。[30]

根據巴菲特的說法：「身為消費者和寶僑、吉列的長期投資人，我對金頂電池的印象一直很好。金頂是全球領導品牌，品質優良，以後加入波克夏一定會適應良好。[31]」這筆交易和波克夏的投資組合極為契合，尤其是巴菲特拿股票來買金頂電

池公司，大幅減少了稅負；假如當時他先賣出寶僑股票，取得現金後再來買金頂電池，而不是用股票交換，就必須繳交高額的資本利得稅。[32]

·2015 年：卡夫食品和亨氏食品

3G 資本和波克夏在 2015 年時各投資 100 億美元，促成卡夫食品（Kraft Foods）與亨氏食品合併，這樁交易根據卡夫食品（減去淨債務之前）的股價估值，估計價值大約是 360 億美元。[33]這項交易讓亨氏擁有卡夫食品 51％的股權，其餘 49％留給卡夫食品當時的股東[34]。合併之後的公司共計擁有 13 個品牌，每一個的價值都超過 5 億美元。[35]

新合併的超級公司 2014 年營收大概是 280 億美元，不過產業領導品牌百事可樂公司（PepsiCo）的營收是這個數字的兩倍多。[36]到了 2019 年 2 月，卡夫亨氏食品（The Kraft Heinz Company）卻傳來令人失望的消息：它的無形資產沖銷（write-down）150 億美元，形同承認該公司的知名品牌商標，例如 Oscar Mayer 和卡夫（Kraft），價值都被高估了。[37]

卡夫亨氏也因為會計違規遭到調查，股價在一天內跌了 30％，從 2015 年合併之後，股價腰斬一半以上，導致波克夏損失 40 億美元。巴菲特還聲稱一些自有品牌的競爭，例如好市多的科克蘭（Kirkland Signature），也是卡夫亨氏營業額減少的重要原因。[38]

現在巴菲特承認，他當年買卡夫食品花太多錢，可能是誤判了形勢。「說起來它仍是一家很棒的企業，使用 70 億美元

的有形資產，賺到 60 億美元的稅前利潤。……不過……我們付了 1,000 億美元的有形資產，所以對我們來說，它應賺 1,070 億美元，而不僅是現在營運所使用的 70 億美元。」[39]

·2016 年：精密鑄件公司

波克夏於 2016 年斥資 321 億美元收購精密鑄件公司（Precision Castparts Corporation），這是波克夏至今金額最高的一筆交易。[40]精密鑄件總部設在奧勒岡市（Oregon），專門製造飛機和航太零件，在波克夏收購這家公司之前，康姆斯就已經開始買進他們的股票，並且很快跟巴菲特提起這件事，後來波克夏便把整家公司買了下來。[41]

精密鑄件是世界領先的航太零件供應商，例如大型飛機用的緊固件（按：例如鉚釘、螺絲等機械元件）和渦輪引擎葉片，還有發電廠、石油與天然氣產業所使用的管路。這些零件大多數是為原廠設備所設計，可是備用零件也是該公司營運模式中很重要的一部分。精密鑄件產品的供應合約，通常從下單到交貨需要好幾年的時間，這也形成了一條護城河。[42、43]

·2016 年：蘋果公司

我在第 2 章第 3 節已經詳細解說過，波克夏在 2016 年 5 月買了價值 10 億美元的蘋果公司股票，然後又在一年之內，也就是 2017 年 2 月，宣布蘋果成為波克夏持股比例第二高的公司，總股數 1 億 3,300 萬股，價值 170 億美元，占蘋果公司 2.5％的股權。[44]

波克夏對這家高階科技公司一直保持極大的興趣，到了 2019 年 10 月，波克夏已經擁有 2 億 4,958 萬 9,329 股蘋果公司股票，價值超過 589 億 6,000 萬美元。2021 年底時，蘋果成為波克夏持股最高的公司，總共擁有 9 億 755 萬 9,761 股，價值 1,611 億 5,000 萬美元。[45]

・2016 到 2020 年：四大航空公司

2016 年 11 月，波克夏投資了四大航空公司：美國航空、聯合大陸航空、達美航空、西南航空。此舉令很多人吃驚，因為這似乎違反巴菲特過去的經驗，他以前投資商用航空業失利，學到負面的教訓，於是不願再投資航空業。

從 1989 年到 1996 年，幾乎在每一年的致股東信函中，巴菲特都會提到他投資全美航空公司的那次錯誤；2007 年時，他又再解釋反對投資航空公司的主張：「最精糕的生意，是那種成長迅速，又需要投入大量資本以求成長，然後賺的錢少之又少的生意。想一想航空業，自從萊特兄弟（Wright brothers）的時代以來，認為航空業有持久競爭優勢的想法，已經證明是幻想。事實上，假如當年萊特兄弟在小鷹鎮（Kitty Hawk）首次飛行時，有個目光長遠的資本家在現場就好了，那他就會把奧維爾（Orville，萊特兄弟中的弟弟）射下來，幫後代資本家一個大忙。」[46]

2002 年巴菲特接受採訪時，也發表了類似的言論：

「如果 1900 年代初期有個資本家親臨小鷹鎮現場，他就

應該把奧維爾·萊特射下來，這樣就會保住他後代子孫的錢財。不過說正經的，航空業真了不起，上個世紀它吞食的資本比其他產業都多，因為人們似乎前仆後繼的投入資金。航空業有龐大的固定成本、強勢的工會，產品價格彷彿大宗商品，這些可不是成功的好配方。我手上有一個免付費電話號碼，如果哪天我突然很想買航空公司的股票，就會打這個電話。我可以在半夜兩點打過去說：『我是華倫，我有航空股成癮。』然後對方就會好說歹說勸我打消念頭。」[47]

　　儘管有違自己的忠告，從 2019 年 10 月開始，巴菲特和康姆斯、韋士勒著手收購數十億美元的航空公司股票，以下是投資四家航空公司的數字：

　　·西南航空 5,364 萬 9,213 股，價值 28 億 9,276 萬 5,565美元。
　　·達美航空為 7,091 萬 456 股，價值 37 億 5,470 萬 8,645美元。
　　·美國航空 4,370 萬股，價值 11 億 9,563 萬 2,000 美元。
　　·聯合大陸航空 2,193 萬 8,642 股，價值 19 億 1,195 萬2,650 美元。

　　總計下來，波克夏投資航空公司的金額達到 97 億 5,505萬 8,860 美元，以整體股票投資組合的 2,166 億 2,114 萬 8,782美元來計算，航空股占了 4.5％。

是什麼事情改變了巴菲特的看法？也許是因為康姆斯和韋士勒的影響，也可能是航空業內部的整併顯示獲利能力變強了。不過無論巴菲特的原因是什麼，他的樂觀期待都因為新冠肺炎病毒大流行的效應而落空了，航空公司的股票不敵疫情而重挫。

2020 年 3 月，波克夏開始出售持有的航空股，先前擁有德美航空 11.1％的股權，這次拋售其中 18％（價值 3 億 1,400 萬美元）；原本持有西南航空 10.4％的股份，這次也賣了其中的 4％（價值 7,400 萬美元）。[48]

2020 年股東大會時，巴菲特宣布由於疫情太過嚴峻，促使波克夏決心出清所有航空公司的部位（總價值 61 億美元的股票）。他解釋，因為航空旅行的不確定性揮之不去，將會造成機位賣不出去、票價降低、獲利能力下滑。

美國航空公司前執行長柯蘭多（Robert Crandall）說，他很喜歡替這家航空公司工作，不過他也稱航空業是「糟糕、惡劣的行業」，並且叫員工不要買自家公司的股票，因為航空業根本不賺錢。[49]阻礙航空業的原因有很多：高資金成本、工會化的勞工、燃料價格波動，還有其他無法預測的層面。

· 2018 年：避風港健康照護計畫

2018 年 1 月，巴菲特和亞馬遜公司執行長貝佐斯、摩根大通銀行（J. P. Morgan）執行長戴蒙（Jamie Dimon）宣布將創立新的合夥事業，名為「避風港」（Haven），主旨是降低美國健康照護的成本。

　　美國健康照護的成本膨脹似乎永無止境，巴菲特稱之為「美國企業與競爭力的蛔蟲[50]」，他說想要和自己仰慕的兩位企業領袖合作，看看三人能否找到辦法，開創一個新的模式，提供具有成本效益的健康照護服務。

　　巴菲特向投資人保證，他們不會開一家新的健康保險公司，而且他參與這項合夥事業的動機「主要不是為了營利[51]」。然而除去這些，巴菲特語帶模糊，只說每人每年平均花在健康照護的費用，從 1960 年的 170 美元，增加到如今的一萬多美元──這實在太荒唐。[52]他說：「我們想要員工以較低的成本獲得較好的醫療服務。我們將來拿出來的，肯定不會比員工目前所得到的服務還差。」[53]

　　波克夏、亞馬遜和摩根大通銀行這三個組織的員工加總起來，超過 100 萬人，聯手之後也許能夠想出某種嶄新、省錢的健康照護模式。巴菲特沒有著墨特定細節，但明確表示這個團體會力圖節約，希望他們的模式可以被更多人採用。他說：「阻力將會大得難以想像，但即使最後失敗了，至少我們嘗試過。[54]」結果沒想到此言一語成讖。

　　避風港計畫的最終目標，是啟發一套全國都適用的新模式，用以降低健康照護成本，不過巴菲特坦承這實在太難了。他很謹慎，不輕易做出承諾，三方甚至沒有將合夥協議付諸正式的紙本約定，但對於這份事業的期盼與企圖心藏都藏不住，他說：「有這樣的機會──誰也無法量化的機會──可以讓我們做一些重要的事。我們比大多數人更有嘗試的條件，肯定也有了合適的夥伴，所以我們打算放手一搏，看看之後會有什麼

結果。」[55]

　　然而避風港在 2021 年 2 月宣布即將解散，美國健康照護產業的營運制度問題太深重且複雜，除非出現巨大的社會亂象（social disruption），否則情況難以改變。

・2019 年：亞馬遜

　　2019 年 5 月 2 日，也就是波克夏年度股東大會召開的前一天，巴菲特對 CNBC 說，波克夏的一位投資主管（不是康姆斯就是韋士勒）已經在買進亞馬遜的股票。巴菲特承認：「我已經是這家公司的粉絲，我真是傻，『粉』了這麼久都沒有買進。」不過他也說，身為長久以來討厭科技股出了名的投資人，現在要對電視觀眾保證，他並沒有性格大變。[56]

　　巴菲特舉重若輕的態度，也許淡化了他對這項感興趣項目的認真程度。當天波克夏向證券交易委員會提出報備：前一個季度結束時，波克夏擁有 48 萬 3,300 股亞馬遜公司的股票。到了 2021 年底，波克夏的持股價值將近 20 億美元，相當於亞馬遜公司發行在外股票的 0.1%。

・2019 年：阿納達科石油公司

　　近年來巴菲特對石油公司股票顯得不怎麼感興趣，不過當波克夏投入 100 億美元協助西方石油公司（Occidental Petroleum Corporation）收購阿納達科石油公司（Anadarko Petroleum Corporation）時，他的態度改變了。

　　阿納達科在沿著德州和新墨西哥州邊界的二疊紀盆地

（Permian Basin）占有領先地位，那裡是全世界石油產量最高的油田之一。波克夏總共斥資 100 億美元，購得該公司 10 萬股特別股，每年配息 8％。[57]此外波克夏也獲得權證，可用每股62.5 美元的價格購買西方石油的股票，上限是 8,000 萬股。[58]公司合併協議規定，西方石油公司收購「阿納達科公司所有發行在外股票。支付方式是用現金 59 美元加 0.2934 股西方石油公司的普通股票，換 1 股阿納達科公司的普通票股。」[59]

巴菲特近年來的投資重心似乎從持有電力類股，轉移到再生能源股票，例如風力和水力發電。[60]看在旁觀者眼裡，巴菲特投資西方石油顯示他對石油業有信心，並且相信市場沒有充分體認到，西方石油和阿納達科石油的資產基礎與生產能力加總起來，是很有價值的標的。

·2020 年：零售商克羅格公司

波克夏在 2020 年以 5 億 4,900 萬美元購買 1,900 萬股克羅格公司（Kroger）的股票（占該公司 2.3％的股權）。[61]克羅格是全美最大的雜貨零售業者，波克夏此舉雖然沒有成為克羅格的大股東，卻也擠進了前十大股東的排名[62]，對於從孩提時就在祖父的雜貨店當打雜小弟的巴菲特來說，是有那麼一點因果循環的味道。到 2022 年時，波克夏已經持有 6,180 萬股克羅格公司的股票，價值 28 億 7,000 萬美元。

·2020 年：日本五大商社

2020 年，巴菲特宣布波克夏已經購買價值 60 億美元的日

本五大綜合商社的股票（占 5％股權），這 5 家商社分別是住友商事、三菱商事、伊藤忠商事、三井物產、丸紅。[63]巴菲特這麼做有幾個原因，其一，這是他國際多角化策略的一部分，因為美元貶值，而且美國的資產變得昂貴；其二是這麼做的結果，是把股息和股價換算成貶值的美元，就變得很划算。以 2021 年底來說，巴菲特因此獲利 30％以上。

·2020 年第 3 季總體投資變化

2020 年第 3 季，波克夏投資雲端數據公司 Snowflake。這家公司的股票首次公開發行時，第一天的掛牌價是每股 120 美元，波克夏持有人約價值 7 億 3,000 萬美元的股票，當天收盤價格即漲到 253.93 美元（增幅 111％），也就是波克夏公司一天內就賺了 8 億美元。[64]2022 年 3 月時，這支股票的價格是 197.42 美元。

可能是預期疫苗和其他新冠肺炎病毒相關題材股的獲利即將暴衝，波克夏在 2020 年第 3 季時對 4 家藥廠投資了 57 億美元，包括：艾伯維藥品（AbbVie，2,130 萬股）、必治妥施貴寶（Bristol Myers Squibb，3,000 萬股）、默克集團（Merck，2,240 萬股）及輝瑞藥廠（Pfizer，370 萬股）。於此同時，波克夏也出清了手中好市多的股票、賣出 44％的巴里克黃金公司（Barrick Gold）投資部位，還有釋出價值 40 億美元的蘋果公司股票。[65]

·2020 年第 4 季總體投資變化

波克夏在這一季買了 41 億美元的雪佛龍（Chevron）能源公司股票，和 86 億美元的威訊通信（Verizon）股票。此外，波克夏出清摩根大通銀行、PNC 金融、M&T 銀行、輝瑞、巴里克黃金的全部持股，還減碼了一些公司的股票，包括 6％的蘋果股票、59％的富國銀行集團（Wells Fargo）股票、28％的森科能源（Suncor Energy）公司股票、9％的通用汽車（General Motors，簡稱 GM）股票。[66]

哥倫比亞商學院經典案例，巴菲特

·最糟糕的生意是那種成長迅速，又需要投入大量資本以求成長，然後賺的錢少之又少的生意。

·我有一個免付費電話號碼，如果哪天突然很想買航空股，就會打這個電話，然後對方就會好說歹說勸我打消念頭。

---

03 一季虧損 500 億，
　　巴菲特也會犯錯

有人自行研判未來一、兩年企業的走向，然後設法揣測最好的
買進時機，我認為這正是投資人會犯的最大錯誤，因為世事永
遠無法確定。人們說這是不確定的時代，2001 年 9 月 10 日那
天同樣不確定（按：那天是 911 恐怖攻擊的前夕），人們只是
不知道罷了。事實上每一天都是不確定的，所以做任何投資
時，都要把不確定視為投資的一部分。

話又說回來，不確定性也可以對你有利，我的意思是，當人們
心裡恐懼，買東西時願意付的錢就比較少。我們會設法決定價
格，但絕對不揣測時機。[1]

　　　　　　　　　　　　　　　　　　　　　　——巴菲特

　　人人都會犯錯，即使是巴菲特也不例外，可是他沒有因為
錯誤而煩惱。有的人拒絕承認自己犯錯，也有的人為了判斷出
錯而耿耿於懷，巴菲特和他們的不同之處在於，他願意仔細檢
視投資決策，然後從那些不如預期的投資項目中學會教訓。

衝動、誤判，巴菲特也會看錯

　　2009 年我拜訪巴菲特時，他提到大聯盟史上只有一個

打手的打擊率超過 0.400（泰德‧威廉斯〔Ted Williams〕在 1941 年創下 0.406 的成績），但就算是他，失敗率也將近 60%。不過在巴菲特看來，比打擊落空更糟的，是機會來了卻沒發現。

巴菲特說：「最重要的錯誤是錯過——那種錯不會顯現在財務報表上，也就是錯過機會。我需要做、能夠做卻沒有去做的事，這一種是我生命中所犯過最大的錯誤。」

這一章將檢視巴菲特犯過的一些投資錯誤——有他不智的收購行動，也有他錯過的機會。

‧1942 年：城市服務公司

巴菲特 11 歲那一年買了人生第一支股票：經營天然氣的城市服務公司[2] 6 股特別股，當時每股價格 38 美元，其中 3 股是他自己的，另外 3 股是替姊姊朵麗絲買的。[3]遺憾的是，股價很快下跌到 27 美元，巴菲特開始緊張了，因為他不希望姐姐賠錢。所幸股價後來回升到 40 美元，巴菲特趕緊賣掉，但沒想到之後眼睜睜看到它漲到 200 美元。[4]這就是巴菲特在股市中學到的第一堂投資課：要有耐心，別讓大盤的波動影響你的行為。

‧1952 年：辛克萊加油站

巴菲特最早犯的投資錯誤之一，是 21 歲那年和一位奧馬哈友人花了 2,000 美元，買下一座辛克萊（Sinclair）加油站，這筆錢是他當時淨資產的 20%。不久之後巴菲特就發現，對

街那座規模較大的德士古（Texaco）加油站生意比他好，因為
德士古的品牌比較有名，顧客很忠誠。以今天的幣值換算，巴
菲特因為做這筆交易而付出的機會成本是 60 億美元。

那次經驗也是巴菲特早年學到的另一項教訓：品牌認同度
的威力有多大。[5]除此之外，那次經驗也讓他明白，在一頭栽進
去投資之前，研究目標公司的帳冊是不可或缺的一環。現在他
時時強調打品牌的重要性，確保自己所有的員工也都了解那真
的很重要。

‧1952 年：蓋可保險

1951 年，巴菲特把自己半數以上的淨資產拿去投資蓋可
保險（他一共買了 350 股，每股價格 29.375 美元，總成本為
10,281.25 美元）。到了 1951 年底，巴菲特得到 28％的報酬
率，此時這筆投資已經占他總資產淨值的 65％。

然而成功來得太快，讓巴菲特沖昏了頭，導致他犯了一個
嚴重的錯誤。1952 年，他出清蓋可的所有投資部位，然後把
錢拿去投資西方保險證券公司，因為西方保險的股價看起來很
便宜，再加上葛拉漢曾灌輸過如何撿便宜的種種心得。可是接
下來的 20 年，巴菲特看著他賣掉的蓋可股票價值一飛沖天，
遠超過 100 萬美元。他太早出手了。

這又教了巴菲特一課，讓他自此永遠改變投資行為，他學
到需要持有優秀企業更長的時間。

‧1964 年：美國運通

1963 年，美國運通公司涉入一樁詐欺案，該詐欺案造成的總損失高達 1 億 8,000 萬美元，換算成今天的幣值，等於 15 億 2,000 萬美元（按：約新臺幣 479 億 7,120 萬元）。[6]此事導致美國運通公司的股票下跌 50％以上。

巴菲特利用費雪的八卦投資法，來檢視這事件對美國運通的影響，他發現人們在餐館用餐、購物、銀行往來、旅行時，依然使用美國運通信用卡和支票。同時他也評估美國運通公司的財務狀況，之後便在 1964 年將合夥事業的 25％資產拿來投資這家公司——他在兩年後出售這些股票時，股價已經漲成原來的兩倍，這筆投資為他的投資人賺進了 2,000 萬美元。

這毫無疑問是一次非常出色的投資，只是假設巴菲特當年沒有賣掉股票，如今的價值將是數十億美元。所以他再次學到教訓：一旦投資卓越的企業，就需要長期持有。

‧1962 年到 1964 年：波克夏海瑟威紡織公司

就像我在第 2 章第 2 節描述的，1960 年代時，巴菲特想要賣掉手裡波克夏海瑟威紡織公司的股票，一開始的出價是每股 11.5 美元，隨後他收到公司方面寄來的信，信中提出公開收購（按：tender offer，指收購人不經由證券市場買賣，而以公開方式，以特定價格收購有價證券）的意願，不過還價到每股 11.375 美元。巴菲特一怒之下，轉頭就把整家公司買了下來，還炒了公司老闆的魷魚。接下來巴菲特花了 20 年時間經營這家紡織公司，希望能讓它轉虧為盈。

這樁交易的教訓很明顯：投資的時候不要被情緒左右。巴菲特曾說，買下波克夏是他一生中最大的投資錯誤之一，若用今天的幣值換算，這家公司害他賠了幾十億美元。

巴菲特向來堅持，投資最重要的技巧就是控制脾氣，這就是一個很鮮明的例子。我懷疑他之所以把投資失敗的公司名稱，拿來作為自己投資事業的名字，原因之一就是為了時時提醒自己，切莫再這樣賭氣。巴菲特自己估算過，如果當年將相同的資金投入保險公司，波克夏的價值會比今天多 2,000 億美元，他說：「當一個以精明出名的經營者，碰上眾所周知經濟頹敗的企業，最後保住名聲的會是那家企業。」[7]

・1966 年：霍克希爾德・柯恩百貨公司

巴菲特第一次把整家企業買下來的，是位於巴爾的摩市（Baltimore）的霍克希爾德・柯恩百貨公司（Hochschild, Kohn & Co.），他與合夥人蒙格及戈特斯曼（David Sanford Gottesman）在 1966 年聯手買下該公司的全部股票。[8]

巴菲特三人買下霍克希爾德・柯恩百貨的原因是：（1）該公司的售價低於帳面價值；（2）擁有傑出的管理團隊；（3）有未入帳的不動產價值作緩衝；（4）有可觀的後進先出（按：Last In First Out，簡稱 LIFO，越晚購入的貨物越先賣出的會計方法）存貨作緩衝。[9]後進先出會計法會讓帳面上的存貨價值變少，因為只有多年前的低成本存貨還留著。

所有這些因素都指向這家百貨公司很有價值，但是說到底，霍克希爾德・柯恩是不折不扣的零售業者，而零售業是挑

戰性高得離譜的行業。[10]問題就出在消費者的偏好和銷售管道不斷改變，所以很難保持任何競爭優勢。此外，實體零售業的進入門檻低，也會造成護城河難以維持。

很多投資人都是從痛苦經驗學到這項事實。想想看，長年高踞零售業龍頭的西爾斯（Sears）和傑西潘尼（JC Penny），這兩家百貨業巨頭如今都已經形同死亡。我寫這本書時，新冠肺炎病毒大流行造成各行各業停擺的衝擊，正在拖累其他全國性零售連鎖商走上破產之路，當然科技取代傳統零售業的趨勢，也使情況雪上加霜。我們的購物方式正在發生劇烈且迅速的改變，整體來說，是亞馬遜和電子商務摧毀了傳統實體店面，這個現象在經濟停擺期間更是如火如荼的進行，沒有人對此做了準備，連亞馬遜創辦人貝佐斯也沒有。零售業早就存在產能過剩的成本問題，如今這項趨勢帶來更大的壓力，進一步壓縮了傳統銷售管道的利潤。[11]

消費者偏好改變、開店地點不理想、進入門檻低，加上其他趨勢的改變，讓霍克希爾德·柯恩被遠遠拋在後面。巴菲特在 3 年後出售這家零售商的股票，把原先投資的金額拿回來——沒有賺到錢。他從這次投資學到的教訓是：寧可「用公平的價格買一家優越的公司，也不要用優越的價格買一家平庸的公司[12]」。蒙格加入波克夏時便強調了這個概念，而這個概念很快就成為巴菲特衡量投資時的核心原則。

· 1966 年和 1995 年：迪士尼公司

1966 年，巴菲特將合夥事業 5％的錢拿去投資迪士尼公

司，相當於 400 萬美元。[13]他在 1 年之內就出清了這項投資，
入帳 620 萬美元，得到 220 萬美元豐厚的利潤。只是這筆交易
卻不幸又成為他事業生涯中所犯下的最大錯誤之一，害合夥事
業付出昂貴的代價，因為這次賣掉的股票後來增值為 170 億美
元，另加 10 億美元股息。[14]

想想看其中的機會成本——假如巴菲特有了這筆錢，本來
可以做多少事。他在 1998 年的股東大會上這麼說：「賣掉迪
士尼確實是很大的錯誤，我當初應該繼續買進才對。」[15]

到了 1995 年，巴菲特又犯同樣的錯誤。那一年波克夏擁
有首都城市傳播公司的股票，因此當迪士尼宣布將收購首都城
市傳播時，波克夏就忽然擁有了 2,100 萬股迪士尼公司的股
票。結果波克夏在 2000 年底將持股全數出清，假如當年巴菲
特把迪士尼的股票留下來，到今天的價值會是 139 億美元。[16]

·1968 年：英特爾公司

1968 年，半導體專家諾伊斯（Robert Noyce）和摩爾
（Gordon Moore）創辦了英特爾公司（Intel Corporation）。[17]
這家公司隨後逐漸變成全世界的頂尖科技公司之一。當時巴菲
特原本有機會投資英特爾，因為他和諾伊斯都是愛荷華州格林
內爾學院（Grinnell College）的董事會成員。諾伊斯說服巴菲
特的好友羅森菲爾德（Joe Rosenfield）和格林內爾學院的投資
基金，各出資 10 萬美元投資英特爾，至於巴菲特因為顧慮到
欠缺安全邊際，所以婉拒投資，結果這也成為他犯下的重大投
資錯誤。不過這個顧慮倒是符合他個人的趨向：不投資科技公

司，不投資缺乏安全邊際的公司。

·1975 年：Waumbec Mills 紡織公司

巴菲特買了失敗的紡織公司波克夏海瑟威之後，感到很後悔，但是 13 年後他又犯了同樣錯誤，這次買的是新英格蘭另一家紡織公司 Waumbec Mills，顯然工夫沒有學透徹。他這次確實沒有在投資時被情緒左右，但還需要學習更深刻的功課，那就是不要經不起便宜價格的誘惑。

2014 年巴菲特在致波克夏股東的信函中寫道：「你們相信我在 1975 年買了 Waumbec Mills 紡織公司嗎──另一家新英格蘭的紡織公司？當然啦，根據我們買進的價格，以及預估它和波克夏現有紡織事業具備的綜效，這項收購價格確實『便宜』。儘管如此，Waumbec Mills 其實是場災難，這家紡織公司沒過幾年就不得不關門大吉了。驚喜吧！」[18]

這下巴菲特終於學會了。他在 2017 年時對 CNBC 說：「如果一開始沒有成功，你就不會成功了。這時候要放得下，調頭再想新的策略。[19]」他也學到了，當企業所依賴的產品或服務面臨利潤降低時，擁有這樣的企業相當不利。

·1980 至 1990 年代：微軟公司

眾所周知，巴菲特錯失投資微軟的機會，誠如我們所見，他只有投資自己了解的公司或產業，才覺得安心，這項原則使他一開始就排除投資微軟的念頭。後來巴菲特和微軟的共同創辦人比爾·蓋茲成為朋友，他又擔心如果投資對方的公司，可

能損及雙方關係，也可能被監管單位視為不妥，唯恐他們兩人分享內線消息，為此巴菲特損失了好幾十億美元的機會成本。

2010 年和 2012 年，巴菲特先後聘用康姆斯和韋士勒擔任基金經理，此舉顯然是承認他對科技的無知會使波克夏付出代價，而這種情況不能再繼續下去。

我個人從這件事學到的是：不要害怕學習超出個人能力範圍的知識──不然就做好準備，授權給那些更懂的人。

・1989 年：全美航空

巴菲特一再目睹投資航空業的慘澹後果，但他還是不斷重蹈覆轍，以至於 2002 年他開玩笑說自己「航空股成癮」。[20]

巴菲特第一次涉足航空業是在 1989 年，當時全美航空的執行長科洛德尼（Ed Colodny）說服他投資，以保護全美航空不被某個避險基金惡意收購，於是巴菲特買了 3 億 5,800 萬美元可轉換特別股，年報酬率 9.25％。[21]他當時買入的價格是 52美元，按照約定，未來轉成股票的履約價格是每股 60 美元，可惜他始終未能轉換，因為全美航空的股價一直沒有漲到 60美元。科洛德尼回憶，巴菲特一等到可以賣出股票拿回現金就立刻出手，但只是拿回了本金，一毛錢也沒賺到。[22]

巴菲特在 2002 年接受訪問時，坦承他對航空股有強烈癖好，即便受傷也不在乎。他說航空業「上個世紀比別的產業吞食更多資本，因為人們似乎前仆後繼的投入資金。[23]」

巴菲特說，航空公司的鉅額固定成本、強勢工會、定價方式，在在使得這個產業特別難以成功，但即便如此，他仍然沒

有從投資全美航空得到教訓，後來在 2016 年到 2020 年間，又陸續買進 4 家航空公司的股票。

巴菲特開玩笑說：「現在我有一個免付費電話號碼，如果突然很想買航空股，就會打這個電話。我可以在半夜兩點打過去說：『我是華倫，我的航空股癮頭犯了。』然後對方就會極力勸我打消念頭。」[24]

巴菲特對於航空公司的投資決策，似乎受到自己的期待心理所影響，他預期行業內部整併將會提升獲利能力，另外他也可能過度強調航空業高門檻的這個好處。巴菲特認為高門檻是一種持續的優勢，能為股東創造很有吸引力的報酬。

·1991 年：所羅門兄弟

所羅門兄弟投資銀行是巴菲特最糟糕的投資項目之一。1990 年代初期爆發的一連串醜聞，差點讓所羅門兄弟破產，但也促使巴菲特發動緊急收購，當時他已經投資該公司 7 億美元（在 1987 年買進，占 12％股權）。[25]

上述醜聞中有一件發生在 1990 年底，起因是所羅門兄弟的某位交易員非法競標政府公債。按照規定，任何單一競標者在美國國債的標售中，不得申購超過 35％的份額，但這位交易員企圖購買 35％以上的額度，想藉此控制市場[26]。銀行的內部調查員發現有兩筆非法投標，標的物是 5 年期國庫券（Treasury Notes），價值 60 億美元[27]，可是交易員並未因此被解僱。到了第二年，也就是 1991 年 5 月，所羅門兄弟銀行故技重施，又想要控制國庫券市場，不過這次被證券交易委員

會逮住了，祭出 2 億 9,000 萬美元的罰款，所羅門的執行長古弗蘭被解僱。[28]犯下這兩件非法投標醜聞的交易員被判 4 個月徒刑，這是欺瞞監管人員犯行的最低刑期。[29]

　　這個事件迫使巴菲特出席國會聽證會作證。他先為違法行為道歉，強調所羅門兄弟銀行的大多數員工都品行端正，並保證公司會全心全意配合任何聯邦調查。巴菲特說：「說到底，服從精神不僅是口頭說說罷了。」他繼續說道：

　　「我希望表達正確，希望完整實現內部控制，不過我也已經要求每一位所羅門員工做自己的糾察隊。在他們遵循所有規定之後，我會要求他們捫心自問，願不願意自己在盤算的事情被消息靈通和批判性強的記者寫出來，成為隔天報紙上的頭條新聞，然後被自己的伴侶、孩子、朋友看到。如果他們確實遵照這項測試，就無須害怕我對他們傳達的另一則訊息：銀行損失金錢我會諒解，但損失一絲一毫信譽，我會不留情面。」[30]

　　1977 年，旅行者公司以 90 億美元買下所羅門兄弟銀行，巴菲特全身而退。他從這筆交易分得 17 億美元，所以是賺到了 10 億美元的利潤。[31]純粹從會計的角度來看，投資所羅門兄弟，技術上並不算錯誤，然而這件事給巴菲特留下惡劣的感受，促使他長期強調任何品牌都應堅持誠實與正直。

·1993 年：鞋業公司 Dexter Shoe Company

1993 年，巴菲特用價值 4 億 3,300 萬美元的波克夏股票，

買下當時全世界聲譽最佳的製鞋公司 Dexter Shoe Company。[32]
我認為巴菲特這次投資的錯誤，是敗在過度自信的偏誤，未能
察覺海外廉價勞工的效應，也不清楚這將會損及 Dexter 以品
牌為基礎的競爭優勢。

巴菲特在 2015 年的致股東信函中這麼說：「我們一度興
旺的 Dexter 結束營業了，緬因州（Maine）小鎮上 1,600 名員
工因此失業，其中有很多人已經過了能再學習另一門技能的年
齡。我們損失了整個投資，我們承受得起，可是很多員工卻失
去了生計，沒辦法再找到工作。[33]」那些股票如果換算成今天
的價值，大約是 90 億美元。[34]然而更重要的是機會成本，如果
用那 90 億美元去投資，不知道會產生多大的效益。

‧1998 年：通用再保險公司

1998 年，波克夏發行 27 萬 2,200 股股票以購買通用再保
險公司，此舉讓波克夏的股票數量增加了 21.8％。[35]

這樁交易有兩件事出錯。通用再保險公司在金融衍生性商
品方面曝險太高，而且公司的名聲不佳。巴菲特在 2009 年的
股東大會上指出：「我錯得太離譜了，1998 年買進時，我以
為它是 15 年前的通用再保險，以前它在保險界絕對是名聲顯
赫的公司。」[36]

由於巴菲特擁有廣泛的商務經驗，才得以避開災難，他指
示通用再保險的團隊盡量停賣公司的衍生性產品，越快越好。
巴菲特迅速採取行動以降低潛在災難的衝擊，而不是枯坐等待
情況自己好轉，這種快刀斬亂麻的手法，和他在 2020 年處理

航空公司股票時如出一轍。[37]此外他也換掉高階管理團隊，他坦承：「我的錯誤造成波克夏股東的付出大於收穫（儘管聖經上支持施比受更有福，但是在收購企業時，這絕對不是什麼福氣）。」[38]

用直白的話來說，巴菲特的錯誤，導致波克夏的股東在 2001 年付出 8 億美元代價。那麼這次的教訓是什麼？就是：永遠要預先分析最糟糕的情況會是什麼，並且判斷行動之後會付出什麼代價。[39]還有，假如事情出錯，最好盡早停損出場。更重要的是，好的經營團隊是企業成功的關鍵。[40]

・1998 年到現在：Google

有時候機會近在眼前。[41] Google 創辦人布林和佩吉在 2000 年代末期找過巴菲特，希望他投資這家公司，但是巴菲特沒有答應，因為他誤以為 Google 只是另一個搜尋引擎，結果沒想到它是威力強大的廣告工具。

巴菲特本應該想得到的，因為波克夏已經很熟悉 Google 的營運模式，會利用它替蓋可保險打廣告。巴菲特和蒙格再次錯過投資科技公司，也錯過賺進數十億美元的大好機會。

・2003 年：沃爾瑪

巴菲特在 1990 年代買進沃爾瑪（Walmart）百貨，他的目標是用每股 23 美元的價格購買 1 億股。可是每次他要出手時，股價總是比他的理想價格又多漲了幾美分，所以他在 2003 年決定收手不買了。[42]在 2004 年的股東大會上，巴菲特說了以下

這段話：

「我害大家付出了 100 億美元的代價。查理說這聽起來並不像我最糟糕的點子——他給的可不是讚美。但你們知道嗎，我們買了一點，然後它往上漲了一點，我就在想『哎呀，你們知道的，股價可能還會拉回來』之類的——誰知道我在想什麼？我的意思是，你們知道的，只有我的心理醫生能告訴我（在想什麼）。那股焦躁、不肯多付一點的心理——現在已經變成 100 億美元的代價了。」[43]

那 1 億股投資部位，在 2019 年的價值可能已經攀升到 120 億美元左右，而且還沒算進 20 年來的股息收入，如果算進去，總報酬還會更高。從 2004 年開始，沃爾瑪股東每年的總報酬率是 7.5%。[44]

這次投資錯誤的主要教訓是，如果你相信自己的理念，最好為了較高的品質多付出一點錢。天下沒有完美的價格，假如你認為某檔股票價格被低估，那麼為它添個 5% 的價碼也不會害死你。[45]

·2006 年到 2014 年：特易購

巴菲特在 2006 年首度買進英國最大的連鎖超市特易購（Tesco）的股票，然而該公司管理階層的變動逐漸塵埃落定之後，獲利能力卻開始穩定下降。巴菲特沒有注意到這個跡象，儘管 2012 年曾出現過獲利警訊，他還是增加對特易購的

投資，達到該公司股份的 5％以上。第二年，他終於清醒過來，對公司管理階層「不再抱有幻想」，在本來持有的 4 億 1,500 萬股中，賣掉了 1 億 1,400 萬股。

巴菲特犯下的錯誤是，明明應該全部出脫持股，他卻不肯放手——也許是出於規避損失的心理吧。特易購的問題沒有改善，反之市場占有率繼續萎縮，利潤遭到擠壓，會計問題開始浮上檯面。

2014 年這一整年，巴菲特繼續出售特易購的股票，最終稅後虧損總計 4 億 4,400 萬美元，也就是波克夏淨值的 0.2％。[46] 教訓是什麼呢？就是一旦發現管理不善的苗頭，就立刻賣股走人，否則就換掉管理團隊。

後來巴菲特承認：「我在賣出時總是慢吞吞，事後證明代價非常昂貴。查理稱這種行為是『吸手指（thumb-sucking）』（想到我的拖延害公司付出那麼高的代價，他這麼說真是善良）。在商場上，壞消息往往是一個接一個連續浮出檯面：你在廚房看見一隻蟑螂，過幾天就會看到牠的親戚了。」[47]

．2008 年：康菲公司

我在第 2 章第 4 節討論從眾偏誤時，詳細說明了這筆投資，巴菲特不顧自己千錘百鍊的法則，也就是在股市血流成河時買進，反而在石油價格逼近高點時受到情緒控制，買下了康菲公司，害波克夏損失了幾十億美元。

‧2011 年：路博潤化工公司

2011 年 1 月初，波克夏的高階主管索科爾買進大量路博潤化工公司的股票，然後告訴巴菲特這家公司的事。他說這是很有吸引力的買進標的，於是波克夏開始注意這項建議，隨後在 2011 年 3 月斥資約 90 億美元買下路博潤公司。這筆交易讓索科爾個人的股票價值增加了 300 萬美元，結果此事被媒體挖了出來。

最終這位高階主管辭職了事[48]，巴菲特這才明白過來（已經太遲了），他在購買路博潤時沒有做足查證的工夫。巴菲特在這一堂課學到的是：你的名聲是最寶貴的資產，在你認為必須的範圍之外詢問更多問題，盡一切力量保護自己的名聲。[49]

‧2011 年到 2018 年：IBM

2011 年，波克夏以 107 億美元（平均每股 170 元）買了 6,400 萬股 IBM 公司的股票。[50]當時巴菲特對 IBM 更有興趣的，是它所提供的辦公室輔助服務，而不是電腦硬體。由於 IBM 在委外資訊科技方面穩居龍頭地位，看起來企業服務這項業務不但穩定，還能夠成長。然而短短幾年之後，雲端運算開始崛起，大幅削弱了 IBM 的地位。

到了 2017 年，和 IBM 相比，巴菲特更看好蘋果公司的未來，趨勢越來越明朗，IBM 站錯邊了，居於產業變革的劣勢一方，巴菲特對 IBM 的信心持續下滑。有一次他說：「在它股價漲到 180 美元以上時，我們的確賣出了相當多的股數。[51]」到了 2018 年 5 月，巴菲特出清所有 IBM 持股，價格大概在

145 美元上下。[52]

・2013 年：能源未來控股公司

能源未來控股公司（Energy Future Holdings，簡稱 EFH）創辦於 2007 年，股東權益 80 億美元，但是有高額負債。這家公司的營運宗旨，是在德州購買電力設備資產。巴菲特沒有先和蒙格商量，就一頭栽進去投資，買進了大約 20 億美元的 EFH 債務。

2013 年巴菲特在致股東信函中承認此項錯誤，過去他利用的核心原則帶來了極大利益，這次投資正好凸顯其重要性：你身邊需要有個能對你的想法提供意見，而且不怕得罪你的人。巴菲特疏於請教蒙格的意見，大概讓波克夏損失了 8 億 7,300 萬美元。他告訴股東：「這是個大錯誤，下次我會先打電話問問查理。」[53、54]

・2015 年：卡夫食品和亨氏食品

2013 年 2 月 14 日，波克夏和 3G 資本公司合資，以 280 億美元買下亨氏食品。2015 年，雙方各出資 100 億美元，將卡夫食品併入亨氏食品，把卡夫的價值推上 460 億美元。[55]

問題是，卡夫亨氏旗下的產品組合，大多包含「商店中心」（按：指陳列在商店中央，最容易被消費者注意的位置）的主流產品，然而消費者的口味正在迅速轉向周邊產品和有機產品。這項轉變有很大一部分來自於越來越多自有品牌的競爭，例如好市多科克蘭、沃爾瑪、目標百貨（Target）、克羅

格，其他食品零售商也在擴展他們的自有品牌。舉例來說，克羅格的 Simple Truth 有機食物系列產品，目前已經是個產值 30 億美元的品牌。[56]

巴菲特沒有料到消費者偏好發生這種改變，也沒有發現其他食品通路因應的方式。競爭日益激烈、營收減少、利潤降低，造成 2019 年卡夫的價值沖銷了 154 億美元，進而導致股息減少 36%，從每股每年配發 2.5 美元降到 1.6 美元。[57]

自有品牌的市占率一直在提升，2020 年疫情開始之前，它們的市占率為 16%，營業額從 2014 年以來已經增加 2%。雖然傳統產品的銷售額也成長了 24%，但自有品牌的營收成長率大幅超車，暴增 29%。[58]

巴菲特對 CNBC 說：「它仍然是一家很棒的企業，使用 70 億美元的有形資產，賺到 60 億美元的稅前利潤⋯⋯。」可是他從後見之明的角度，承認自己為卡夫食品所付的價格太高：「我們付了 1,000 億美元的有形資產，所以對我們來說，它需要賺進 1,070 億美元，而不僅是現在營運所使用的 70 億美元而已。」[59]

・2015 年到 2016 年：精密鑄件公司

2016 年波克夏以 321 億美元收購精密鑄件公司[60]，這是舉世最頂尖的航太零件供應商，譬如大型飛機用來固定或接合零件的機械元件和渦輪引擎葉片，還有發電廠、石油與天然氣產業所使用的管線。

精密鑄件公司擁有一家德國子公司，是 2017 年用 8 億

7,000 萬美元收購的 Schultz Holding，但沒想到生意成交之後，精密鑄件才發現這家控股公司透過詐欺的會計手段，大幅虛報公司的價值。雙方協議進行仲裁，最後精密鑄件獲判贏得 6 億9,600 萬美元。

巴菲特承認他對 Schultz Holding 的帳目判斷錯誤，他寫道：「我錯在⋯⋯誤判未來的平均盈餘，其結果是算錯買進這家企業的合適價格。（精密鑄件）絕非我第一次犯這類錯誤，卻是數字很大的一次。⋯⋯將來我還會犯更多錯誤──不信來打賭。」[61]

・2019 年：亞馬遜公司

巴菲特一直到 2019 年才投資貝佐斯的這家革命性公司，他在宣布情況即將改變時，順便向採訪的 CNBC 表示：「我一直沒有買進，真是傻。」[62]

波克夏在 2019 年開始買進亞馬遜，到了 2022 年 3 月時已經擁有 53 萬 3,300 股該公司的股票，以每股 2,910 元的市價計算，相當於 15 億 5,000 萬美元（按：約新臺幣 489 億 1,800 萬元）。最近亞馬遜公司宣布將以 20：1 的比例分割股票（還需等股東核准），這意味著擁有的每一股亞馬遜股票，都能再分到 19 股，且股票的金額不變──你只是持有更多股比較便宜的股票。這給了更多投資人買進亞馬遜股票的機會。2022 年第 2 季結束時，波克夏持有 1,066 萬 6,000 股，以 2022 年 8月的價格計算，總值為 14 億 3,000 萬元。

‧2016 年到 2020 年：航空公司

這一章節和第 3 章第 2 節都提到過，巴菲特在 2016 年 11 月投資美國航空、聯合大陸航空、達美航空、西南航空等 4 家公司，然後他又在 2020 年股東大會上宣布，因為新冠肺炎病毒疫情肆虐，波克夏已經賣掉航空公司的 61 億美元投資部位。波克夏在 2020 年第 1 季虧損了 500 億美元，是該公司有史以來單季虧損最高的紀錄，而投資航空公司失利也占了其中一部分因素。

有些人可能不同意我把航空公司股票歸為巴菲特的一項投資錯誤，畢竟造成航空公司嚴重虧損的緣由是病毒，而不是任何誤判，也不是欠缺商業洞見。然而我的看法不同。巴菲特過去的投資經驗已經教訓過他，航空公司是很糟糕的押寶對象，但他不顧自己苦苦學來的教訓，再次犯錯。不論有沒有疫情，航空業都對經濟循環高度敏感，巴菲特很清楚這一點，也曾吐槽過航空業的固定成本高昂和工會勢力強大。可是他不管這些資料，依然買進 97 億 5,505 萬 8,860 美元的航空公司股票，占波克夏總投資組合的 4.5%。

為什麼巴菲特未能從過去經驗學到教訓？我相信是因為航空業內部的整併，減少了業者殺價競爭的條件，使巴菲特相信這個年代將會不同於以往，進而會為股東創造優渥的報酬。這些預想可能都是真實的，可惜新冠肺炎病毒證明了航空業究竟有多麼反覆無常。

錯誤在所難免，關鍵是學會教訓

　　巴菲特為《智慧型股票投資人》一書所寫的序言中這麼說：「想要投資成功，你不需要有高得出奇的智商、不尋常的商業見解，也不需要內線消息。你需要的是扎實的知識架構以便做決策，還有控制情緒的能力，以免侵蝕了知識架構。」[63]

　　巴菲特所犯的大部分錯誤，都是在他無法堅持自己的決策知識架構時發生的。儘管這些錯誤的代價昂貴，波克夏的績效依然傲視群倫，有一些投資的成果甚至創下有史以來報酬率最高的紀錄。

　　巴菲特自己相信，投資錯誤在所難免，關鍵是從中學習教訓，避免再犯。

　　投資人要做到這一點，最可靠的方法就是在做投資決定時，意識到自己可能犯了哪些偏誤。人人都有偏誤，即使是巴菲特也不例外。不過如果你留意自己所犯的錯誤，就有可能找出盲點，將錯誤改正過來。

哥倫比亞商學院經典案例，巴菲特

- 要有耐心，別讓大盤的波動影響你的行為。
- 寧可用公平的價格買一家優越的公司，也不要用優越的價格買一家平庸的公司。
- 一旦投資卓越的企業，就需要長期持有。
- 名聲是最寶貴的資產，在你認為必須的範圍之外詢問更多問題，盡一切力量保護自己的名聲。
- 不要害怕學習超出個人能力範圍的知識，不然就做好準備，授權給那些更懂的人。
- 自行研判未來一、兩年企業的走向，然後揣測最好的買進時機，正是投資人會犯的最大錯誤，因為世事永遠無法確定。
- 最重要的錯誤是錯過——那種錯不會顯現在財務報表上，也就是錯過機會。
- 投資最重要的技巧就是控制脾氣。

第 4 章
對自己節儉，
對股東豪氣

「成功是讓你得到心裡想要的東西，而快樂是想到你已經擁有的東西。」

——巴菲特

01 如果人生再來一遍……

我衡量成功的方式，是看有多少人愛我。要得到別人的愛，最好的辦法是讓自己變可愛。[1]

——巴菲特

巴菲特說過，**他在身價 1 萬美元時有多少樂趣，現在就有多少樂趣**。他相信人生當中，個人的滿足並非來自於金錢，而是用既有的資源，做現在正在做的事。因此巴菲特奉勸學生，絕對不要因為錢而去做一份工作；工作的主要動力，必須是你愛那份工作。

擁有錢財，能隨心所欲去任何地方、做任何事的巴菲特，說他的快樂泉源是人與人之間的關係——和家人的關係、和摯愛的關係，還有一份他覺得「天天都像在度假」的工作。巴菲特曾在 2019 年時對《金融時報》的一位撰稿人說：「我買不了時間，買不了愛，但可以用錢做其他的任何事情，很多事情。為什麼我每天早上會醒來、開開心心的起床、內心感到興奮？因為我愛自己所做的事，愛和我一起做這些事的人。」[2]

我已經在前文中提過巴菲特節儉出了名，對裝潢公司門面不屑一顧。他討厭行程表、開會、公司規矩，也討厭管理員工。他的辦公室座落在基威特廣場上一棟簡樸的大樓裡，六十

多年來沒有搬過家。這位身家上億的投資人，並不認同目前流行的、公司執行長坐領天價高薪的趨勢。

西裝是舊的，皮夾是舊的，汽車也是舊的

2009 年我和一團學生去拜訪巴菲特時，他用運動比賽來打比方。我們可以理解打擊率 0.400 的棒球打擊手領高薪，可是打擊率只有 0.240 的也領高薪就說不過去了，但現在有太多、太多打擊率只有 0.240 的人在領超強打手的薪水。

從 1980 年開始，巴菲特每年從波克夏支領 10 萬美元薪資，外加其他補貼 28 萬 9,000 美元。這個數字不到波克夏員工 2018 年薪資中位數的一半[3]，可是巴菲特說這筆錢供他生活綽綽有餘。他經常發聲反對管理階層薪水大幅膨脹，說這是美國貧富差距日漸擴大的元兇之一。另外，巴菲特從來沒有因為個人用途，而賣掉波克夏的股票求現。

我和學生在 2009 年拜訪巴菲特時，他對學生說：「如果你覺得擁有兩倍的錢會比只有一倍更快樂，那你可能就犯了大錯了；假如你認為賺十倍或二十倍的錢會讓你快樂，那麼你可能會陷入麻煩，因為你會為了賺那些錢，去做不應該做的事，譬如抄捷徑。」他強調，人們做自己喜愛的工作時表現最出色：**「如果有一份工作能賺 1 億美元，但前提是必須和令我反胃的人共事，我是不會去做的。」**[4]

巴菲特現在住的房子，就是他 1957 年在奧馬哈花 31,500 美元買的那一間。[5] 1971 年，他和第一任妻子蘇西花 15 萬美

元在加州買了第二間房子，地點俯瞰環抱拉古納海灘（Laguna Beach）的海洋。蘇西去世後，巴菲特把房子賣了，售價 750 萬美元。

巴菲特開一輛林肯牌（Lincoln）的 Town Car 很多年，直到女兒下死令不許他再開為止，那輛車掛的車牌就叫「節儉（THRIFTY）」。[6]如今巴菲特開的車是 2014 年分的凱迪拉克（Cadillac）XTS，但是除了這項奢侈品之外，他的生活奉行「簡單」原則。巴菲特不贊成擁有大量房屋、車、船或其他玩具，他曾說那些東西只會讓生活比真正需要的更複雜。「我的西裝是舊的，皮夾是舊的，汽車也是舊的，我從 1957 年到現在都住在同一間房子，所以我是戀舊的人。」[7]

波克夏股東會，4 萬人的豪華派對

儘管巴菲特百般節儉，波克夏的年度股東大會卻歷來都是豪華派對的規格。我曾經參與過 12 場這樣的盛會，現場氣氛總是介於搖滾演唱會和宗教聚會之間（不過巴菲特本人是不可知論者〔按：認為無法知道或確認神是否存在的人〕）。

1965 年波克夏召開第一屆股東大會，12 位股東在一家咖啡店齊聚一堂。如今這些盛會每每引來四萬多位來賓，來參加的人必須好幾年前就預訂旅館房間，奧馬哈機場則停滿了私人飛機。

巴菲特稱呼這些聚會是「資本家的胡士托音樂節」（Woodstock for capitalists），因為大家不在乎徹夜站著排隊

（或一邊睡覺一邊排隊），只為了在早晨 7 點 CHI 健康中心（CHI Health Center）打開大門時，衝進去搶最好的座位。這些大會吸引來自世界各地的股東，他們前來慶祝波克夏的成功，以及聆聽兩位領導人巴菲特與蒙格討論他們對生意和人生的見解。

在新冠肺炎病毒疫情肆虐期間，股東大會是以線上直播方式召開，雖然能讓更多人參加，卻少了我很喜歡的一些與會經驗，即是面對面與來自全球各地的理財高手晤談。這些年來，我在等候進場時攀談過的對象，包括投資人、老奶奶、律師、股票經紀商和學生。

有一回的談話對象讓我印象非常深刻，那是巴菲特的另一個學生，就和我一樣，對方提到有一檔很棒的新股票叫做 Google。那是 2016 年的事，當時 Google 是全世界最強大的搜尋引擎，股價大約是每股 700 美元，如今 Google 的股價已經來到每股 3,000 美元左右。事實上，參加巴菲特的股東大會，最棒之處在於和其他與會者歡聚聊天，向他們學習。

・擺攤、書展、丟報紙比賽

早上 7 點鐘，健康中心的幾扇門打開了，我全力往前衝刺，四周響起搖滾樂團平克・佛洛伊德（Pink Floyd）的歌曲《金錢》（*Money*）。波克夏的董事會成員都在現場，包括微軟公司的共同創辦人比爾・蓋茲。在進入當天的議程之前，與會者可以免費享用歐式早餐，也可以去參觀展覽廳的展售會，大概有二十來家波克夏的子公司在那裡擺攤販售自家產品，

例如時思糖果、布克兄弟（Brooks Brothers）、Fruit of the Loom、Pampered Chef 餐廚用品、波仙珠寶。與會者都享有 8 折購物優惠。

　　現場還有書展，有幾位寫過巴菲特事蹟的企業家在那裡簽書，和來賓聊天。2010 年，比爾・蓋茲的父親老蓋茲（Bill Gates, Sr.）也在會場替自己寫的書簽名，書名是《比爾・蓋茲是這樣教出來的》（*Showing Up for Life: Thoughts on the Gifts of a Lifetime*）。

　　丟報紙比賽讓現場嘉年華會的氣氛更加熱鬧，那是為了推崇巴菲特童年時期，挨家挨戶送報紙的經驗。會場大廳會擺設一座克雷敦居舍公司製作的活動屋，誰能把報紙扔到距離門口最近的地方就贏了──不過得先打敗巴菲特再說。

・股東會序幕：看電影

　　股東大會通常是以一個小時的電影揭開序幕──內容有一部分是喜劇、一部分是生意──巴菲特在電影裡暢談他想到的各種人生課題。蒙格也幾乎總是在電影裡露臉，身邊通常有名流環繞，譬如阿諾・史瓦辛格（Arnold Schwarzenegger）、吉米・巴菲特（按：Jimmy Buffett，美國歌手，不是巴菲特的親戚）、蘇珊・露琪（按：Susan Lucci，美國演員）、厄尼・班克斯（按：Ernie Banks，前美國職棒球員）。有一年 NBA 職業籃球明星球員「詹皇」勒布朗・詹姆斯（LeBron James）也來了，還有令人驚喜的商界名人，如迪士尼執行長艾格（Bob Iger）、雅虎（Yahoo）總裁德克（Susan Decker）、作家兼企

業家愛爾蘭（Kathy Ireland）。

電影結尾是內布拉斯加大學啦啦隊的表演，隊員揮舞著彩球，激起群眾的熱情。

・充滿智慧的問答時間

接下來是重頭戲——長達五個小時的股東問答時間。蒙格和巴菲特坐在桌子正中間，面向董事會成員們，回答各方提出來的問題，包括 CNBC 的記者，還有保險、鐵路、能源等方面的專家，以及波克夏的股東。大家輪流用十三支麥克風提問，看看能否從這位名聞遐邇的「奧馬哈先知」口中，挖出一些智慧箴言。

在整場問答中，巴菲特和蒙格一如往常的逗趣，他們會在回答問題時互相開玩笑，還一邊狂吃大量的巧克力軟糖和花生酥糖，那些都是時思糖果的產品，同時狂喝一瓶又一瓶的可口可樂。

儘管會場上有好幾萬名聽眾，但巴菲特和蒙格說話時，所有人都悄然無聲，努力想聽見每一個字。2016 年，有 3,000 位遠從中國搭機前來開會的聽眾，他們另闢一室，由口譯人員現場傳達。

有一個人問：「如果人生再來一遍，你會為了追求快樂而做哪些不一樣的事？」

巴菲特回答：「**我很早就決定，我最喜歡的雇主是我自己，所以答案是『沒有』。**」藉由這個簡單直白的回答，巴菲特透露出自己打心底就是個創業家。

其他問題範圍很廣，從工商經濟到個人成長都有，聽眾還問到巴菲特與蒙格對成功的看法，以及如何過充實的生活。

相信人性本善，願為改善世界而奮鬥

長久以來，巴菲特都把自己的成功大幅歸功於第一任妻子蘇西，在妻子的影響下，巴菲特從親共和黨轉變為親民主黨，並且更能體察人權、平等、多元化的重要性。他說妻子使他成為完整的人。

不過小倆口在 1950 年初識時，蘇西覺得華倫是個渾蛋。蘇西的父親叫女兒坐下來，循循善誘的對她解釋，這個頭腦非常聰明的年輕資本家和別人不同。她可能很難和巴菲特討論許多話題，不過對方是個品行高貴善良的人。蘇西聽從父親的教誨，1952 年兩人在奧馬哈的鄧迪長老會教堂（Dundee Presbyterian Church）完婚，教堂距離巴菲特成長的地方很近。

雖然巴菲特和蘇西在 1977 年分居，但法律上仍是夫妻，直到 2004 年蘇西因為口腔癌逝世。巴菲特總是強調蘇西對他的正面影響，說她填補了自己心裡的空缺。2006 年，巴菲特迎娶第二任妻子艾絲翠·孟克斯（Astrid Menks），她是蘇西的好友。

・來自父親霍華德的價值觀

價值觀不但是巴菲特的信仰核心，也是他的個人魅力——也可說是他這個品牌的關鍵。巴菲特最初仿效向父親霍華德學

來的處世標準，霍華德利用兩種計分卡（scorecards）來衡量自己，第一種用來監督內心：「我是好人嗎？我做的事對嗎？我有沒有正確的對待他人？我誠實嗎？」霍華德時時刻刻反省自己。

第二種計分卡是對外的，衡量的事物包括：「我的房子有多大？我的車子和衣服有多好？我賺多少錢？別人對我的看法是什麼？」[8]

對霍華德來說，內心計分卡永遠比外在重要。

・富裕家庭的「剛剛好」教育

巴菲特的 3 名子女都念公立學校，隨著孩子們的年齡漸長，有一件事對巴菲特越來越重要，那就是不可以讓龐大的家庭財富妨害他們。

巴菲特說，**留給子女的完美遺產要「足以讓孩子覺得他們想做什麼都行，但又不能多到讓他們可以什麼事都不做。[9]」**他覺得必須灌輸子女追求成功的動力。

舉例來說，1977 年時，巴菲特的小兒子彼得在史丹佛大學讀大一，巴菲特剛剛送給他價值 9 萬美元的波克夏股票，並且講好，這將是彼得所能繼承的唯一財產。那 9 萬美元（按：換算成今天的幣值是 42 萬 1,360 美元，約新臺幣 1,330 萬元，不計入股票增值）來自於賣掉祖父農莊的所得，華倫把錢換成波克夏的股票。[10]

彼得一直都希望當音樂家和音樂製作人，所以考慮很久之後，便從史丹佛大學輟學，買了一些設備，開始全心全意投

入，努力做出他想要的音樂。其實彼得大可替父親工作，日後也變成鉅富，可是他說自己從來沒有後悔當初的選擇：「我用自己的儲備金去買絕對比錢更有價值的東西：時間。」[11]

彼得從父親那裡學到追逐自己所愛的重要性，而他也了解自己能夠放手這麼做，是一種難得的特權，就像他在回憶錄《做你自己：股神巴菲特送給兒子的人生禮物》中說的，「那禮物不是我掙來的。」[12]彼得寫到：「世界上有很多人享有特權，有的人錢多，有的人得到情緒支持，也有人擁有獨特的天賦，或千載難逢的機會。然而他們不明白時間的價值。如果我沒有在那些錄音設備上花費數不清、不支薪的時間，就不可能找到我要的聲音或創作方法。」[13]

雖然彼得有足夠的錢打好基礎，一輩子和音樂為伍，可是這些錢又沒有多到能讓他一輩子都不必工作。他說：「在那些困難的日子裡，我更加認識自己、了解自己的韌性；如果我擁有很多錢，過著一帆風順的生活，就沒辦法這麼透徹的認清自己。我真的覺得父親拒絕（讓我們過輕鬆日子）是愛我們的行為——這彷彿是在說，我相信你們，你們不需要我的協助。」[14]

儘管巴菲特顯然很關心他的子女，但在孩子們的印象中，他是個有點距離的家長——父親明明就在眼前，可是他的心思總是被別的事情纏住，不然就是忙著看書。他們很難得到父親的注意，人們總是對彼得說：「你是華倫‧巴菲特的兒子？可是你看起來好普通！」彼得寫道：「我總是把這句話當作恭維——不是恭維我，而是恭維我的家庭。……為什麼？因為我們所指的『普通』，其實總結起來就是一個人可以發揮作用，

並且得到其他人的接納。換個說法，這意謂一個人得到了最好的機會，能夠盡情實現自己的人生。」[15]

彼得‧巴菲特相信，家庭灌輸給他的價值觀，為他好好做一個普通人的能力奠定了基礎。這些價值觀中，排名第一的是信任感——相信人性本善，而且值得為了改善這個世界而奮鬥。誠如他所說：「人們假設有了金錢和特權，就可以過輕鬆的日子。然而支持和特權其實是來自父母，他們說我可以做任何事情，也相信我能夠做到。那樣的支持不是出自於支票，而是愛與教養，和尊重我們自己找尋方向，哪怕跌倒了，也會讓我們自己想辦法站起來。」[16]

巴菲特的大兒子霍華德和女兒蘇珊，選擇的道路和父親比較接近，下文還會再談到他們。

‧賦予員工決策權

巴菲特說，每次波克夏僱用新人時，他對每個人選的首要考量就是品格。巴菲特自己切實信守正直的價值觀，從來不參與惡意購併行為，他堅持做人做事最好誠實為上，避免可能遭人質疑的行事態度，即使利潤比較低也無妨。巴菲特的這種性格，便成為人們碰到重大經濟議題時，最想聆聽的聲音。

巴菲特信任自己僱用的每一個人，他賦予員工決策權，不需要徵求他的批准或許可。然而如果有壞消息，巴菲特期望部屬立即告訴他，絕對不要企圖隱瞞。

波克夏旗下有超過 60 家公司，員工共計 36 萬人。巴菲特很清楚，這麼多員工，難免有人會在某個時機、某個地方做出

違法的事，他無法阻止，但確實做了些防範。

　　首先，波克夏公司有一份長達 5 頁的行為與道德守則，討論內線交易、保護與恰當使用公司資產、利益衝突、保密、法律遵循、法規、及時與真實的公開揭露、會計違規等議題，並強調公司的聲譽重於一切。

　　巴菲特說，如果有疑問，切記這條經驗法則：「我希望員工問問自己，如果他們正在盤算做某件事，願不願意被消息靈通和批判性強的記者寫出來，成為隔天的報紙頭條，然後被自己的伴侶、孩子、朋友看到。」[17]

・重視溝通技巧

　　巴菲特晚年曾被問到，認為打造成功事業的重要特質是什麼？他強調是毅力、創意，和「天馬行空」的思想。[18]巴菲特也尊崇其他性格，包括慷慨、不居功、強大的領導能力，他相信如果仰慕某人，就應該效法對方的行為。

　　不過我的學生去拜訪巴菲特時，他還舉出了其他特點：「我建議你們改善自己口語和書寫溝通的技巧，這會讓你們未來的薪水至少漲 50％。商學院不教這些的。好點子有了好的溝通，會讓你的人生過得更順遂。」巴菲特還說，當波克夏招募新人填補職缺時，「我遇到的 80％求職者，都需要改善解釋自己想法的能力。」[19]

・富人應該照顧無力照顧自己的人

　　許多研究美國經濟的觀察家已經指出，商人越來越擔心這

個國家的貧富差距日益擴大，巴菲特說他對這項問題特別敏感，願意支付更多稅金協助解決。

2011 年，有個學生問巴菲特對於「占領華爾街」運動（按：Occupy Wall Street，2011 年一場反抗美國政治領袖未積極解決 2008 年金融海嘯造成經濟危機的活動）有何看法，他暗示自己能夠理解那股憤怒從何而來。巴菲特指出，美國的稅法無疑是「偏向有錢人」，他說：「1992 年，全美所得最高的前四百個人，平均年收入 4,000 萬美元。到了 2011 年，平均值達到 2 億 2,000 萬美元，是 1992 年的五倍。自此之後，稅率又下修了 7％。現在我支付的稅率比四、五十年前更低。」

然而他不相信發錢給勞工是解藥，譬如全民基本收入（Universal Basic Income）計畫，他認為那不是結構性問題的對策。巴菲特相信富人應該負起更多責任，照顧那些無力照顧自己的人。

巴菲特認定，除非採取某些作為，否則貧富差距會持續擴大到無法支撐的地步。他提議部分解決辦法是留住勞工，讓更多人參與高科技推動的全球經濟，不過他也警告不要採取任何極端措施。

2019 年時巴菲特對 CNBC 說：「問題是，當一個良善公民欠缺市場技能時該怎麼辦？如果是一個富裕的家庭生了六個孩子，其中有人在就業市場上不吃香，但是個人品性並無不妥，這個家庭可以承擔照顧這個孩子。現在美國的人均 GDP 是 6 萬美元，是我出生那個年代的六倍（已根據通貨膨脹調整），所以我們有能力照顧人民，也應該照顧人民，但是不應

該搞砸市場機制。」[20]

說服 231 位億萬富豪，捐贈 6,000 億美元

巴菲特曾說，他的子女不會繼承大筆遺產，他個人很反對世世代代繼承財富。事實上，幾乎他所有的財產都會捐贈給慈善事業。巴菲特這樣形容：

> 「我沒有因為有錢而覺得愧疚的問題。我對錢的看法是，我的錢代表這個社會能支領數量龐大的支票，好比我手上有了這些小紙片，就能把它們轉變成消費力。如果我願意，大可僱用一萬個人，在我有生之年每天替我畫肖像，別的什麼事都不必幹。這樣做 GDP 會上升，可是做出來的產品毫無用處，而且這一萬個人就沒辦法去研究愛滋病、教書、照顧病患。我不會幹那樣的事。那些支票我用得很少，我沒有非常想要的東西。我打算在自己和妻子百年之後，把所有這些支票都捐給慈善機構。」[21]

巴菲特最初並沒有計畫要捐出自己的身家，他假設妻子蘇西會活得比他久，到時候把錢財都留給她，就由她去安排和監督慈善義舉。可惜人生的計畫趕不上變化，蘇西走在丈夫前頭，而且那時兩人也早已分居幾十年了。

於是巴菲特被迫在慈善領域正視自己的價值觀。和往常一樣，他的謙遜占了上風；他不認同把名字鑲嵌在建築物上那一

套。[22] 2009 年，巴菲特對我和學生說：「和那些把自己大名鑲嵌在建築物上的人相比，我更敬重會在星期日捐點小錢給慈善機構的家庭主婦。」

儘管如此，他還是決定把自己所有的錢都捐贈出去。2018 年和 2019 年，巴菲特開始兌現捐贈大量財產的承諾，他將總值 70 億美元的波克夏股票捐給五個慈善基金會。比爾與梅琳達·蓋茲基金會（Bill and Melinda Gates Foundation）在 2006 年便獲得巴菲特捐贈 360 億美元，是收到最多捐款的團體。巴菲特也捐錢給自己子女所掌管的慈善事業，包括蘇珊·湯普森·巴菲特基金會（Susan Thompson Buffett Foundation）、薛伍德基金會（The Sherwood Foundation）、霍華德·G·巴菲特基金會（The Howard G. Buffett Foundation），以及 Novo 基金會（Novo Foundation）。

巴菲特向波克夏的股東解釋，他決定將自己的 8 成股票捐給蓋茲基金會，他相信把多餘的財富捐給聰明、勤奮、活力旺盛的人是對的。[23]從 2006 年開始，巴菲特每年捐錢給慈善事業，而且未來將持續年年捐款。以 2022 年來說，總計已經捐出 461 億美元給不同的慈善機構。[24]等到百年以後，巴菲特捐給慈善事業的金額將超過他 99％的財產。[25]

· 比爾與梅琳達·蓋茲基金會

巴菲特在 2006 年捐贈 360 億美元給比爾與梅琳達·蓋茲基金會，是有史以來個人慈善捐款的最高紀錄。蓋茲基金會的宗旨是資助健康照護和教育計畫，特別是針對女童的計畫，最

終目標是消滅全球貧窮。

‧蘇珊‧湯普森‧巴菲特基金會

巴菲特的女兒蘇珊掌管的蘇珊‧湯普森‧巴菲特基金會和薛伍德基金會，都設立在奧馬哈市。蘇珊‧湯普森‧巴菲特基金會成立於 1964 年，專注於教育領域，贊助 4,000 份大學獎學金給內布拉斯加州的高中畢業生，讓他們可以去州內任何一所公立高等學校攻讀大學學位。薛伍德基金會則是致力於改善兒童與家庭福祉，方法是透過社區投資，提升公共教育、公眾服務及社會正義。蘇珊也在波克夏公司擔任董事。

我訪問蘇珊時，特別謝謝她贊助獎學金，我有一個友人因而受惠。我告訴蘇珊，我那位朋友有五個孩子，這份獎學金真的幫了他很大的忙。蘇珊聽了非常高興，她提到總是有人會來跟她致謝，理由都一樣，看起來在她的生活中，幫助他人給她帶來極大的喜樂。

‧霍華德‧G‧巴菲特基金會

巴菲特的長子霍華德是霍華德‧G‧巴菲特基金會的董事長，這個基金會的重心放在農業、營養、保育及人道危機議題。霍華德也是波克夏公司的董事。

‧Novo 基金會

《巴倫周刊》在 2009 年和 2010 年刊登的最有效力慈善家排行榜，巴菲特的小兒子彼得都榜上有名。他領導的這個基金

會，支持保護婦女不受暴力侵害、贊助社會與情緒學習、提升少女權益，以及幫助北美原住民社群。

·葛萊德基金會

巴菲特也會小額捐贈其他慈善團體，包括葛萊德基金會（Glide Foundation），重心是資助舊金山無家可歸或生活貧困的人。巴菲特每一年都會拍賣與他共進午餐的權利，拍賣所得就是捐給葛萊德基金會。2019 年贏得拍賣的，是 28 歲的加密貨幣創業家，他的出價是 460 萬美元。2022 年，巴菲特宣布這是他最後一次舉辦這種私人午餐，最後得標的是一位匿名人士，得標金額是 1,900 萬 100 美元。[26]

·捐贈誓言

巴菲特呼籲其他億萬富豪加入他和比爾·蓋茲的行列，透過「捐贈誓言」運動，宣誓將捐出自己的絕大多數財產幫助慈善事業。這是由巴菲特和比爾·蓋茲於 2010 年發起的運動，截至目前，已經成功說服全世界 231 位以上的億萬富豪，誓言捐出金額達 6,000 億美元。

這些億萬富豪當中，較為知名的有艾利森（按：Larry Ellison，甲骨文公司共同創辦人及董事長）、彭博（按：Michael Bloomberg，彭博有限合夥企業創辦人）、祖克柏伉儷（按：Mark Zuckerberg and Priscilla Chan，臉書〔Fackbook〕創辦人）、艾康（按：艾康集團〔Icahn Enterprises〕創辦人）、達利奧（按：Ray Dalio，橋水基金公司創辦人兼執行

長）、馬斯克、杜爾（按：John Doerr，美國風險投資家）、
庫柏曼（按：Leon Cooperman，避險基金歐米茄顧問〔Omega
Advisors〕創辦人）、小史考特（按：Walter Scott Jr.，奇威
公司執行長）、洛克菲勒（按：David Rockefeller，洛克菲勒
家族第三代成員）、希爾頓（按：Barron Hilton，希爾頓全球
酒店集團執行長）、透納（按：Ted Turner，有線電視新聞網
〔Cable News Network，簡稱 CNN〕創辦人）、桑柏格（按：
Sheryl Sandberg，臉書董事會成員）、克拉爾曼（按：對沖基
金 Baupost Group 執行長）、布蕾克莉（按：塑身衣公司 Spanx
創辦人）、皮金斯（按：T. Boone Pickens，對沖基金任 BP
Capital Management 主席）。

　　最引人矚目的是，這一群富豪不僅擁有龐大的財富，他們
代表的政治立場也很多元——從親自由民主黨的透納，到激進
的右翼分子如皮金斯，兩個極端之間的每一種政治傾向都有代
表——這見證了巴菲特的正直，與他堅持不懈的力量。

·奧馬哈的女孩組織

　　2015 年，巴菲特捐出他那輛 2006 年分的凱迪拉克 DTS
轎車作為慈善拍賣品，這輛車已經跑了 20,310 英里，二手車
採購指南的估值約為 12,000 美元，最後拍出 12 萬 2,500 美元
的價格，足足多了 10 倍以上。這筆拍賣所得捐贈給奧馬哈市
的女孩組織（Girls, Inc.），該慈善機構長期受到巴菲特家族的
支持[27]，他們透過教育和健身課程，教導奧馬哈女孩技藝，包
括機器人控制、公開演說、財務知識、瑜珈等[28]，藉此賦予女

孩們力量。

・基金會的目標

巴菲特所有慈善義舉背後的理念都很單純，但並不隨便：他希望盡全力促成對社會很重要，但缺乏自然募款資源的項目。他說起替他管理基金會的信託人：「如果他們開始給這間醫院 50 萬元，給那所大學 100 萬元，我做鬼也會回來找他們算帳。」[29]

快樂和賺錢無關，但有錢永遠是好事

很顯然，運氣在每個人的生命裡扮演極為吃重的角色，這一點巴菲特也承認，他明白自己誕生在一個重視教育的穩定家庭裡，本身就是很幸運的事。不過巴菲特也狂熱的相信美國價值，也就是不管出身環境再怎麼惡劣，只要堅持不懈，任何人都能夠從困境中崛起。

事實上，美國絕大多數人都生長在中產階級或中低階層家庭，共通點是這個國家依然獎賞辛勤工作的人，也不會限制公民進步。

巴菲特以這些價值為基礎，不斷諄諄教誨人們，努力從事自己所愛工作無比重要，不要只為了追求財富而工作。他堅持捐贈、教書，或是幫助他人，是他最快樂的時候。我相信這些價值觀是巴菲特獲得歷史性成功的主要因素。

巴菲特最響亮的名聲自然是他龐大無比的財富，其次則是

他講的一些關於如何過充實生活的格言，以下是其中幾句：

・和勝過你的人為伍

巴菲特和蒙格都強調，不論你在哪個領域，都要設法結交比你成功或技能比你強的人，經常與他們為伍。替你所仰慕的人工作，對方既能挑戰你，也能教導你，他的存在就會鼓舞你努力超越自己過去的成就。找對了人，你每天早上起床都會有生龍活虎的幹勁。[30]

・你人生中最重要的決定

巴菲特一再的說，人生中最重要的決定，不是上哪一所學校，也不是選哪一種職業。在 2009 年、2011 年、2018 年，巴菲特分別對來自不同大學的學生對談，這三次他都講了一句很有趣的話：「你人生中最重要的決定，是跟誰結婚。」[31]

・你人生中可能犯的一大錯誤

承接上一則格言，反之亦然。根據巴菲特的說法，你人生中所能犯的最糟糕錯誤之一，是識人不清，因為你沒有自以為的那麼了解他人。他的這個觀點來自於第一段婚姻，妻子蘇西於 1977 年離開他，搬去舊金山追求自己的事業，但是巴菲特沒有因為這樣就不再尊重蘇西，他們始終沒有離婚，在她2004 年去世之前，人們還看到兩人攜手參加公開活動。

有人問巴菲特快樂的關鍵是什麼，他從來沒有說過在於擁有某個東西或經歷某件事情，他只說身邊環繞著愛你的人是非

常重要的。巴菲特自稱是世界上最幸運的人，因為他深愛自己賴以維生的工作，而且身邊圍繞著愛他的人。他描述這種無條件的愛，是生命中最強大的力量。

巴菲特提供的被愛祕訣

無條件的愛你自己和愛別人。

保持積極的態度；對人要有同情心和理解力。

仁慈對待所有的人，做人要正直。

微笑；凝視別人的眼眸，做個善於傾聽的人。

你希望有什麼樣的朋友，就要做那樣的朋友；幫助別人。

做真實的人／流露脆弱也無妨。

培養感恩的心。

允許自己不完美，嘲笑自己也無妨。

享受你的生活（人們會被開心玩樂的人所吸引）。

花時間與朋友相處。

試著享受你的工作。[32]

簡而言之，愛你所做的事。快樂和賺錢無關，不過有錢永遠是好事。[33]

哥倫比亞商學院經典案例，巴菲特

- 不要因為錢而去做一份工作；工作的主要動力，必須是你愛那份工作。

- 留給子女的完美遺產，要「足以讓孩子覺得他們想做什麼都行，但又不能多到讓他們可以什麼事都不用做」。

- 替你所仰慕的人工作，對方既能挑戰你，也能教導你，他的存在會鼓舞你努力超越自己過去的成就。

- 你人生中最重要的決定，是跟誰結婚。

- 愛你所做的事。快樂和賺錢無關，不過有錢永遠是好事。

- 如果有一份工作能賺一億美元，但前提是必須和令我反胃的人共事，我是不會去做的。

- 如果正在盤算做某件事，問問自己：願不願意被消息靈通和批判性強的記者寫出來，成為隔天的報紙頭條，然後被自己的伴侶、孩子、朋友看到？

02 與巴菲特共度的一天

成功的人和真正成功的人不同，兩者的差別在於，真正成功的人幾乎對所有事情都說不。[1]

——巴菲特

在巴菲特的事業生涯中，有很多時間會到世界各地旅行，去大學演講，談他的經營理念、價值觀，還有人生觀。可是他在 2005 年改變做法，不如邀請幾所學校的學生團體來奧馬哈參觀，同時和他見面，應該會比較有效率。

我很榮幸參加了其中的三次，分別在 2009 年、2011 年、2018 年帶學生去拜會巴菲特。我是從一個住在奧馬哈的表親那裡聽說這個機會，不過 2007 年第一次申請時被拒絕了，巴菲特的祕書還告訴我，候補名單太長了，我連候補的資格都排不上。

可是我沒有灰心。我極為渴望盡可能的了解「奧馬哈先知」，他是有史以來經營成果最為豐碩的企業人士之一。但是要怎樣才能在一堆和我想法一樣的人當中脫穎而出？我需要一個計畫、一場運動，讓我與眾不同。所以從 2008 年到 2009 年間，我寫了一篇個案研究論文，探討巴菲特和波克夏公司如何應付經濟大衰退。這篇論文獲得一本可敬的學術期刊採納發

表，之後我寄了一份到巴菲特的辦公室，同時附上一張便條，表達希望拜見巴菲特。

2009 年的邀請，與巴菲特共進午餐

我在不到 10 天就收到了巴菲特親自寫來的回信，通知我艾克朗大學（University of Akron，也就是我任教的大學）已經獲得優先遞補，受邀在 2009 年 11 月拜訪巴菲特，我可以帶 27 名學生同行。由於經濟大衰退剛結束不久，感覺上這份邀請的意義更重大，我們有機會聽巴菲特親口講述他對此事前因後果的看法，以及未來的展望。參訪當天一共有六所學校派代表前來（**巴菲特在一整個學年度中，會花六天或七天時間與學生共處，每天接見 162 名學生**）。

那個星期四晚上我們搭機前往奧馬哈市，第二天早上開始參觀巴菲特很喜愛的內布拉斯加家具商場，帶領我們參觀的是商場傳奇創辦人 B 女士的孫子。接下來是此行的重頭戲——和先知本人的兩小時問答時間。那一年我們是在波克夏的辦公室拜會巴菲特。

除了我們之外，參與問答的還有伊利諾大學（University of Illinois）、德州基督教大學（Texas Christian University）、波士頓學院（Boston College）、多倫多大學（University of Toronto）、南達科他大學（University of South Dakota）的商學系學生。他們問的問題多半是關於經濟、巴菲特的投資方法，以及他的價值觀。不過大家也試圖探索他的內心，詢問他

為什麼邀請學生來奧馬哈。巴菲特告訴我們，他所認識的最成功商界人士，絕少擁有常春藤名校的學位，反而是擁有最多從商經驗、最堅毅不拔，以及有破壞商業現狀想法的人，成為最傑出的商人。

當天我們被禁止拍照或錄音，但是每個學生都寫了詳細的筆記，事後和我分享。以下是當天的幾個問答例子（更完整的紀錄請見附錄）。

問：你在考察公司時，會特別注意什麼樣的警訊？

「如果你想要持有某家公司的 100 股股票，那你就應該願意把那家公司整個買下來。我只看我了解的公司。我喜歡看過去 10 年的績效，想要知道未來 10 年到 20 年這家公司會往哪裡去。我也會把焦點鎖定在有限的領域上。

「我看待投資就像招募一支籃球隊。我會找身高 7 呎以上的球員，而且不但要找 7 呎以上的，對方還必須很會控球。我喜歡持久的競爭優勢（護城河），舉例來說，箭牌口香糖成立於 1891 年，可口可樂是 1886 年創辦的。現在全世界每天賣出 16 億罐 8 盎司裝的可口可樂，如果你將每一罐的售價提高 1 美分，那麼一天就多 1,600 萬美元，每一年就多賺 60 億美元。

「我希望變化不要太大，也希望公司有良好的管理團隊，具備熱情和道德操守。最後，我買它時價格必須合宜。

「但問題是波克夏現在太大了，像我們這種規模的公司，不容易找到好的投資想法。

「最近我上亞馬遜網站買了一本 1951 年出版的《慕迪》

（*Moody's*）投資手冊，你認識多少人像我這樣？我開始翻閱也許有興趣收購或投資的公司。當我開始投資時就是這麼做。我會看公司的盈餘成長、每股股價、產業狀況，如果這些都過關，我就會訪談該公司的管理階層，判斷他們是否誠實。」

問：你說要等投手投出適當的球路才揮棒打擊，可以給我們一個例子嗎？

「關於適當的球路，有個例子是我在 1988 年購買可口可樂 6％的股權。這筆投資不可能出錯。可口可樂公司的營收年年增加，公司需要的資本很少，產品也只有糖漿一種。你不需要很多點子才能致富，5 個好點子足矣。」

問：為什麼想到邀請學生來奧馬哈參訪？你期望從中得到什麼？

「1950 年那一年我 19 歲，從內布拉斯加大學林肯分校畢業。然後我申請去哈佛大學念企管碩士，但被校方拒絕了——那是哈佛大學和他們的發展辦公室犯的錯誤。之後我看了葛拉漢寫的一本書，叫做《智慧型股票投資人》，我發現自己想去哥倫比亞大學跟著他學習。所以我寫了一封信給葛拉漢，也被哥倫比亞大學接受了。

「葛拉漢是我的榜樣，他在哥倫比亞大學當教授時，把教那一門課的薪水捐回給學校。葛拉漢是自願利用私人時間工作，然後把所得回饋給社會。他是我的導師，所以我選擇效法他的行為。如果能幫助 5％到 10％的學生，我會很樂意這麼

做。我喜愛做這件事。」

問答時間結束後，巴菲特帶我們去吃午餐，還挑了 4 個年輕人搭他那輛舊凱迪拉克去餐廳，他的車牌上寫著「節儉（THRIFTY）」。我的一個學生運氣很好（更可能是很拚命），竟然坐上副駕駛座位，就在巴菲特的身邊。午餐時我也逮住類似的機會，坐在巴菲特的正對面。我問他：「你怎樣評估一家公司的價值？」

「現金流折現法。」他言簡意賅，暗示任何人都辦得到。

巴菲特帶我們去他很喜歡的餐廳，是奧馬哈南邊的 Piccolo Pete's 餐廳。他出了名的節儉表現在每一個細節，食物也不例外。巴菲特典型的早餐是要價僅 3 美元的麥當勞早餐三明治（他選的滿福堡種類和股市行情好不好有關，好的話就加豬肉，不好的話就不加）。巴菲特是麥當勞迷，事實上他一週至少吃三次麥克雞塊。[2]所以他帶我們去正式的餐廳吃飯，我已經覺得很幸運了，那天我們吃的是帕馬森起士烤雞排（chicken parmesan）。

我們吃午餐那天，恰好是波克夏宣布收購柏林頓北方聖塔菲鐵路公司的那一天，記者和攝影人員追著他到處跑。令我驚訝的是，巴菲特似乎不想和媒體打交道，他的注意力全部放在參訪的學生身上。下午即將結束時，餐廳服務生給我們送上甜點——冰淇淋漂浮沙士，它的樣子很普通，大約 6 吋到 8 吋高。接著巴菲特的冰淇淋漂浮沙士來了，竟然尺寸大得驚人，足足超過 1 英尺！他咧嘴開心的吃下那份甜點。之後巴菲特又

花了好幾個小時，和所有學生拍照。

　　我有一個讀傳播系的學生偷偷把這一整天的經過錄了下來，盡可能拍攝這次參訪過程，另外有個學生則親自訪問到巴菲特。其他學生都沒有像他們那麼主動，其實那就是典型的創業家行為，他們不會坐等別人告訴自己該做什麼，而是自己放手去做。巴菲特顯然對此印象很深刻，直接跟採訪他的學生要履歷表。

用「巴菲特專屬」創意作品再贏得邀請

　　兩年過後我換了新工作，在岡薩加大學（Gonzaga University）任教。我想要再次受邀拜會巴菲特。雖然他欣賞堅持和謙遜，但是我已經吸引他注意過一次了，想要贏得第二次邀請，我需要拿出一些真正有創意的東西來。

　　在巴菲特面前，必須憑實力贏得接近他的機會，畢竟有個人剛剛在 2011 年 6 月花了 260 萬美元的代價，才有幸與他共進午餐，而我們學校想要爭取一整天！我知道我們需要想出獨特的方式，一項可以展示學生創意和創業能力的計畫。我告訴學生：「構思一種新產品，一種你們覺得巴菲特會喜歡的東西。我拿來當說帖寄給他。」

　　我沒有給學生設定任何限制，只要合乎法律、道德，可以反映岡薩加大學的價值，都能隨心所欲去創作。他們的計畫可以是影片（譬如電影、紀錄片、廣告），可以是文章（例如分析某家公司，或是推薦某項投資），甚至是一首歌、一齣戲都

無妨。

在我心裡，這項作業的設計宗旨是藉由創造新事物，並且設法推銷出去，以鼓勵學生像創業家那般思考和行動。不過我也私心希望能爭取到另一次參訪奧馬哈的邀請。

到了學期結束時，5 組學生交上來他們設計的 5 件產品，我挑出了其中 3 件，因為我覺得這些作品最創新、最契合他們目標顧客的口味：

·巴菲特彈珠臺

巴菲特彈珠臺（Warren Buffett Pinball Machine）這項作品立刻擊中我的笑點，我覺得這點子真是太妙了，因為巴菲特在念高中時就開了一家彈珠臺公司。想出這個翻新點子的 3 位小組成員，分別就讀宗教系、電子工程系和商學系。

這個小組計畫買一臺二手彈珠臺，然後重新設計和改造，加裝反映巴菲特人生的一系列遊戲關卡和獎勵。他們想像有朝一日可以獲得授權、製造和銷售這個創意。

我建議他們仿效新創事業——意思就是製作宣傳品、募集資金、購買與設計他們的原型機。可惜這堂課只有一個學期，小組沒有時間也沒有資源做到我建議的每一件事，只好先在紙上繪製詳細的設計圖，不過構思這項產品是很有價值的練習。

·會議室裡持球棒的巴菲特

我送去奧馬哈的第二件產品是模仿「妙探尋兇」（按：Clue，遊戲內容為一棟大樓的屋主被謀殺，包括玩家在內的所

有住戶都是嫌疑犯，由最先找出凶手、凶器的人獲勝）的桌上遊戲，其中一位謀殺嫌疑犯不是白太太（Mrs. White，遊戲人物）或黃上校（Colonel Mustard，遊戲人物），而是巴菲特，至於想像中的犯罪現場，則是岡薩加大學校園裡的多個不同地點。我的學生創造出了一份樣品，是真正可以玩的遊戲，棋盤上特別放置校園建築物的照片。

·闡述岡薩加使命與價值的影片

我寄給巴菲特的最後一件產品是 1 片光碟，裡面的影片強調我們大學的各個不同層面，尤其注重岡薩加的文化和創業學程。這支影片由許多科系的學生一起創作，因為創業學程開放給大學所有學生選修。

我在郵局排隊寄包裹時，不禁想像巴菲特拆開包裹時的反應。依照我的直覺，我判斷大概有 6 成機會能贏得邀請。結果不到一週，巴菲特的祕書就通知我，說這 3 件產品巴菲特都喜歡，他要我們去奧馬哈。

和上次一樣，我的學生很喜歡他們參觀的波克夏旗下一些重點企業，而與巴菲特的問答時間，同樣是這次旅行的重頭戲，其中有一項關於教育價值的意見交換特別突出：

問：大學教育的成本應該扮演什麼樣的角色？上大學值得嗎？你能否評論學生貸款債務十分龐大一事？

「我自己並不想進大學，是我父親逼我去上學的，我覺得靠自己看書所得到的教育和上學一樣好。我不知道自己的學位

是什麼，不過找工作時文憑很重要。教育確實有很高的價值，99％的公司重視教育。至於在波克夏，我們認為教育有 50％的價值。

「當需求很高時，學校就能提高價格。我在讀大學時，從幾門功課中學到很多。有好幾個人鼓勵我，令我對於在做的事情感到興奮。葛拉漢對我影響至深，假如有幾位老師影響了你，你就是幸運兒。」

2018 年的邀請門路和 2009 年那次非常類似。我寫了兩篇關於巴菲特和波克夏的個案研究，有幸獲得刊登，我就把文章寄給巴菲特。他的回覆是邀請我帶 20 個學生去奧馬哈，這次我還帶了內人和 2 位教授。

這時巴菲特邀請學生參觀的活動，在全球校園都非常炙手可熱，每天有 9 所學校（包括祕魯來的）到奧馬哈參訪，拜會的學生和教授多達 200 人左右。這一梯次除了我們岡薩加大學，巴菲特也邀請了賓州大學（University of Pennsylvania）、西北大學（Northwestern University）、亞利桑那大學（University of Arizona）、明尼蘇達大學（University of Minnesota）、內布拉斯加大學林肯分校（University of Nebraska–Lincoln）和奧馬哈分校，及田納西大學（University of Tennessee）。

由於人數太多，很難安排適當的談話環境，於是巴菲特把舉辦問答時間的地點，改到奧馬哈市中心區希爾頓飯店（Hilton）的宴會廳。他當時已經 88 歲，那次是他最後一次邀

請學校參訪，不過人人都看得出來，巴菲特依然熱愛教學。

　　這一天參訪行程的尾聲是參觀波仙珠寶公司（他們給學生 8 折優惠價），以及巴菲特最新收購的 Oriental Trading Company——這家經營玩具和禮品的公司在 2012 年差點破產，後來被波克夏買了下來。

巴菲特式成功：熱情工作、做人正直、愛

　　這些參訪行程產生很可觀的宣傳效果，它們也是我教授生涯中主要的亮點。《華爾街日報》曾在頭版刊登一篇參訪的新聞和照片；克里夫蘭市（Cleveland）的 WTAM 1100 廣播新聞採訪我，希望知道我的學生從參訪中學習到什麼，還想知道我是怎麼弄到三次受邀拜會的機會。

　　後來我在社群媒體領英（LinkedIn）人才登錄網站上，看到以前一個學生的簡歷，他也曾去拜會巴菲特。在他的「相關經驗」這一欄，我果然看到「與巴菲特共度一天」擺在醒目的位置。這樣的學生有好幾個，他們都在網頁上張貼與巴菲特的合照。雖然這些學生在大學畢業之後成就斐然，但幾乎每一個都說他們向巴菲特學到的最佳忠告，是如何過充實的人生。

　　我誠懇希望其他人也能效法，整合巴菲特幾項關於成功真正意義的價值觀：對工作懷抱熱情、做人正直、尊重遇到的每一個人，讓無條件愛你的人環繞在你身邊。

哥倫比亞商學院經典案例，巴菲特

- 成功商界人士絕少擁有常春藤名校的學位，反而是擁有最多從商經驗、最堅毅不拔，以及有破壞商業現狀想法的人，成為最傑出的商人。
- 如果你想要持有某家公司的100股股票，那你就應該願意把那家公司整個買下來。
- 典型的創業家行為是，他們不會坐等別人告訴自己該做什麼，而是自己放手去做。
- 我只看我了解的公司。我喜歡看過去十年的績效，想知道未來十年到二十年這家公司會往哪裡去。
- 你不需要很多點子才能致富，五個好點子足矣。
- 對工作懷抱熱情、做人正直、尊重遇到的每一個人，讓無條件愛你的人環繞在你身邊。

03 金融科技、接班人，波克夏的下一步

如果你不願意持有某支股票 10 年，那就根本別想著擁有它 10 分鐘。[1]

——巴菲特

　　多年來，外界常批評巴菲特不投資科技公司，投資人嘲笑他只會買進傳統的舊型經濟企業，像是可口可樂和冰雪皇后；在 2000 年代初期高科技股一飛沖天的時代，巴菲特投資的股票實在很沒有吸引力。

　　可是後來網路泡沫化，巴菲特是笑到最後的人。話又說回來，從波克夏最近的動作看來，顯然他已經體認到經濟在改變，科技和未來金融模式會變得越來越重要，所以他最好趕快上車，不然就授權出去，給對掌握快速變動的新趨勢更游刃有餘的人代勞。

金融科技，波克夏躲不掉的未來

　　過去 10 年來，波克夏的投資組合重心，逐漸從腳踏實地的企業，例如富國銀行、IBM、康菲能源，慢慢轉移到尖端科技公司，譬如蘋果、德維特（Davita）醫療、特許（Charter）

通訊、威瑞信（Verisign）網路基礎服務等。樸實可靠的老公司如美國運通、可口可樂、卡夫亨氏，依然留在波克夏的持股清單中，不過比重已經大幅減少。

如今光是蘋果公司一家就占了波克夏投資組合的 45％[2]，如果把一些零碎的投資部位也算進去，像是 Snowflake 雲端運算公司、巴西的數位銀行 Nubank、電子商務龍頭亞馬遜，現在波克夏的持股中，已經有大約 50％屬於科技及電子商務。簡言之，科技股已經重新定位波克夏長達五十年的傳統。

這些投資肯定是受到康姆斯和韋士勒的影響，他們兩人分別在 2010 年和 2012 年加入波克夏，擔任投資組合經理人。蒙格在 1978 年加入波克夏之後，協助拓展巴菲特的投資方向，同樣的，如今康姆斯和韋士勒已經接過指揮棒，導引波克夏走向未來。

然而對巴菲特來說，傳承依然重要，所以波克夏近期的投資標的，依然延續公司長期以來重視的焦點，那就是金融服務業，同時融入科技業日益擴大的影響。

2017 年，學術界想出了「金融科技」（fintech）這個名詞，指金融服務和科技兩大領域匯流，事後看來，這個領域的成長是無可避免的趨勢。

金融科技公司至少在 2008 年就已經存在，如果你會用智慧型手機登入自己的銀行帳戶，那就是在使用金融科技。同理，如果你透過網路從事線上交易，也是金融科技的一種。任何開發軟體以處理交易，或協助人們管理金錢的公司，都屬於金融科技業。[3]這些公司利用自動化（包括人工智慧），正確、

立即的處理交易和數據。[4] 2008 年到 2020 年間，全球對金融科技公司的投資金額暴增了 12,000％以上。2021 年，投注在全球金融科技業的資金為 1,315 億美元。[5]

加密貨幣和區塊鏈，這個世界正在改變

金融科技包括各種傳統銀行業與金融業的科技應用，然而它也包含未來金融業最具爭議性的領域之一：加密貨幣。

「加密貨幣」這個詞指的是，以加密形式保障安全的數位貨幣，幾乎不可能偽造。[6]加密貨幣透過數位代幣，只以電子形式存在；它不可和單純的線上支付混淆，線上支付是牽涉到金融科技的網路交易，但通常不會用到加密貨幣。

正如 Investopedia 金融投資網站的法蘭肯菲爾德（Jake Frankenfield）所說的，所有加密貨幣都是數位貨幣，但並非所有數位貨幣都是加密貨幣。[7]這兩者之間的主要差別是價值的來源。法定貨幣可以是數位的，但也存在於實體，譬如美元、歐元、日圓等，它們的價值來自於中央集權的經濟體，由特定銀行或政府機關分配。[8]至於加密貨幣，譬如比特幣（Bitcoin）、乙太幣（Ethereum），則是去中心化的數位貨幣系統[9]，它們是透過許多網路串連的電腦分配，目的是降低單一駭客入侵，甚或政府干預而導致貨幣流通問題的可能性。[10]

加密貨幣的功能，是採用加密和所謂的「區塊鏈」（blockchain）技術[11]，容許人們加入網絡以確認交易，而不必經過任何中央機關。[12]區塊鏈數據一旦輸入之後，便永久存在

且無法更改，根據 Investopedia 網站的海耶斯（Adam Hayes）的說法：「以比特幣來說，這意味著交易會永遠留存記錄，而且任何人都能看見。[13]」

理論上區塊鏈技術也可以應用在非加密交易上，甚至是非金融用途，例如投票[14]和智能合約（smart contracts [15]）。

智能合約有自動落實合約的功能，譬如合約中出勞務的一方完成部分工作流程之後，就會自動啟動支付費用程序，或是進入另一部分已簽約的工作流程。[16]

億萬富豪創業家庫班（Mark Cuban）說，總體而言，他對比特幣和加密貨幣並沒有那麼熱衷──直到他領悟到智能合約的價值：

「我是那種會關注科技，嘗試找出新應用方法的人……真正令我感到興奮的，是智能合約可以應用的地方，因為那會徹底改變遊戲規則。當你改變遊戲規則時，整個產業的經營方式也會跟著改變。當產業改變經營方式，整合智能合約和其他以區塊鏈為基礎的應用，接下來世界就跟著改變了。」[17]

矽谷創業家康拉德（Evan Conrad）體會到在這個領域拓荒的滋味，他告訴我，沒有人真正知道，加密金融內部究竟在什麼時候發生什麼事。他說：「加密的動作太快了，等到資訊從開發者型態轉變到作者型態，實務上真正的資訊又變了。所以你讀到的任何關於加密的訊息，只要不是真正的原始碼，都在你閱讀的那一刻就已經過時了。」[18]

法蘭肯菲爾德指出：「專家相信區塊鏈和相關技術將會破壞很多產業，包括金融和法律在內。加密貨幣的優點包含轉帳更便宜、更快速，去中心化系統不會因單點故障而崩潰。然而加密貨幣的缺點則有價格波動大、『挖礦』（mining）活動消耗太多能源，以及被用來犯罪。[19]」

加密貨幣領域的「挖礦」，指的不是實體挖掘自然資源，而是個人利用昂貴的電腦「挖礦機」（rigs），解決複雜的演算問題，目的是產出新的加密貨幣。

・再討厭也還是曝險了

巴菲特曾在 2018 年宣稱他特別討厭比特幣，將它比喻成「超毒老鼠藥」。[20]蒙格也用他典型的生動語言呼應巴菲特的感受，他在 2022 年說：「我當然沒有投資過加密貨幣，我很得意自己避開了。它就像性病那種東西，我認為它糟透了，一無是處。[21]」他表示應該徹底禁止加密貨幣，並讚揚中國正在這樣做。目前也已經有一些國家禁止加密貨幣，包括卡達、尼泊爾、突尼西亞、土耳其、孟加拉、摩洛哥、伊拉克。[23]

儘管這兩位都很鄙視加密貨幣，但波克夏投資的 Nubank 銀行允許加密貨幣交易，因此其實也在加密貨幣這一部分曝險了。[24、25]此外，蒙格承認區塊鏈技術具有潛在用途，因此即使是波克夏的傳統銀行投資，也已迫使它必須面對金融科技這個美麗新世界。

．逐漸加碼金融科技股

2018 年 10 月，巴西電商公司 StoneCo 股票首次公開發行，波克夏買進了 11％的股權，每股價格 24 美元[26]，當時這家公司市值 3 億 4,000 萬美元。[27]同年，波克夏投資印度第三方支付公司 Paytm 的母公司 One97 通訊有限公司（One97 Communications Ltd.）3 億 5,600 萬美元，買下 3％的股權。[28]

Paytm 是一個電商平臺，2021 年 11 月公開上市，是由康姆斯引進波克夏投資組合的另一家金融科技公司，也是波克夏投資的第一家印度公司。此外，資料倉儲（data warehousing）業者 Snowflake 首次公開發行股票時，波克夏投資 2 億 5,000 萬美元，以每股 120 美元的價格買進。[29] Snowflake 的金融服務資料雲（Financial Services Data Cloud）獲得許多產業採用，包括保險、銀行、投資，以及金融科技業本身。[30]之後波克夏又向另一位股東買了 404 萬股 Snowflake 的股票[31]，若單純以金錢數字來說，這些投資的金額極小，對照波克夏的驚人市值，實在是九牛一毛。

接下來波克夏繼續融入未來的金融業：2021 年 6 月投資 Nubank 5 億美元，到了第 4 季又增加 10 億美元的持股。2021 年 12 月，Nubank 股票公開發行，每股價格 9 美元。[32]

數位金融在拉丁美洲欣欣向榮並非偶然，Nubank 的共同創辦人賈桂莉亞（Cristina Junqueira）指出，歷來傳統銀行體系在拉丁美洲的服務都很貧乏，因此這個地區自然成為金融科技在銀行服務方面的發展沃土。賈桂莉亞說：「（拉丁美洲）有那麼多機會。」她指的機會是當地人口大幅增加、傳統銀行

業收取高昂費用，以及消費者在傳統銀行遭受的「恐怖」經驗。賈桂莉亞說：「全世界沒有別的地方，比這裡更適合金融科技公司抓住絕佳商機。」[33]

由中央銀行發行，以實體法律約束虛擬世界

固然比特幣這類全球性的加密貨幣越來越受歡迎，但是也有個別國家透過中央銀行數位貨幣（按：central bank digital currencies，簡稱 CBDC，由中央銀行發行的數位貨幣提案），想辦法保有傳統金融系統的關鍵位置。[34]由各國中央政府發行的數位貨幣，是受到法律規範的貨幣，不過它們只存在於數位世界中。[35] CBDC 可以彌補傳統法定貨幣的不足，甚至是取而代之。[36]

巴哈馬（Bahamas）是第一個接納 CBDC 的國家，隨後也有國家跟進，譬如奈及利亞和東加勒比同盟（Eastern Caribbean Union），後者的成員國包括安地卡和巴布多（Antigua and Barbuda）、多米尼加（Dominica）、格瑞那達（Grenada）、蒙哲臘（Montserrat）、聖克里斯多福及尼維斯（St. Kitts and Nevis）、聖露西亞（St. Lucia）以及聖文森國（St. Vincent and the Grenadines）。[37]

和加密貨幣相比，CBDC 更穩定，也像傳統貨幣一樣，可以被全球採納。反觀加密貨幣的波動性較大、欠缺法律規範、容易遭到詐欺。但話雖如此，加密貨幣在去中央化帳本（decentralized ledger）上可以任人公開閱覽，而 CBDC 交易

則只有匯款人、收款人和銀行知道。[38]此外，加密貨幣的數位代幣並未被廣泛接受。[39]

・中國的 CBDC，目標是成為「制裁剋星」

中國是第一個採用數位貨幣的大國[40]，從 2014 年便開始推動這項創新，中國使用人民幣，而數字人民幣（e-CNY）是它的次單位。人民幣和數字人民幣可以交替使用，最終可能取代所有現金和硬幣的發行。[41]

金融科技專家圖林（Richard Turrin）相信，中國這項舉動促使數位貨幣在中國國內和國際都可通用，因此中國在未來數十年，已經有了挑戰美元國際貿易地位的立足點。這項舉動也能讓其他國家降低對美元的依賴程度。[42] 2022 年時圖林告訴CNBC：「中國是最大貿易國，你會看到外國向中國採購時，數字人民幣將慢慢取代美元。未來你會看到現狀反轉，看到風險管理實務尋求緩慢、輕微的降低對美元的依賴，可能從100％降低到 80％、85％。」[43]

數字人民幣中心化，意謂中國可以任意凍結或關閉帳戶，時時監控人民使用錢財的每一個動作。它也讓中國政府可以加強控制金融科技公司，譬如騰訊和螞蟻集團。[44]隨著數字人民幣的使用量超過阿里支付、微信支付等電子支付系統[45]，中國可以束縛被最大型科技公司所掌握的經濟力量[46]，這會成為那些公司股東的嚴重警訊。然而圖林相信，中國的最終目標是使數字人民幣成為「制裁剋星」（sanction-buster）。[47]

儘管中國的經濟規模仍然比美國小，但中國金融科技的開

拓性應用已經大幅超前美國。圖林說，美國至少還需要 5 年時間，才能勉強弄出一套規畫與測試可行的數位美元辦法。[48]

‧美國「漢密爾頓計畫」，評估 CBDC 可行性

美國方面，聯準會已經堅定拒絕就 CBDC 表明立場，不過總統拜登（Joe Biden）在 2022 年 3 月 9 日簽署了一項行政命令，指示美國財政部、商務部和其他重要機關，評估成立中央銀行數位美元的風險和利益，同時也商討其他加密貨幣的議題。[49]拜登指出，數位美元系統可能對無法在傳統銀行開戶的美國人有利，有了數位美元之後，他們就可以透過電子帳戶，直接處理進出的資金。

拜登這個想法又被稱為「漢密爾頓計畫」（Project Hamilton），背後的主要動機是評估這樣的改變需要什麼基礎建設[50]，後續再推出了「麻省理工學院數位貨幣計畫」（MIT Digital Currency Initiative）[51]，由研究人員檢視其中的隱私性、速度、安全性、可審計性（auditability）、可程式設計性（programmability）、協同工作能力（Interoperability）。[52]拜登下達行政命令後不久，美國銀行發表評論，指出在美國發展中央銀行數位貨幣是「無法避免的事」。[53]

當然，美國和中國的文化差異，將會影響兩國公民接納數位貨幣的意願，雖然中國積極推動國民採用，但是有鑑於數位貨幣將使政府加強對人民的控制，美國消費者對隱私權的顧慮，必定成為推行數位貨幣的主要絆腳石。

傳統銀行與區塊鏈，波克夏的選擇是⋯⋯

面對全球貨幣從實體轉向數位的革命，波克夏又有哪些機會和風險？我預期波克夏會持續尋求收購以交易為重心的公司，譬如已經證明擁有實力的平臺、占據市場獨大地位的業者、護城河寬廣的公司——特別是美國以外的標的。在康姆斯和韋士勒的影響下，我也預期波克夏將會利用與區塊鏈技術有關的智能合約。即便是蒙格也承認區塊鏈的未來很看好，由於波克夏在保險產品方面的核心能力高強，看來它在設法趕上數位貨幣潮流時，勢將關注這塊領域。

另一方面，金錢數位化可能對傳統銀行業造成嚴重後果，進而傷及波克夏公司。舉例來說，美國的中央銀行數位貨幣可能消弭商業銀行的中介角色，或許是這個原因，導致巴菲特最近賣掉波克夏對金融股的大量投資部位（例如高盛集團、摩根大通銀行、富國銀行、威士卡公司〔Visa〕、萬事達卡公司〔Mastercard〕）。雖然目前波克夏仍然持有美國銀行和美國運通銀行的大量股票，金融股占波克夏股票投資的 25％，但是巴菲特賣掉這麼多傳統銀行業的強勢公司，其意義不容忽視。

如果人民選擇直接和聯準會進行金融交易，那麼中央銀行便需要對消費者放貸（可是中央銀行恐怕沒有這樣的設備），不然就是要尋找新的方法導入信貸業務。基於上述理由，有些專家相信，私人發行的數位貨幣優於中央銀行數位貨幣。[54]

從績效到個人，巴菲特最近不夠完美？

過去 12 年來，波克夏的報酬率並沒有年年打敗標準普爾 500 指數，對於這家以績效優異聞名於世的投資公司來說，確實是引人注意的變化。這些短暫的失常使巴菲特遭受批評。舉例來說，2019 年到 2020 年，波克夏的投資績效比標準普爾 500 指數低了 15％到 20％。以更長期的績效來看，波克夏的表現也略低於標準普爾 500 指數（見圖表 4-1）。

圖表 4-1　**2010 年至 2021 年波克夏與標準普爾 500 指數報酬率比較**

年分	波克夏的報酬率	標準普爾 500 指數含息報酬率
2010	21.4%	15.1%
2011	-4.7%	2.1%
2012	16.8%	16.0%
2013	32.7%	32.4%
2014	27.0%	13.7%
2015	-12.5%	1.4%
2016	23.4%	12.0%
2017	21.9%	21.8%
2018	2.8%	-4.4%
2019	11.0%	31.5%
2020	2.4%	18.4%
2021	29.6%	28.7%
平均值	14.3%	15.7%

‧規模越大，越難創造驚人報酬

詮釋這些波動的方法很多，有時投資人會以巴菲特保留龐大現金來解釋。不過有一點很重要的是，波克夏的規模太大了，這和該公司股票價值的成長放緩有很大的關係。簡單來說，**波克夏的規模越大，就越不可能創造驚人的報酬**。蒙格堅持他寧願買波克夏，而非標準普爾 500 指數基金，任何時候都不改變。巴菲特卻沒有這麼樂觀，甚至在最近的一次股東會上暗示，投資人若想追求快速、高額的報酬，也許轉到其他標的比較合適。

不過最近波克夏的表現極為出色。2022 年 6 月，波克夏 A 股股票價格是 41 萬 7,202 美元，使它的市值達到 6,141 億美元，排名全球第七。2022 年迄今，波克夏的股價下跌 7.31%，而標準普爾 500 指數則下跌了 17.93%。

雖然巴菲特以前說過，不會為了提振股價而買回自家股票，但最近幾年他還是這麼做了，結果也確實有成效。2020 年和 2021 年，波克夏分別回購 247 億美元和 270 億美元自家股票。[55] 2022 年第 1 季，波克夏再接再厲，又買回另外 12 億美元股票。[56] 結果不出意料，2021 年 3 月到 2022 年 3 月期間，波克夏的股價回升 33.76%，反觀標準普爾 500 指數只上升了 13.99%。

由於巴菲特和合夥人蒙格年事已高，也難怪華爾街公開揣測，兩人百年之後波克夏會往哪走。股東有可能敦促波克夏的新主事者更有創意一點，不要那麼保守。空有 1,500 億美元的閒置現金，何不拿去做點別的事？

巴菲特已經開始為公司走向的問題提供若干答案，譬如 2022 年 2 月俄羅斯入侵烏克蘭時，他立刻購買西方石油公司的股票，購入了 1 億 3,637 萬 3,000 股[57]，市值達 77 億美元。到了 6 月，波克夏又買進 960 萬股，總計占西方石油 16.3％的股權，使得西方石油成為波克夏持股第九大公司。[58]

2022 年 3 月波克夏宣布，同意以 116 億美元收購位在紐約的保險公司 Alleghany Corporation，比收盤價格溢價 25％。[59]這是波克夏有史以來的第五大購併案。

2022 年第 1 季波克夏總計買了 510 億美元的股票[60]，新增的投資部位包括惠普電腦（Hewlett Packard，即 HP）42 億美元、花旗集團（Citigroup）29 億 5,000 萬美元、派拉蒙全球（Paramount Global）26 億 1,000 萬美元、塞拉尼斯化工（Celanese）11 億 3,000 萬美元、醫藥公司 McKesson 8 億 9,500 萬美元、金控公司 Markel 6 億 2,000 萬美元，以及盟友金融公司（Ally Financial）3 億 9,000 萬美元。

此外，波克夏也加碼現有投資部位，包括蘋果 5 億 5,700 萬美元、雪佛龍能源 2 億 300 萬美元、動視暴雪遊戲公司（Activision Blizzard）38 億 6,000 萬美元、通用汽車 7,820 萬美元、RH 家居用品公司 1 億 200 萬美元、媒體公司 Liberty Media 4 億 7,100 萬美元，及建材公司 Floor & Décor Holdings 2 億 8,100 萬美元。

在巴菲特和蒙格離開之後，波克夏旗下的某些公司有沒有可能分裂出去？其實什麼事都有可能，不過在我看來可能性不高，因為波克夏的整體績效一直很好。

那麼可能配發股息嗎？著有《波克夏海瑟威的完整財務史》（*The Complete Financial History of Berkshire Hathaway*，暫譯）一書的作者，Mead 資本管理公司執行長米德（Adam Mead）曾提議，波克夏可以固定配息達 25％，以促使營業利益正常化。不過巴菲特堅決拒絕做這類事情，他堅持自己用這筆錢可以比股東創造更高的報酬率。然而如果波克夏決定停止回購股票，或是找不到想要購併的其他企業，那麼不定期配發特別股息或許是個選項。[61]

・富豪哪會關心公義？

攻擊一位千億富豪、指控對方是利慾薰心的資本家，是很容易達成的手段。不過巴菲特已經宣誓，將會捐贈個人財富 99％以上給慈善團體，而且至今已經捐了數十億美元。他也在遺囑上交代子女，逐漸捐出留給他們的波克夏股票，而不要賣掉任何股票。巴菲特在 2020 年預言：「我估計手中的波克夏持股，在我死後需要 12 年到 15 年的時間，才會全部釋出到市場上。」[62]

巴菲特的女兒蘇珊相信，很多人忽略了她父親贊助解決社會問題的重要性，她告訴我：「人們不了解我爸爸有多麼關心社會不公、人權、婦權和民權運動。」

巴菲特落實這些信念的最明顯行動，就是參與捐贈誓言運動。巴菲特和友人比爾・蓋茲發想出這項計畫，目標是鼓勵世界上最有錢的人和他們一樣，在有生之年或死後捐出至少一半的個人財產。[63]巴菲特的這項努力相當成功，說服了多位億萬

富豪，包括艾利森、布蕾克莉、彭博、克拉爾曼伉儷、喬治‧盧卡斯（George Lucas）、艾倫（按：Paul Allen，微軟創辦人之一）、黃馨祥（按：Patrick Soon-Shiong，阿博瑞斯生物科技公司〔Abraxis BioScience〕創辦人）。

當然還有，巴菲特很喜愛的與大學生見面對話，這在前一章節已經細述過。我很幸運能以教師的身分三度親炙巴菲特的風采，這些經驗深深影響我生活的方式。每當面對難以決定的時刻，我會問自己：如果是巴菲特，他會怎麼做？

誰是波克夏的接班人

2012 年，巴菲特宣布他罹患第一期攝護腺癌[64]，在接下來的股東大會上，他看起來和平常一樣笑嘻嘻，堅持這個病還沒有惡化到威脅生命。2021 年，波克夏公司召開線上股東大會，巴菲特照樣回答了好幾個小時的問題。我猜他大概永遠不會正式退休。

然而話雖如此，巴菲特的腳步仍明顯放慢了，波克夏公司的繼承問題也浮現上來。50 年來，巴菲特在公司裡同時擔任 3 個職位，未來都需要有人接棒：董事長、執行長、投資長。隨著 2010 年聘用康姆斯、2012 年聘任韋士勒，投資長的繼任問題已經解決。

至於董事會的新領導人，巴菲特已經清楚表示，將由他的長子霍華德接任董事長（霍華德目前是巴菲特農場〔Buffett Farms〕和生物影像公司 BioImages 的總裁），而他領導的新

董事會，未來將由以下成員組成：

　　．蒙格（副董事長）

　　．阿貝爾（波克夏公司非保險事業副董事長）

　　．賈恩（Ajit Jain，波克夏公司保險事業副董事長）

　　．蘇珊・巴菲特（蘇珊・湯普森・巴菲特基金會和薛伍德基金會的董事長）

　　．肯尼斯・錢納特（Kenneth I. Chenault，美國運通公司前任董事長兼執行長）

　　．克里斯多夫・戴維斯（Christopher Davis，戴維斯精選投顧公司〔Davis Select Advisors〕董事長）

　　．蘇珊・林恩・德克（Susan Lynne Decker，Raftr 應用軟體公司執行長，雅虎前任總裁）

　　．羅納德・歐爾森（Ronald L. Olson，蒙格、托里斯與歐爾森有限責任合夥〔Munger, Tolles & Olson LLP〕法律事務所的合夥人）

　　．戈特斯曼（第一曼哈坦投資顧問公司〔First Manhattan Co.〕創辦人）

　　．史蒂芬・柏克（Stephen B. Burke，國家廣播公司〔NBC〕和康卡斯特〔Comcast〕等七家公司前總裁）

　　．夏洛特・蓋曼（Charlotte M. Guyman，前微軟公司經理人、非營利公司 BoardReady 共同創辦人，以及多個社會組織的領導人）

　　．梅莉・維特默（Meryl B. Witmer，老鷹資本合夥事業

〔Eagle Capital Partners LP〕普通合夥人）

　　蘇珊・巴菲特於 2021 年加入波克夏董事會，戴維斯也是。我相信他們兩人會捍衛波克夏的文化，因為他們都是比較親股東一派，而且對企業經營十分嫻熟。我無法想像他們會容許未來的經理人、董事或股東偏離巴菲特創辦公司的原則。[65] 2022年，投資管理公司 Weitz Investment Management 創辦人懷茲（Wally Weitz）進入董事會，遞補不久前辭世的墨菲。[66]

　　如果你詳細檢視維特默、懷茲、戴維斯三人的背景，會發現他們非常相似，未來不太可能在董事會中有任何明顯獨特的作風。這其實是公司治理的弱點，在我看來，波克夏需要引進年輕、創新、朝氣蓬勃的新血，他們會挑戰、刺激巴菲特的接棒人，而不是一味接受傳統價值投資人的心態。

　　拼圖的最後一片——也是人們已經猜了很多年的謎題——是波克夏新任執行長的人選。2020 年的波克夏股東大會上，巴菲特揭曉謎底，他告訴聽眾，現任的兩位副董事長阿貝爾與買恩會在現場答覆問題。

　　這是有史以來第一次，大家也注意到這個改變，當時因為新冠肺炎疫情肆虐，巴菲特取消集會，改用雅虎平臺舉辦即時線上股東大會。可是當攝影鏡頭轉過去時，坐在講臺上對股東發言的那個人是阿貝爾。此事引起眾人側目。多年來，巴菲特經常讚許買恩的貢獻，很多股東因此假設這位麥肯錫（McKinsey）顧問公司的前高階主管，最有可能是巴菲特的接班人。

賈恩是印度人，二十幾歲時移民美國，1978 年於哈佛大學取得企管碩士學位，1986 年開始在波克夏任職，表現十分優秀。巴菲特有一次開玩笑，說萬一他、蒙格和賈恩同在一條即將沉沒的船上，為了自己的利益，波克夏的股東應該要先救賈恩。[67] 2016 年巴菲特在致股東信中寫道：「艾吉特（賈恩的名字）為波克夏股東創造了數百億美元的價值。如果出現另一個艾吉特，你們可以用他把我換掉，別猶豫，趕快換！」[68]

可是在 2021 年的股東大會上，蒙格以很不正式的口吻回答接班問題，清楚指出阿貝爾將是下一任執行長。當下巴菲特雖然感到詫異，卻也沒有否認，他說：「董事們已經同意，如果我今晚出了什麼事，那麼明天早上接任的將是葛瑞格（阿貝爾的名字）。」[69]

・不正式但夠明確的指派：接班人阿貝爾

阿貝爾生長於加拿大，今年 61 歲，擔任波克夏的非保險事業副董事長，他在資產配置方面經驗豐富，波克夏最近幾項購併案都由他主事。[70]然而阿貝爾和巴菲特一樣，並不是含著金湯匙出生，他生長在愛德蒙頓市（Edmonton）的工人階級社區，年紀很小時就展現出創業精神和獨立性。

他的價值觀也和巴菲特很像，從小就挨家挨戶發廣告傳單、撿瓶子換錢，長大一點就去一家林木製品公司當工人。[71]整個中學和大學期間，他都在一家滅火器工廠打工，靠這份薪水讀完亞伯達大學（University of Alberta）。[72]

阿貝爾在大學主修會計，畢業後在舊金山的普華永道

（PwC）會計師事務所工作。1992 年他進入加州能源公司，最終升任執行長。那段期間，波克夏買下加州能源公司的控股權，還把公司的名字改成美國中部能源控股公司；2014 年，美國中部能源控股公司變成波克夏海瑟威能源公司。這家公司的資產超過 900 億美元，在美國、英國、加拿大、菲律賓都擁有從事能源產業的子公司。[73]

2018 年 1 月，當時擔任美國中部能源控股公司董事長的阿貝爾獲得任命，擔任波克夏副董事長，並被指派為董事。[74]

謙遜、道德與愛，比物質成功更重要

全世界對巴菲特著迷的原因，來自於他無與倫比的財務成功、美國中西部人民務實的觀念、簡樸的生活風格，以及自嘲的幽默感。人們視他為親切的榜樣，覺得自己也能仿效。不過除去龐大的財富，巴菲特最特別之處是他謙遜的為人，還有堅持遵循道德規範的生活。我想不出還有多少億萬富豪像他那樣，經常堅持愛比物質成功更重要。[75]

不過，世人認為巴菲特是金融知識的領頭人物，這點絕對正確。他的專業知識太寶貴了，以至於 CNBC 匯集了長達 122 小時錄影內容的「巴菲特檔案」（Warren Buffett Archive），讓每個人都能觀看波克夏公司完整的年度股東大會，並搭配謄寫記錄。[76]波克夏也開始透過網路直播年度股東大會，分享創辦人的知識。

巴菲特的導師葛拉漢寫道：「投資人的對或錯，不是因為

321

別人同意他或反對他。投資人之所以對，是因為他掌握的事實和分析是正確的。[77]」永遠把焦點放在基本面的巴菲特相信，葛拉漢的這項論點，是史上關於投資最重要的話。[78]多年來，這個觀點使巴菲特成為地球上最富有的人。

　　但是最近他在富豪榜的排名有些下降，可能是因為他忙著把財富捐出去。自從 2006 年以來，巴菲特已經捐出價值 415 億美元以上的波克夏股票給多個慈善團體[79]，所以他的個人財富比其他富豪少了很多。2022 年 6 月 24 日，彭博億萬富豪指數（Bloomberg Billionaires Index）列出世界十大富豪，以下是排名（及其擁有的財富）[80]：

1. 馬斯克（2,230 億美元）

2. 貝佐斯（1,400 億美元）

3. 伯納德·阿諾特（按：Bernard Arnault，路威酩軒〔LVMH〕集團董事長及執行長，1,310 億美元）

4. 比爾·蓋茲（1,160 億美元）

5. 佩吉（1,070 億美元）

6. 布林（1,020 億美元）

7. 巴菲特（968 億美元）

8. 高塔姆·阿達尼（按：Gautam Adani，印度阿達尼集團〔Adani Group〕創辦人兼董事長，949 億美元）

9. 史蒂夫·巴爾默（按：Steve Ballmer，微軟前執行長，美國職籃〔NBA〕洛杉磯快艇隊〔Los Angeles Clippers〕擁有者，945 億美元）

10. 穆克什‧安巴尼（按：Mukesh Ambani，印度信實工業〔Reliance Industries〕主席，904 億美元）

　　美國度過那麼多次經濟危機，波克夏也歷經過那麼多低迷的年頭，但是巴菲特依然保持極度樂觀。他堅持投資股市的人最終都是贏家，因為美國永遠往前進步，而美國的創業家也永遠會找到創造新價值的辦法。

哥倫比亞商學院經典案例，巴菲特

‧投資人的對或錯，不是因為別人同意或反對他。投資人之所以對，是因為他所掌握的事實和分析是正確的。

‧每當面對難以決定的時刻，我會問自己：如果是巴菲特，他會怎麼做？

附錄
股神與 162 位學生
的問答筆記

2009 年

　　那天有另外 5 所學校和我們一同參加這場活動，分別是伊利諾大學、德州基督教大學、波士頓學院、多倫多大學、南達科他大學，總計 162 名學生和 6 位教授。問答時間不准拍照或錄音，不過有幾個學生寫了詳細的筆記。

‧關於經濟
問：您怎樣看未來 25 年美國和世界其他地方的比較？您相信美國依然會是世界的經濟領導國，或是新興國家會發展並超越美國嗎？如果是後者，您認為哪一個（些）國家會成為超級經濟強權？為什麼？

　　「未來 25 年我們依然會是經濟領導國，只是不像過去那樣了。其他新興國家會趕上我們，可是那也無妨，因為世界並非零和賽局。如果其他國家變得比較好，我們也會變得更好。美國的生活水準在二十世紀增加了 7 倍。

　　「美國是全世界最重要的市場，復甦腳步將會非常快，可

是利潤不會像 10 年前那麼高了。中國終於轉向有效的經濟體制，人口如此龐大，成長潛力十分強勁。中國和其他新興經濟體將會協助我們解決世界的問題（譬如能源、生物等問題）。

「世界上經濟改善的地方變多，應該有助於緩和安全問題，因為世界上有些人嫉羨富裕國家，可能導致對美國發動核子攻擊或生物攻擊。」

問：美國赤字龐大，美元未來的命運會如何？政府要如何因應？

「20 年前我們沒有這種問題。如今美國的赤字是 1 兆 4,000 億美元，其中 4,000 億是經常帳赤字（Current Account Deficit）。是誰替我們的債務提供融資的呢？（1）將債務賣給美國公民；（2）將債務賣給其他國家；（3）將債務轉成貨幣（monetize），未來將會引發通貨膨脹。

「長此以往，美元的購買力將會降低。我們不知道美元會跌多少，因為以前從來沒有經歷過這種幅度的赤字問題。

「抱現金是愚蠢的做法，長期來看現金不是好資產，你要的是資產。美元的命運操縱在國會手裡，目前為止國會的做法還沒有大礙，可是如果繼續這麼做，美元將會持續貶值。」

在此必須指出一點，巴菲特斷言因為通貨膨脹，長期而言現金不是好資產。不過雖然他這麼覺得，偶爾遇到市場價格過高時，他也寧願握有現金，而不是購買估值過高的資產。

問：美國小型企業成長已經在減退，要怎麼做才能提高？

巴菲特說過，想要成功就必須真心喜愛自己的企業。如果某人過去的表現良好，應該能夠獲得教育和金錢方面的協助，支持他創辦、拓展小型企業。小型企業管理局（Small Business Administration）的宗旨就是提供協助，不過波克夏和高盛集團最近也推出一項新計畫，斥資 5 億美元協助小型企業。巴菲特下面的這段話，可能是他針對這方面所發表的最有力陳述之一：

「我不記得那項研究的名字了，不過它的內容是關於智商、學業成績、就讀學校與經商成功的相互關係。那項研究發現，經商成功和當事人從商的年紀，兩者之間的關聯最大。經驗是決定成敗的最重要因素。

「我的企業之所以成功，靠的是人脈和合夥。和你信得過的人合組堅強的合夥事業，由於彼此追求共通的目標，你會感到安心。」

·投資觀點
問：您為何從可口可樂和吉列那樣的企業，轉到狂吸現金的柏林頓北方聖塔菲鐵路公司和公用事業類公司？

「我已經把重心從現金導向的公司，轉移到公用事業和監管組織，一部分原因是我不想經營華爾街那種公司。至於為

什麼新納入公用事業？因為他們需要的現金資本很少，而且這類型公司非常利潤導向，具有成長潛力和價格彈性。」

問：所羅門兄弟公司出事之後，什麼原因促使你投資高盛集團？

「高盛集團需要證明能夠生存下去，他們害怕發生銀行擠兌。一般人在銀行存款，有聯邦存款保險公司擔保，不怕拿不回存款，可是投資銀行沒有聯邦存款保險公司做擔保。」

在我看來，儘管當時高盛集團並不是真的需要現金，但是巴菲特介入的效果等同於聯邦存款保險公司，為金融系統重建信心。這就好像大蕭條期間，摩根在 1929 年介入，為市場注入流動資金，道理是一樣的。

巴菲特再度談到他在華爾街上班時的高薪，說他能理解支付高薪給打擊率 0.400 的職棒打者，但無法理解為什麼有人會付高薪給打擊率只有 0.240 的打者。現在有太多打擊率 0.240 的人賺太多錢了！

問：您會鼓勵我們買個股還是買共同基金？

「如果你們願意投資時間精選個股，那就買個股。如果沒有時間，那就使用平均成本法（dollar-cost average）買進低成本的共同基金。」

　　巴菲特說 2008 年 9 月他去參加一場派對，周圍是一群通常不會注意他的女士，可是突然間他變得非常受歡迎，這些女士全都擔心自己的錢不安全。巴菲特說「不會」，她們還是守在他身旁不走。

　　「我投資最賺錢的一年是 1954 年，那是經濟衰退的期間。如果你一直枯等知更鳥出現，那春天不知不覺就過去了。」

　　基本上巴菲特的意思是，你應該在市場下跌時買進，不要等市場上升、人人都在買股票時才進場。巴菲特接著說：

　　「別人都在賣股票時，是你買股票的最佳時機……尤其是在金融危機的時候。為什麼要節省性愛到老了再做？」

問：全球慈善事業如何幫助第三世界的公司與經濟成長？

　　「我有 5 個基金會，把實踐慈善的工作交給比我更有能力的人去做。我相信分工的效用，人人都應該專心做自己擅長的工作。我相信蓋茲基金會，所以我才捐給他那麼多錢。我相信蓋茲基金會的理由是：（1）比爾・蓋茲花很多時間做這件事；（2）我們的目標相同，也就是拯救地球上的每一個人；（3）他全心全意投入……拿自己的錢做這件事！

　　「你需要回饋社會，因為社會幫助你成功。有一點很重要：沒有任何人比其他人更重要。」

問：您犯過最大錯誤或失敗是什麼？從中學到什麼教訓？

「你人生中最重大的決定是選擇另一半。」

巴菲特開玩笑說，你應該降低期望去找尋配偶。

「人的一生會犯很多錯誤，但是不要因為這些錯誤而苦惱，因為就是要有這些經驗，才能夠建立個人特質。」

巴菲特指出，人們生活中的失敗，有部分是因為他們碰到挫折就立場搖擺，拒絕探索更多可能的方向，不知道那樣的探索有可能解決自己揮之不去的煩惱。

舉例來說，巴菲特指出他曾花 30 億美元買了一家製鞋公司，現在這家公司已經一文不值。他在事業發展初期也買下一座辛克萊加油站的半數股權，結果同樣是資產歸零，當時那筆錢是他 1/5 的身家財產，如果以今天的價值衡量，相當於 80 億美元的機會成本。

「不要因為好玩而犯錯，如果形勢是你能左右的，就要避免犯錯。只要不犯下太多錯誤，你的人生真的只剩下少數幾件事必須做對。

「永遠準備好抓住機會。不必在乎別人的成功，你應該要做的是待在自己的能力圈內。」

微軟創辦人比爾‧蓋茲曾對他說：「巴菲特，你必須投資電腦，它們會改變你做每一件事的方式。」巴菲特的反應是：

「電腦會改變你嚼口香糖的方式嗎？會讓你改嚼青箭還是黃箭嗎？會改變你喝可口可樂還是百事可樂嗎？如果不會，那我就繼續我本來的投資，你繼續你本來的投資。」

巴菲特又說：

「另一項錯誤是熬夜不睡，那會造成品質不良、生產力低落的決策過程。」

問：一旦我們的收入足以供應生活所需，要如何平衡休閒、家庭、工作才恰當？

「金錢不會帶來滿足，你手中已經掌握的東西和正在做的事情，才會讓你滿足。喜愛自己所做的事，你就會滿足。很重要的一點是，你要認清快樂的關鍵不在於賺錢，不過有錢還是很好的。

「和你喜愛的、仰慕的人與組織共事。如果眼前沒有，就換個地方吧。

「我不會讓工作上的決定或投資改變自己的生活方式：我不會因此錯過一場電影、一頓飯、一趟旅行，或是錯過和妻兒一起參與活動。雖然預期未來的行程會很忙碌，我還是下定決

心不因為自己的野心，犧牲和家人朋友共度的寶貴時光。」

巴菲特至今仍住在奧馬哈，因為他的朋友和家人都住在那。他喜歡兒孫和他上同一所學校，還說就算在洛杉磯或紐約擁有好幾棟房屋，也不會比待在奧馬哈的自家裡讓他更快樂。

問：你如何看待以自己的名義捐款做慈善？

「我不認同把錢捐給學校蓋大樓，然後把自己的名字掛在上面。相較於把自己大名鑲嵌在建築物上的人物，我更敬重那些在星期日捐點小錢給慈善機關的清潔婦。美國仍有需要救濟的人：20％的家戶收入少於 21,000 美元。

「我支持平等助人，也支持男女平權。」

2011 年

·創業與創新觀點

問：美國能夠如何鼓勵更多創業與創新，才能在當前困難的經濟環境下，增加新企業，創造更多工作機會？誰應該主持這項倡議？美國似乎正在失去許多具有創業精神的頂尖外國學生，他們都待在自己的國家效力。我們怎樣做才能擴大吸納這些學生？

「美國的移民政策需要改變，現行政策已經不管用。自從

1790 年以來，創業與創新都能發揮效用。回顧 1790 年，美國有 400 萬人口，產品占世界生產量的 25％。這套系統很管用，激發出個人的潛力。

「我是 1930 年出生的，打從 1830 年至今，GDP 已經增加 6 倍。遺憾的是世界其他地方也追上來了。中國已經找到辦法激發他們人民的潛力，過去幾千年都做不到，現在做到了。激發人民潛力的重要性，遠高於任何政府行動或政策。比爾・蓋茲在 1995 年寫了一本書叫《擁抱未來》（*The Road Ahead*），書裡完全沒有提到網際網路。重點是，我們不知道下一個重要的新點子或新產業會從哪裡來。」

問：美國的製造業已經衰退許久，目前比重下滑到僅占 GDP 的 10％。未來美國會怎麼樣？

「這番話從 1980 年開始就有人說了。可是 1980 年之後的 20 年，我們創造出了 4,000 萬個新工作。當初誰預料得到 Google？微軟？100 年前我們有 3,200 萬人務農，如今只剩 600 萬到 700 萬人。1970 年我們的出口總值占 GDP 的 5％，現在則占了 12％。

「我沒辦法告訴你未來 10 年到 12 年會有哪些工作。每一個美國人平均擁有 7 雙鞋子，總數超過 20 億雙。現在美國製造的鞋子只占這個數字的 2％，但是讓中國人製造鞋子並沒有傷害到我們。」

問：您對通貨膨脹的看法如何？

「1930 年的 1 美元，如今只剩下 6 美分的購買力，可是美國依然興盛不墜。長期來看，絕大多數貨幣貶值主要是因為通貨膨脹。對我而言，那意謂著要有優良的企業，最好的應對方法是擁有企業或專業知識（譬如醫生、律師之類）。你擁有的才華就是你最重要的資產，我願意花 10 萬美元取得你未來盈餘的 10%。

「未來的 10 年，我們將會看到通貨膨脹大幅增加。歐洲放棄印鈔票，這麼做會陷入一個麻煩，就是無法以自己的貨幣舉債。反觀我們美國已經印了非常多鈔票，這將會帶來通貨膨脹，但不會導致世界末日。

「固定收益投資是個錯誤，完全講不通。因為通貨膨脹，貨幣市場每天都在損失金錢。風險最大的投資就是貨幣，你需要押對貨幣正在升值的國家。」

問：您如何預測地方債違約？

「問題出在我們對員工許下太多承諾。解決問題的能力是存在的，不過我們可能要改變承諾。現在每個人負債 48,000 美元，每個家庭負債 12 萬美元，這個一直需要重新調整。我們不會發生大規模的違約，可是我們很可能正在轉捩點上，基於後果嚴重，不會那麼快發生違約。」

・關於政治

問：您對目前美國的政治過程看法如何？您認為政府應該扮演什麼樣的角色？我們怎麼做才能改變目前有瑕疵的系統？

「政客的所作所為都是為了自己未來能夠再次當選，而不是為了國家的利益。我不在乎誰執政，因為不論是民主黨或共和黨上臺，我做的事情都一樣。我們還是會以好價格買進好公司，不會盯著股市，我們所買的股票一定是連傻瓜也能經營的公司，因為總有一天真的會有傻瓜接棒經營。」

問：您對「占領華爾街」有何感想？

「過去 10 年到 20 年，稅法偏向有錢的人。1992 年，全美所得最高的前 400 個人，平均每年收入 4,000 萬美元。到了 2011 年，平均值達到 2 億 2,000 萬美元，是 1992 年的 5 倍。自此之後，稅率又下修了 7%。現在我支付的稅率比四、五十年前更低。」

・教育建議

問：您會給念大學的我什麼忠告？

「做任何令你感到興奮的事，做激發你興趣的事，替你所仰慕的人或公司工作。

「我建議你改善口語和書寫溝通技巧，這會讓你未來的薪

水至少增加 50%。商學院不會教這個。好點子有了好的溝通成果，會讓你的人生過得更順遂。投資你自己是最好的。

「波克夏今年聘用新進人員的職缺淨額有 5,000 個，我們沒有花太多力氣就把職缺填滿了。我遇到的求職者中，80% 都需要改善解釋自己想法的口語能力和寫作能力。你想要聘用什麼樣的人，自己就要先成為那樣的人。我們找的工作者不見得要有最高的智商，可是一定要有良好的工作倫理，並且忠心、誠實、可靠。」

問：您希望美國的教育制度是什麼模樣？眼前應該採取哪些步驟來改善美國的學校體系？您覺得我們這些即將畢業的大學生，可以或應該竭盡所能的幫助社會、社區或經濟嗎？

「如果沒有良好的公立學校體系，那空談平等就只是個笑話。我所有的子女都上公立學校，如今我在紐約的所有朋友都送他們的孩子上私立學校，學校的考試成績和午休時間呈反比。家庭所得水準是學生成就高低的最佳指標。

「我們花 60 億美元在孩子身上，但這項投資卻沒有收到任何改善。一旦喪失良好的公立學校體系，就得把它找回來。

「我們的教育和健康照護系統很難改變；GDP 的 4% 花在教育上，17% 花在健康照護上。世界其他地區平均花費 GDP 的 10% 在健康照護上，這讓美國落於下風。

「儘管美國花費 GDP 的 17% 在健康照護上，但是平均下來，每個人並沒有比其他國家擁有更多的醫師和護士。目前我

們的教育系統和健康照護系統，是國內最糟糕的兩大問題，未來亦復如此。美國是全世界最富有的國家，擁有大量資源，未來二十年會比現在更好。我們的競爭問題源自於美國的健康照護議題。」

·獨特價值觀

問：您有沒有經歷過不樂觀，或是沒那麼樂觀、想要放棄的時候？

「我一向認定自己要過得開開心心。我爸爸當選國會議員後，我就不想跟著從奧馬哈搬去華盛頓特區。成功是讓你得到心裡想要的東西，而快樂是想要你已經擁有的東西。

「今天世界有 70 億人口，美國人口是 3 億 3,320 萬人（按：資料來源：美國人口普查局）。如果你買一張樂透，分母是世界總人口，那麼你抽中美國人的機率是 4.45％；抽中和你性別相同的美國人，機率是 2.225％。再往下細分到種族和社會階層，機率又會跟著減少。

「美國是世界上最富裕的國家，你們很幸運生在這裡。樂觀的人比較容易碰上好事。」

·經營之道

問：波克夏的管理實務可以如何改善或改變？

「說起來，我能創建自己的公司是難能可貴的事，就好像

創作自己的畫作一樣，可以決定想要什麼樣的公司、如何經營這家公司。以薪酬和政策而言，波克夏不存在制度上的障礙，我們沒有股票選擇權，但是有其他激勵員工的誘因，公司有強大的文化。如果你在巴黎聖母院（Notre Dame）工作，你一定是篤信他們的文化，堅信他們所代表的價值和主張。在我們公司也一樣。」

問：您為什麼在好幾百個應徵者當中，挑中康姆斯擔任公司的投資組合經理？

「所有應徵者的智商都很高，不過我聘用人才不僅看智商，還會看下列這些特點：他們過去和現在的做事方法如何？他們喜愛波克夏嗎？他們為何沒有興趣在別的公司工作？

「從 1965 年開始，我想不出有哪一位離開波克夏的員工，是跳槽去別家公司的。在投資和營運領域之間，你有一個自我選擇的過程。來波克夏工作，他們放棄了賺更多錢的機會。波克夏聘用的都是頂尖人才！性格是必要考量，董事會和我都必須對聘用的人才感到滿意才行。」

問：在您的賣出紀律中，最重要的是什麼？

「我沒有賣出紀律，只有買進紀律。我的哲學是以適當的價格買進企業，並沒有退場策略。唯一必須做的，是做一個好決定，即使股市關門，在買進標的之後也應該持有 5 年。」

問：投資高科技公司時，價值投資的原則會如何改變？

「我從 7 歲踏入投資的領域，把奧馬哈公立圖書館裡所有關於投資的書都讀完了。各位去讀《智慧型股票投資人》的第 8 章和第 20 章，它們是關於投資的最佳論述，我 19 歲時看這本書，把能學的知識都學了，從此之後做的都是同一件事。尋找安全邊際，以及尋找價值被低估的股票。」

問：您如何評估社會企業的價值？

「這類企業需要接受補貼一陣子。波克夏沒有這種企業，因為對股東不具經濟意義。市場機制不能解決社會問題，那是政府的事。或許利用股東報酬捐贈給私人慈善事業，可以讓社會企業成功。」

問：必須掌握百分之百市場消息才能打敗大盤嗎？

「股市是賺錢的絕佳場所，而且流通性極高。我喜歡股價在 1 年內上下波動，那樣投資人就有機會買在低點。

「1950 年時我從學校畢業，買了一本《慕迪》投資手冊，那七、八千頁我讀了兩次。後來我翻到第 1,433 頁，發現西方保險證券這家公司，當時它的股票價格跌得很凶，本益比只有 0.5 倍。

「當人們恐懼的時候，就是投資的時機。你必須和周遭的

人想法不一樣。你會有不需要很多消息的投資選項；必須卡好
位置，不讓別人扯你後腿。

　　「我的合夥人蒙格就說過，有 3 樣東西會讓你惹上麻煩：
酒精、女人、融資。

　　「長期資本管理（Long Term Capital Management，簡稱
LTCM）避險基金在 1998 年時擁有 200 個智商 150 左右的員
工，其中不乏美國智商最高的人。他們擁有 15 年到 20 年的經
驗，用自己的錢投資，而且都是善良的好人。然而他們變得太
過安逸，使用的模型沒有預測到東亞貨幣危機這種小風浪，結
果因為融資而陷入了大麻煩。你們投資時要遠離情緒和群眾，
也不要借錢投資。」

本書參考資料請掃描 QR Code　　　　**波克夏 2016 年至 2021 年財務報表**

謝辭

　　我常勸阻朋友不要寫書，因為花費的工夫太多了，遠遠超過一般人的理解。儘管如此，我仍然很喜愛「華倫·巴菲特」這個主題，寫這本書改變了我的人生。

　　如果少了以下這些人的支持，本書不可能成真。首先最重要的感謝對象是巴菲特，他給了我拜會他、研究他的機會，是我道道地地的靈感來源。我也要謝謝他的女兒蘇珊·巴菲特，她接受我的訪問，使我得以深入了解巴菲特家族的動態。此外，我也要感謝 Brooks Sports 執行長韋伯（Jim Weber）及印第安納大學的庫拉特科教授，接受我為此書訪問他們。

　　假如不是因為住在奧馬哈的表親史蒂夫·諾格（Steve Nogg），我也無緣拜會華倫。2007 年史蒂夫告訴我，華倫邀請大學生來奧馬哈和他共度一日。我一聽到這個訊息，就立刻提出申請——也立刻遭到回絕。可是我鍥而不捨，最終和華倫建立起關係。寫這本書讓我得以和史蒂夫變得更親近，我真的非常感謝他。

　　也要感謝馬克·皮葛特（Mark Pigott）一家人，因為他們慷慨贊助岡薩加大學創業講座教授這個職位，如果不是馬克的支持，這本書永遠不會問世。另外要謝謝哥倫比亞大學出版社（Columbia University Press）的史密斯（Brain Smith）和湯普

森（Myles Thompson），他們指導我一步步走完出版的路程，拜他們之賜，我有幸發現兩位傑出的編輯，也就是克萊德希爾出版公司（Clyde Hill Publishing）的蘿依（Claudia Rowe）和蕭（Greg Shaw），他們是創造優良書籍不可或缺的功臣，也是很有活力的撰稿人，對我幫助極大。

　　我要謝謝好幾位協助我創作和校閱本書的人。首先要致謝的對象是特許金融分析師考夫勒（Matt Kaufler）以及費希金（Charles Fishkin），他們志願幫助我度過漫長、艱辛的出版之路，考夫勒還建議我添加行為偏誤的內容，進而帶出巴菲特所犯的錯誤那一章節，兩人不斷敦促我研究得更深入一點。費希金與我從哈里森小學（Harrison Elementary School）三年級起就是好朋友，也是我在奧馬哈中央中學的同班同學，始終支持我，整本書他校訂了兩次，並在整個編輯流程中指導有方。

　　我在撰寫和修訂這本書的不同階段，獲得好幾位教授的協助。謝謝艾琳（Kathleen Allen）、蘭姆（Reinhold Lamb）、朱柏（Rick Zuber）、歐布萊恩（Tom O'Brien）、希克曼（Kent Hickman）、夏拉德（Mark Shrader）、布勒（Paul Buller）、巴恩斯（Bud Barnes）。另外也要向湯瑪斯教授（Andrew Thomas）致謝，他出版過無數本書，一直提供我正面回饋和指導。

　　我還要謝謝幾位金融界的友人。匯智資本管理公司（Founders Capital Management）的泰瑞恩（Pat Terrion）已經指導我寫作好幾年，並協助我撰寫這本關於巴菲特的書。Mead 資本管理公司的米德審閱這本書，給我寶貴的見

解。美林證券的夏恩（Jon Shane）傳給我關於巴菲特的時事資料。最後要特別感謝 Lakeside 創投公司的漢明森（John Hemmingson），他志願帶領 3 組學生去參加波克夏的年度股東大會，而且由他自己負擔費用。謝謝所有這些人花時間幫助我發展這本書。

還有另一些人在出版本書的旅程中也曾助我一臂之力，在此一併致謝：康拉德（Evan Conrad）、華特斯（Ken Walters）、皮特森（Brad Petersen）、布魯曼托（Marc Blumenthal）。謝謝我過去的研究助理，他們多年來陸續協助發展這本書：特蘭（Hieu Tran）、羅培茲（Jose Lopez）、席仁（Joseph Syren）、辛克萊（Greg Sinclair）、普利比爾－胡顧雷（Hunter Pribyl-Huguelet），他們幫助我彙整書裡的章節以及研究，全都功不可沒。普利比爾－胡顧雷目前是博士生，尤其費心校訂本書。謝謝他們每一位所做的一切。

感謝我的哥哥大衛・芬克爾博士（Dr. David Finkle）和我的中學好友理察・庫奇瑞克（Richard Kucirek），他們陪我參加過無數次股東大會。理察和巴菲特的家人有往來，因此提供我一些對巴菲特的深入看法。股東大會召開前夕，我和大衛、理察會徹夜排隊，和來自四面八方的人攀談，然後在開門之後，疾奔衝向會場前方搶講臺旁的位子。

謝謝所有相信我的人，以及對我的人生發揮正面影響的人。感謝無數教授、老師、教練、團隊成員、長官、同事、以前的學生、友人，因為他們的影響，我才能成為今日的我。

最重要的是感謝家人在我寫書的期間容忍我，尤其是我的

妻子派蒂（Patti）；我 90 歲的母親芭芭拉（Barbara）；教導
我勤奮工作價值的先父梅納德（Maynard）；我的 3 個兄弟和
他們的妻兒：史考特和凱倫（Scott and Karen）、大衛和茱蒂
（David and Judi）、泰瑞和蘇（Terry and Sue）；我的繼子喬
（Joe Ritzo）和他的妻子艾蜜莉（Emily），還有繼孫兒班傑
明（Benjamin）與以利亞（Elijah）。最後要感謝我的姻親凱
斯和南西（Keith and Nancy Livingstone）。

　　過去我太太常看到我一進辦公室就人間蒸發好幾天，後來
她會問我：「你什麼時候才會寫完？」這一幕斷斷續續上演了
14 年！嗯，現在我終於寫完了。

國家圖書館出版品預行編目（CIP）資料

哥倫比亞商學院經典案例，巴菲特：家族友人兼創業學教授
帶 162 位學生 6 次親訪，不只股票，很多事連《雪球》都沒
提到。/ 陶德・芬克爾博士（Todd A. Finkle）著；李宛蓉譯 .
-- 初版 . -- 臺北市：大是文化有限公司，2023.11
352 面；17×23 公分
譯自：Warren Buffett: Investor and Entrepreneur
ISBN 978-626-7328-95-8（平裝）

1. CST：巴菲特（Buffett, Warren）　2. CST：傳記
3. CST：投資　　　　　　　　　　4. CST：創業

563.5　　　　　　　　　　　　　　　112014018

Biz 440

哥倫比亞商學院經典案例，巴菲特
家族友人兼創業學教授帶 162 位學生 6 次親訪，不只股票，
很多事連《雪球》都沒提到。

作　　者／陶德‧芬克爾博士（Todd A. Finkle）
譯　　者／李宛蓉
責任編輯／宋方儀
校對編輯／楊　皓
美術編輯／林彥君
副總編輯／顏惠君
總 編 輯／吳依瑋
發 行 人／徐仲秋
會計助理／李秀娟
會　　計／許鳳雪
版權主任／劉宗德
版權經理／郝麗珍
行銷企劃／徐千晴
業務專員／馬絮盈、留婉茹、邱宜婷
業務經理／林裕安
總 經 理／陳絜吾

出 版 者／大是文化有限公司
　　　　　臺北市 100 衡陽路 7 號 8 樓
　　　　　編輯部電話：（02）23757911
　　　　　購書相關諮詢請洽：（02）23757911 分機 122
　　　　　24 小時讀者服務傳真：（02）23756999
　　　　　讀者服務 E-mail：dscsms28@gmail.com
　　　　　郵政劃撥帳號：19983366　戶名：大是文化有限公司

法律顧問／永然聯合法律事務所
香港發行／豐達出版發行有限公司 Rich Publishing & Distribution Ltd
　　　　　香港柴灣永泰道 70 號柴灣工業城第 2 期 1805 室
　　　　　Unit 1805, Ph.2, Chai Wan Ind City, 70 Wing Tai Rd, Chai Wan, Hong Kong
　　　　　Tel：2172-6513　Fax：2172-4355　E-mail：cary@subseasy.com.hk

封面設計／林雯瑛　　　內頁排版／吳禹安
印　　刷／鴻霖印刷傳媒股份有限公司

出版日期／2023 年 11 月初版
定　　價／新臺幣 540 元
I S B N／978-626-7328-95-8
電子書 ISBN／9786267328989（PDF）
　　　　　　9786267328996（EPUB）

WARREN BUFFETT: Investor and Entrepreneur
by Todd A. Finkle
Copyright © 2023 by Todd A. Finkle
Chinese Complex translation copyright © 2023 by Domain Publishing Company
Published by arrangement with Columbia University Press through Bardon-Chinese Media Agency
博達著作權代理有限公司
ALL RIGHTS RESERVED